Karin Mönkemeyer
Babyspiele – Kinderspiele

Die Autorin: Karin Mönkemeyer, Jahrgang 1938, Diplomvolkswirtin, seit 1964 Journalistin, zuletzt fast zehn Jahre lang als leitende Redakteurin bei der Zeitschrift „unser kind", seit 1988 freie Autorin in Hamburg.

Karin Mönkemeyer

Babyspiele Kinderspiele

555 Ideen und Anregungen

scriptor

Dies ist ein Buch aus dem
Büro für wissenschaftliche Publizistik
Dr. Horst Speichert
Emanuel-Geibel-Str. 18,
6200 Wiesbaden
Redaktion: Sylvia Winnewisser

CIP-Titelaufnahme der Deutschen Bibliothek

Mönkemeyer, Karin:
Babyspiele – Kinderspiele:
555 Ideen und Anregungen / Karin Mönkemeyer. – Frankfurt am Main:
Scriptor-Verlag., 1989
ISBN 3-589-20870-8

© 1989 Scriptor Verlag GmbH & Co., Frankfurt am Main.
Das Werk und seine Teile sind urheberrechtlich geschützt.
Jede Verwertung in anderen als den gesetzlich zugelassenen Fällen
bedarf deshalb der vorherigen schriftlichen Einwilligung des Verlags.
Umschlagentwurf: Lochmann's Studio, Frankfurt am Main
Fotografie: Wolfgang Schult, Hamburg, und
Jürgen Junker-Rösch, Berlin
Zeichnungen: Harald Schmuck, Frankfurt am Main
Herstellung: Büro für wissenschaftliche Publizistik, Wiesbaden
Satzkonvertierung und Umbruch: Satzstudio Rainer Will, Wiesbaden
Druck: Clausen & Bosse, Leck
Vertrieb: Cornelsen Verlagsgesellschaft, Bielefeld
Printed in West-Germany
ISBN 3-589-20870-8
5 4 3 2 1

Inhalt

Ein Wort zuvor
Das kann ja heiter werden! 7

Im ersten Jahr

Kapitel 1
Zärtlichkeit von Anfang an 12

Kapitel 2
Krabbelnd sich die Welt erobern 40

Im zweiten Jahr

Kapitel 3
Das Kind genießt jetzt Schwung und Tempo 56

Kapitel 4
Alle lieben Melodie und Rhythmus 72

Kapitel 5
Auf dem Weg zum Sprechen und Verstehen 86

Kapitel 6
Erstes Ordnen und Gestalten 91

Kapitel 7
Selbstgemachte Sachen zum Spielen und Liebhaben 98

Im dritten Jahr

Kapitel 8
Das Kind entdeckt den eigenen Willen 110

Kapitel 9
Die Phantasie kennt keine Grenzen 116

Kapitel 10
Mut und Kraft verdienen Anerkennung 128

Kapitel 11
Jetzt klappt schon ein Zusammenspiel 134

Kapitel 12
Gebastelte Sachen zum Spielen und Lachen 155

Im vierten und fünften Jahr

Kapitel 13
Wenn Rollenspiele die Hauptrolle kriegen 162

Kapitel 14
Weitere spannende und lustige Spiele im Jahreslauf 189

Im sechsten Jahr

Kapitel 15
Spielen und lernen an der Schwelle zur Schulzeit 220

Kapitel 16
Wettspiele im Jahreslauf 229

Kapitel 17
Soll man Kinder eigens auf die Schule vorbereiten? 245

Anhang
Checkliste I: Ist Ihre Wohnung kindersicher? 248
Checkliste II: Ist Ihr Spielplatz kindersicher? 250
Register 252

Ein Wort zuvor

Das kann ja heiter werden!

„Humor ist, wenn man trotzdem lacht", so spricht der vielzitierte Volksmund. Der Schriftsteller Sigismund von Radecki wandelte diesen Satz für uns ein bißchen bissig ab: „Deutscher Humor ist, wenn man trotzdem nicht lacht." Und das ist leider gar nicht aus der Luft gegriffen. Denn hierzulande finden viele Lachen lächerlich.
Deutsche Pädagogen geben da ein fatales Vorbild ab. Wer in ihren Büchern Worte zum Thema Humor sucht, wird selten fündig. Bei ihren ausländischen Kollegen ist das meist anders: Bei ihnen wird das Lachen ernstgenommen. Und das mit Recht.

Vom ersten Lächeln bis zum schallenden Gelächter

Die meisten Eltern warten ungeduldig auf das erste zarte Lächeln ihres Kindes. Es zeigt das freudige Wiedererkennen eines vertrauten Gesichtes, beweist Wohlbehagen, Bestätigung der elterlichen Fürsorge und die Fähigkeit, freundlichen Kontakt zu knüpfen.
Kein Wunder, daß es Eltern glücklich macht.
Meistens läßt das Kind die Eltern auch nicht allzu lange warten. Oft verzieht es das Gesicht schon im ersten Lebensmonat so, daß Wohlwollende ein sanftes Lächeln darin sehen können. Ein wirkliches Anlächeln ist oft im dritten oder einem späteren Monat möglich.
Gleichgültig, wann ein Kind zum ersten Mal lächelt. Fast immer wird es mit liebevoller Zärtlichkeit dafür belohnt. Und das ist eine wunderbare Bestätigung für das Baby, daß Lächeln beim Gegenüber Freude und neue zärtliche Zuwendung auslöst.
Ein älteres Baby lächelt nicht mehr nur leise. Es gluckst zuweilen laut auf, wenn man es kitzelt oder wenn man es wie ein verschnürtes Bündel über den Kopf hebt.
Bis ins dritte Lebensjahr hinein geben vor allem körperliche Impulse Anlässe zum Lachen, Jubeln und Jauchzen. Finger-, Kribbel- und Reiterspiele oder „waghalsiges" Rutschen und Schaukeln sind fast schon eine Garantie für lautes fröhliches Gelächter.
Schon ein einjähriges Kind registriert, welches Verhalten die Großen zum Lachen bringt. Und bald setzt es dieses bewährte Mittel ein, um sich blitzschnell in den Mittelpunkt zu rücken. Wenn das geglückt ist, lacht es dann wieder selbst aus Freude über seinen Publikumserfolg.

Lachen steckt an

Das Kind spürt auch schon, daß sein Lachen die Erwachsenen ansteckt, sie ihm gewogen macht, daß es mit einem lieben Lächeln mehr erreicht. Und schon hat das Kind die Großen fest im Griff. Das dreijährige Kind hat oft schon einen reichen Wortschatz und ein Wissen um die wesentlichen Merkmale der es umgebenden Dinge. Es weiß ganz sicher, daß Wasser nicht brennt, daß es im Boot nicht durch die Luft segeln kann und daß es zum Abendbrot keine Schuhsohlen zu essen gibt. Darum behauptet es das augenzwinkernd und hat einen Heidenspaß daran, vor allem dann, wenn andere auf seinen herrlichen Blödsinn eingehen.
Keine Frage, daß solche Spielereien nach dem Rezept der „verkehrten Welt" Wortschatz und Wissen festigen. Im Vordergrund aber bleibt der „Quatsch".

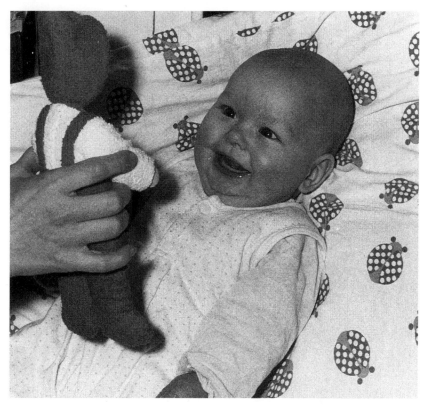

Das Kind sucht dann bald auch nach den eigenen komischen Seiten, will Faxen machen und Fratzen schneiden. Es will anders als gewöhnlich aussehen und andere damit dann überraschen, will sich verkleiden und schminken.
Alle diese Spiele, von denen viele in diesem Buch beschrieben sind, werden von fröhlichem Kinderlachen begleitet.
Lassen Sie sich doch anstecken! Lassen Sie sich hineinziehen in den Spaß und die Begeisterung.
Dann können Sie es sicher auch leichter ertragen, wenn etwas mal dem Blödsinn zum Opfer fällt, wenn einmal ein teurer Lippenstift beim Schminken zerbricht oder wenn Ihr eleganter Hut auf des Kindes Kopf erscheint. Humor ist eben, wenn man trotzdem lacht.

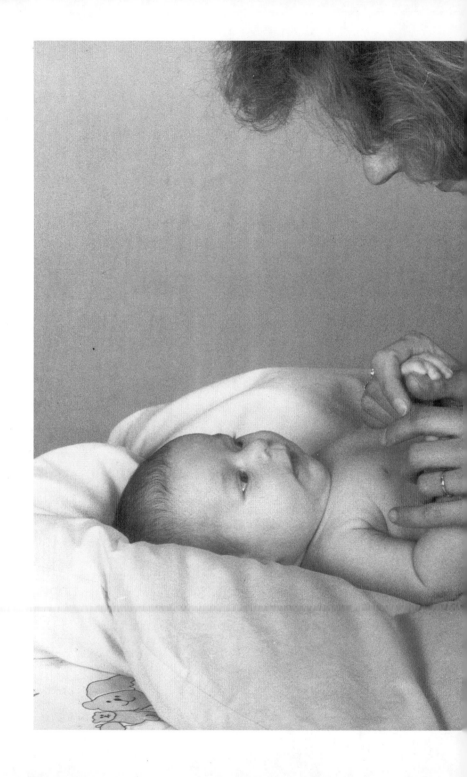

Im ersten Jahr

Kapitel 1
Zärtlichkeit von Anfang an

Er ist geboren, der neue Mensch. Sie halten ihn in den Armen und sind überglücklich. Sie sind die Eltern. Sie haben ihn gezeugt und geboren. Sie sind stolz. Zu Recht.
Neun Monate lang waren Sie, die Mutter, eins mit ihm. Neun Monate lang hat das Kind stets Ihre Nähe gespürt, wußte: Ich bin nicht allein. Das ruhige Klopfen Ihres Herzens gab ihm Sicherheit. Und schlug Ihr Herz einmal etwas schneller, war es mit Ihnen erregt.
Es war wohlig warm im Mutterleib. Das Fruchtwasser umspülte seinen Körper, als bekäme es eine ganz leichte Massage. Der Rhythmus Ihrer Bewegungen übertrug sich auf Ihr Kind wie der Rhythmus Ihres Tages. Es war wirklich eins mit Ihnen. Es durfte sich geborgen fühlen.
Dann kam der erste Schock im Leben dieses Menschen, die Geburt. Plötzlich sind Sie zwei, ist es allein, unwiderruflich von Ihnen getrennt. Vom ersten Trennungsschmerz zu sprechen, das scheint fast verharmlosend.Denn es ist plötzlich zugleich auch noch kalt um es her, und harte, feste Hände packen zu.
Schon eine ganz normale Geburt muß ein schlimmer Schock sein.
Wie tröstlich, wenn Sie es dann gleich auf Ihren Bauch legen können. Da hört es den vertrauten Schlag Ihres Herzens wieder und kann sich ein wenig beruhigen. Da spürt es Ihre wohlig warme und weiche Haut, hört es die ihm vertraute Stimme besänftigende Worte sprechen. Und später, wenn Sie es stillen, wird es immer wieder so eine Zeit erleben, in der es sich fast wieder mit Ihnen vereint fühlt. Das macht es ruhig und läßt es sich sicher und geborgen fühlen. Das Saugen an der Mutterbrust ist zudem die erste körperliche Befriedigung, die es erlebt, fast schon ein sexuelles Erlebnis. Soviel Innigkeit wie beim Stillen oder Gestillt-Werden verbindet Sie bei keiner anderen Beschäftigung mit dem Kind.

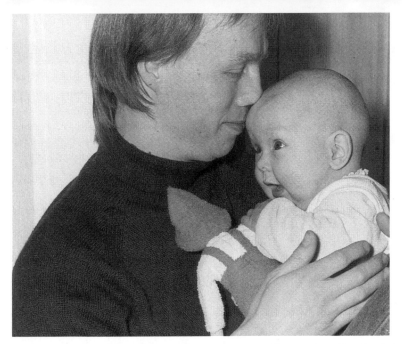

Daher kommt es, daß sich manche Väter trotz aller Mühe, die sie sich geben mögen, letztlich doch ausgeschlossen fühlen aus der Beziehung zum Kind. Verständlich, daß sie manchmal eifersüchtig werden.
Dennoch: Die Natur hat es nun einmal so eingerichtet, daß nur Mütter stillen können. Und Sie, der Vater, müssen das hinnehmen.
Darum können Sie, die Mutter, diese innige Beziehung auch ohne Skrupel genießen. Halten Sie das Kleine noch über das Stillen hinaus auf Ihrem Arm. Streicheln Sie es sanft, küssen Sie es.
Schaukeln Sie es sacht auf Ihren Armen.
Bewegen Sie sich ein wenig im Raum.
Ein Trost für die Väter: Nicht nur das Stillen bietet Zeit für Zärtlichkeiten. Alles, was Eltern mit dem noch so kleinen Menschen tun, sollte von liebevoller Zuwendung geprägt sein.
Auch beim Wickeln und beim Baden spielt der Hautkontakt eine wichtige Rolle. Schmusen können nicht nur Mütter. Auch Väter können das wunderbar und tun es oft mit ganzer Hingabe.
Zärtliche Zuwendung ist auch das bloße Anlächeln. Und was für ein Glück, wenn das Kind zum ersten Mal zurücklächelt.
Anfangs verzieht es nur das kleine Gesicht und möchte Ihr Lächeln nachahmen, schafft es aber noch nicht. Doch eines Tages ist es soweit!
Und es wird dann immer wieder lächeln, wenn Sie es dafür belohnen, indem Sie dann immer noch eine Weile bei ihm bleiben und es liebkosen.
Niemand hat ununterbrochen Zeit, mit dem Kind zu schmusen, auch

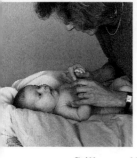

Im ersten Jahr

dann nicht, wenn er es von ganzem Herzen liebt. Aber so sehr viel Zeit gibt Ihnen das Kind auch anfangs gar nicht dazu. Denn zunächst schläft es ja erst einmal etwa 21 Stunden pro Tag, und wenn Sie dann noch die reine Versorgung bedenken und auch, daß es ja an die frische Luft gebracht werden sollte, dann merken Sie schon: Abgesehen vom Stillen und Pflegen sind da täglich nur wenige Minuten Zeit für zärtliche Spiele.

Und dann liegt es da, frisch gebadet und gewickelt, zärtlich gestreichelt und liebevoll gestillt. Es schläft und sieht einfach wunderbar aus.

Vielleicht werden Sie sich manchmal fragen: Was für ein Mensch wird sich aus diesem so kleinen hilflosen Wesen entwickeln? Ein Teil der Antwort liegt schon vor Ihnen. Denn alles, was dieser Mensch einmal werden könnte, ist bereits in ihm angelegt. Nur: Welche seiner vielen Anlagen sich tatsächlich entfalten, das steht noch in den Sternen.

Ein bißchen können Sie selbst dazu beitragen, daß sich die besten Anlagen, die dieses Kind in sich trägt, entwickeln können. Die besten Chancen geben Sie Ihrem Kind, wenn Sie nicht einem Wunschbild nachhängen, das Sie vielleicht in sich tragen. Schauen Sie Ihr Kind offen an.

Hören Sie ihm zu, um herauszufinden, welcher Art die Begabungen sind, die in ihm schlummern, die darauf warten, geweckt zu werden.

Dabei meine ich nicht etwa nur die für eine Leistungsgesellschaft gut brauchbaren Talente, wie Intelligenz, Körperkraft, Energie und so weiter, sondern vielleicht sogar vor allem die Begabungen zum Glücklichsein, zum befriedigenden Miteinander, zum Entwickeln von Idealen und was der „brotlosen Künste" mehr sind. Körperkraft und Geschicklichkeit, Intelligenz und Kreativität gehören aber auch dazu.

Die schönsten Spiele für die ersten sechs Wochen

Manche meinen, man könne noch gar nichts davon ahnen, was in so einem Baby steckt. Aber das stimmt nicht. Dr. T. Berry Brazelton, der „Papst" der amerikanischen Kinderheilkunde, der mit seinen Büchern über die kindliche Entwicklung weltbekannt wurde, glaubt, das Verhalten der Neugeborenen so deuten zu können, daß er sagen kann: Welches Temperament hat dieses Kind, wie wird es mit seiner Aktivität einmal bestellt sein, wie mit seiner Ausdauer, wie aggressiv und wie genußfähig wird dieser Mensch sein?

Zärtlichkeit

Das alles sind Eigenschaften, die schon eine Menge über seine Entwicklungsmöglichkeiten sagen.
Die meisten dieser kleinen Spiele, die einmal als Tests entstanden sind, können Sie mit Ihrem Säugling schon in den ersten Tagen machen. Dr. Brazeltons Interpretationen der kindlichen Reaktion auf dieses Spielangebot interessieren Sie vielleicht über den Spielspaß hinaus, der aber stets an erster Stelle stehen sollte.

1 Das Zwiegespräch Senken Sie Ihr Gesicht nahe zum Gesicht des Babys. Schauen Sie es lange an. Zuerst ganz ruhig. Dann verziehen Sie Ihr Gesicht zu einem Lächeln, strecken Sie die Zunge raus. Irgendwann wird Ihr Kind beginnen, auf Ihr Mienenspiel zu reagieren. Es versucht, auch sein Gesicht zu verziehen.

2 Musik-Spiel Ein Kassettenrekorder muß her.
Spielen Sie eine besonders rhythmische Musik. Verändern Sie die Lautstärke ein wenig, aber erschrecken Sie Ihr Kind nicht damit. Reagiert es? Dreht es das Köpfchen hin und her, weil es bereits den Drang in sich spürt, die Klangquelle zu suchen? Reagiert es nur auf laute Töne? Reagiert es gar nicht? Im Zusammenhang mit noch weiteren Spielen sagt das alles schon etwas darüber aus, wie interessiert dieser kleine Mensch bereits ist und wie ausdauernd.

3 Kitzeln Kitzeln unter der Fußsohle ist ein starker Reiz. Manche Babys ziehen dabei nur das Bein zurück,
unter dessen Fußsohle sie gekitzelt wurden. Ein noch nicht so weit entwickeltes Kind (etwa ein zu früh geborenes) zuckt mit dem ganzen Körper zusammen.

4 Genuß Nehmen Sie die Hände Ihres Babys und führen Sie diese an seinen Mund. Führt es diese Bewegung zu Ende, indem es den Daumen oder einen Finger in den Mund bringt und sofort lustvoll zu saugen beginnt? Besonders wenn das Kind das auch tut, wenn es gerade gestillt worden ist, läßt das schon jetzt auf Genußfähigkeit schließen.
Diese Spiele können Sie von Zeit zu Zeit wiederholen und dabei ein wenig über die „Grundstimmung" Ihres Kindes erfahren.
Die Spielideen des Dr. Brazelton zeigen, daß die häufige Rede vom „ersten dummen Vierteljahr" wirklich nur dummes Gerede ist. Wahrscheinlich geht im Kopf eines Menschen selten so viel vor wie gerade in dieser Zeit. Das Neugeborene kann immerhin schon alle seine fünf Sinne gebrauchen, und es gebraucht sie auch. Vor allem Augen und Ohren

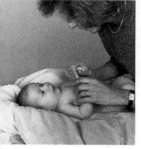

Im ersten Jahr

wollen beschäftigt sein, und auch die Haut fühlt deutliche Unterschiede.

Ausdrücken kann das Baby sich zu alledem, was es da schon sieht, hört und fühlt, indem es schreit. Es kann Ihnen auch schon einiges durch Gesten sagen.

Wenn es sich zum Beispiel erschrickt, etwa weil eine Tür laut ins Schloß fällt (was für die empfindlichen Ohren eines Babys ein fürchterliches Geräusch ist), so wirft es vielleicht beide Arme nach den Seiten.

Auf grelles Licht kann es reagieren, indem es seinen Kopf rasch wegdreht. Erscheint Ihr Gesicht, strampelt es erregt herum.

Die meisten kindlichen Reaktionen sind einfach Reflexe. Der weithin bekannteste ist der Greifreflex. Aus ihm können Sie wieder ein schlichtes Spiel machen.

5 Pack zu! Legen Sie Ihren Finger auf die Handfläche des Babys. Sofort schließt sich die kleine Hand, als wolle sie Ihren Finger ganz festhalten. Senken Sie Ihr Gesicht dabei tief hinunter zum Babygesicht, und lächeln Sie es an. Vielleicht lächelt es ja sogar schon zurück!

6 Erste Lichtspiele Schalten Sie abends, wenn es anfängt, dunkel zu werden, nicht gleich das Licht ein. Lassen Sie den Dämmerschein durchs Fenster ins beinahe dunkle Zimmer fallen. Wahrscheinlich dreht Ihr Kind sein Gesicht hin zu dem milden Licht, das es liebt. Sie können das Bettchen auch so stellen, daß Babys Blick auf eine beleuchtete Wand fällt. Das Gesicht dreht sich zu mildem Licht wie die Blüte zur Sonne.

7 Erster Blickpunkt Schon nach einer Woche können Sie Ihrem Baby helfen, aus dem verschwommenen Bild, das es von seiner Umwelt hat, ein paar Konturen herauszuholen. Es kann nämlich schon welche erkennen, allerdings nur in einer Entfernung von etwa zwanzig Zentimetern.

Halten Sie dorthin einen knallroten Gegenstand!

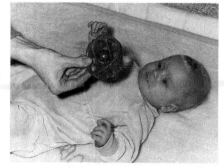

Es wird begeistert sein, weil das klare Sehen für das kleine Gehirn fast wie eine Offenbarung ist.

8 Erste Hörspiele Der erste Sinn, der erwacht, ist das Gehör. Was es hört, kann das Baby schon viel differenzierter wahrnehmen als das, was es sieht. Die intensivste Anregung geben Sie Ihrem Kind darum, wenn Sie ihm immer mal wieder etwas zum Hören anbieten. Zum Beispiel: Setzen Sie sich ans Klavier, und spielen Sie leise rhythmische Musik, oder spielen Sie auf einem anderen Instrument. Nur Pauken und Trompeten sind nicht so gut geeignet. Und allzu schrille oder laute Töne auch nicht. Wahlweise können Sie dem Baby auch Radio- oder Schallplattenmusik vorspielen oder auch Musik vom Band.

9 Wiegen Am reizvollsten ist es aber für das Kind, wenn Sie es sanft wiegen. Dieses Berühren mit Ihren Händen ist wohl das zärtlichste Spiel für den kleinen Menschen, das sich denken läßt, und eins, das zumindest das ganze erste Lebensjahr über seinen Reiz nicht verliert. Denn es vermittelt dem Baby Geborgenheit und Liebe, das zärtliche Versprechen, immer für es da zu sein.
Wollen Sie sich etwas ausruhen, gibt es noch andere Möglichkeiten, das Kind zu wiegen. Sie müssen dafür nicht unbedingt eine Wiege kaufen. Sie können auch selbst eine Schlafstatt schaffen, die sich wiegen läßt. Dazu brauchen Sie: eine Hängematte, die Sie mit beiden Endschnüren

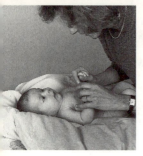

Im ersten Jahr

zusammenbinden. Setzen Sie das Wagen-Oberteil in diese Hängematte. An der Zimmerdecke befestigen Sie einen Schaukelhaken, an dem eine Spezial-Zugfeder angebracht wird (Haushaltsladen). Nun müssen Sie das Wiegenteil nur noch dranhängen. Das sieht dann so aus, wie die Zeichnung zeigt.

Schon ein leises Antippen läßt die „Wiege" hin und her schaukeln.

Und es gibt auch noch eine zweite Möglichkeit: Sie brauchen eigentlich nur ein Stück Frottee. Daran nähen Sie sechs stabile Schlaufen, die sich unten knöpfen lassen. Hängen Sie das einfach ins Kinderbettchen hinein.

Wird der Sprößling dann nach und nach aktiver, können Sie diesen Einhang wieder herausnehmen.

Singen Sie Ihrem Kind eins der schönen Wiegenlieder vor, die uns seit Generationen überliefert sind. Dabei können Sie dieses Tuch auch sacht hin und her schaukeln.

Wiegenlieder

Kindlein mein

Leise, Peterle, leise

2. Stille, Peterle, stille!
Der Mond hat eine Brille.
Ein graues Wölkchen schob sich vor,
das sitzt ihm grad auf Nas und Ohr.
Stille, Peterle, stille!

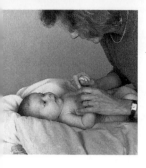

Im ersten Jahr

3. Träume, Peterle, träume!
Der Mond guckt durch die Bäume.
Ich glaube gar, nun bleibt er stehn,
um's Peterle im Schlaf zu sehn.
Träume, Peterle, träume!

Worte: Paula Dehmer
Weise: Richard Rudolf Klein

Schlaf, Kindlein, schlaf

1. Schlaf, Kind-lein, schlaf! Der Va-ter hüt' die Schaf. Die Mut-ter schüt-telt 's Bäu-me-lein. Da fällt her-ab ein Träu-me-lein. Schlaf, Kind-lein, schlaf!

2. Schlaf, Kindlein, schlaf!
Am Himmel ziehn die Schaf.
Die Sternlein sind die Lämmerlein,
der Mond, der ist das Schäferlein.
Schlaf, Kindlein, schlaf!

3. Schlaf, Kindlein, schlaf!
So schenk ich dir ein Schaf
mit einer goldnen Schelle fein.
Das soll dein Spielgeselle sein
Schlaf, Kindlein, schlaf!

Die Blümelein, sie schlafen

1. Die Blü-me-lein sie schla-fen schon längst im Mon-den-
  Sie nik-ken mit dem Köpf-chen auf ih-rem Sten-ge-

Wiegenlieder

schein.
lein. Es— rüt-telt sich der Blü-ten-baum, er— säu-selt wie im

Traum: 1.-3. Schla-fe, schla-fe,— schlaf— du mein Kin-de - lein!

2. Die Vögelein, sie sangen
so süß im Sonnenschein;
sie sind zur Ruh gegangen
in ihre Nestchen klein;
das Heimchen in dem Ährengrund,
es tut allein sich kund:
Schlafe, schlafe, usw.

3. Sandmännchen kommt geschlichen
und guckt durchs Fensterlein,
ob irgend noch ein Liebchen
nicht mag zu Bette sein;
und wo er noch ein Kindchen fand,
streut er ins Aug ihm Sand:
Schlafe, schlafe, usw.

Worte und Weise: Anton Wilhelm Florentin von Zuccalmaglio (1840), frei nach dem geistlichen Lied „Zu Bethlehem geboren" (1697).
Satz: Johannes Brahms, Volksliederbuch Nr.4 (vor 1856)

Die schönsten Schäfchen

1. Wer hat die schön-sten Schäf-chen? Die hat der gold-ne

Mond, der hin-ter un-sern Bäu-men am Him-mel dro-ben wohnt.

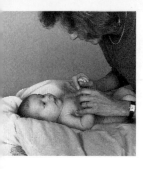

Im ersten Jahr

2. Er kommt am späten Abend,
wenn alles schlafen will,
hervor aus seinem Hause
zum Himmel leis und still.

3. Dann weidet er die Schäfchen
auf seiner blauen Flur;
denn all die weißen Sterne
sind seine Schäfchen nur.

4. Sie tun sich nichts zuleide,
hat eins das andre gern,
und Schwestern sind und Brüder,
da oben Stern an Stern.

5. Und soll ich dir eins bringen,
so darfst du niemals schrein,
mußt freundlich wie die Schäfchen
und wie der Schäfer sein.

Worte: Heinrich Hoffmann von Fallersleben
Weise: Friedrich Reichart

Weißt du, wieviel Sternlein stehen

Weißt du, wie-viel Stern-lein ste - hen an dem blau - en Him-mels-zelt? Weißt du, wie-viel Wol-ken ge - hen weit-hin ü - ber al-le Welt? Gott, der Herr, hat sie ge - zäh - let, daß ihm auchnicht ei - nes feh-let an der gan-zen, großen Zahl, an der gan - zen, großen Zahl.

2. Weißt du, wieviel Mücklein spielen
in der heißen Sonnenglut?

Wiegenlieder

Wieviel Fischlein auch sich kühlen
in der hellen Wasserflut?
Gott, der Herr, rief sie mit Namen,
daß sie all ins Leben kamen,
|: daß sie nun so fröhlich sind: |
Volkslied

Die schönsten Spiele von der siebten bis zur zwölften Woche

Natürlich bleibt die Zärtlichkeit weiterhin Trumpf. Das Schönste, was Sie Ihrem Kind nun schenken können, ist, es täglich liebevoll zu massieren. Besonders glücklich und entspannt wird Ihr Kind sein, wenn Sie die indische Babymassage versuchen.
Sie können Sie ganz perfekt erlernen, wenn Sie eine Yogalehrerin um Unterweisung bitten.
Aber es geht ja eigentlich nicht um Perfektion. Und jede einfühlsame Mutter kann sie eigentlich im ganzen nur richtig machen.

10 Indische Babymassage Beginnen Sie mit der sanften Gesichtsmassage. Mit den Daumen streichen Sie zart von der Nasenwurzel zu den Wangenknochen. Die Augenpartie wird nicht berührt.
Haben Sie das einige Male gemacht, lassen Sie die Hände um die Schultern kreisen und sanft nach unten über die Brust gleiten.
Streichen Sie mit der linken Hand von der linken Schulter zur rechten Hüfte, dann mit der rechten Hand von der rechten Schulter zur linken Hüfte.
Wiederholen Sie das mehrmals.
Die Arme fassen Sie etwas fester an. Streichen Sie mit beiden Händen von oben nach unten – umfassen Sie den Arm dabei.
Wenn Sie zart unter den Achselhöhlen streicheln, öffnet sich die meist noch zur Faust geballte Hand.
Massieren Sie nun den Handteller und dann den Punkt zwischen Daumen und Zeigefinger. Ihre Hände gleiten nun seitlich hinunter und massieren die Hüften. Es folgen nacheinander lange Streichbewegungen über die Beine, von der Hüfte bis zum Fußgelenk.
Bei dieser Massage sollten Sie sich nicht dazu verleiten lassen, unter der

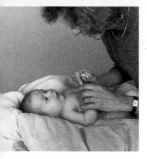

Im ersten Jahr

Fußsohle zu kitzeln. Dieser Reiz paßt nicht gut zu der Grundstimmung, die bei der indischen Massage aufkommt. Nun legen Sie Ihr Kind auf den Bauch. Lockern Sie mit weichen Bewegungen zuerst die Schulterpartie. Dann streichen Sie mit beiden Handflächen zugleich rhythmisch über den Rücken. Mit den Fingerkuppen massieren Sie den Po. Anschließend kommt noch eine ganz leichte Klopfmassage, bei der Sie mit den Handkanten locker von einer Pobacke zur anderen trommeln.
Und schließlich streichen Sie abwechselnd über die Beine, vom Po bis zum Fußgelenk.
Zum Massieren eignet sich am besten Mandelöl, das Sie gut in den Händen verreiben. Am einfachsten ist es, wenn das Kind auf einem kuscheligen Badetuch liegt.
Sie können sich auch – Beine lang oder im Schneidersitz – auf den Boden setzen und haben das Kind dann auf dem Tuch vor sich. Legen Sie sich in jedem Fall noch ein kleines Handtuch parat. Wenn sich Ihr Baby bei der Massage entspannt, entspannt sich auch die Blase, und das Bächlein fließt. Dann ist es ganz nützlich, etwas in Reichweite zu haben, um es aufzufangen.
Eine Unterbrechung würde die Wirkung der Massage stark mindern.
Sie sollten nur dann mit einer Babymassage beginnen, wenn Sie selbst innerlich ruhig sind, und auf keinen Fall, wenn Ihnen die Zeit im Nakken sitzt.
Am schönsten ist es, wenn Sie alle Bewegungen gleichmäßig ausführen. Sie können dabei auch leise ein Kinderlied singen oder summen oder einige Kinderverse aufsagen. Und: Solange das Kind auf dem Rükken liegt, genießen Sie den Blickkontakt mit Ihrem Kind.
Für den Vater kann diese innige Verbundenheit durch die Massage ein befriedigender Ausgleich sein für das mütterliche Stillen. Das gleiche gilt für die Mütter, die nicht stillen können.
Nach etwa acht Wochen hat das Kind das Vergnügen entdeckt, das ein Bad bieten kann. Sobald der Nabel trocken ist, können Sie in die große Wanne umsteigen. Am besten steigen Sie gleich dazu, und dann gilt bereits: Wasser ist nicht nur zum Waschen da. Mann kann auch wunderbar darin spielen.

11 Strampel-Wonne Legen Sie sich Ihr Kind auf den Bauch. Streichen Sie fest über seinen Rücken, über Arme und Beine. Geben Sie mit Ihren Oberschenkeln den Fußsohlen des Kindes etwas Druck. Sofort wird es anfangen, heftig zu strampeln. Und sollte es vorher in dem für

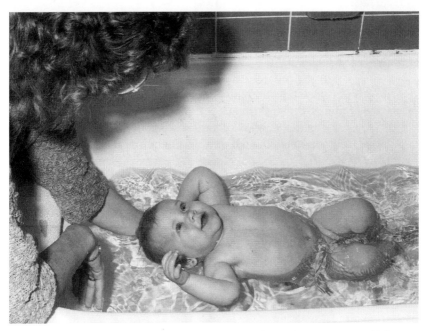

einen so kleinen Menschen ja riesigen Bassin noch etwas ängstlich gewesen sein: Nun wird es bald anfangen, sich pudelwohl zu fühlen.

12 Goldfisch Ist Ihr Kind schon ein wenig sicherer, legen Sie es doch einmal – bäuchlings oder rücklings – auf Ihre flache Hand (Finger spreizen!). Stoßen Sie die Hand ein kleines Stück von sich weg, als schwämme es fort. Ziehen Sie die Hand dann wieder an sich.
Zuerst wird es Angst haben, sich von Ihnen ein Stückchen zu entfernen. Dann wird es sehr erleichtert sein, wieder bei Ihnen zu sein. Nehmen Sie es dann fest in den Arm. Das wirkt wie ein Versprechen, daß die Entfernung nie ernst gemeint ist.
Allmählich, wenn Sie das Spiel häufiger wiederholt haben, hat es Ihr Kind verstanden und freut sich schon aufs Wiederkommen, wenn es sich gerade von Ihnen entfernt.

13 Fischreise Bauen Sie das Spiel etwas aus. Sie führen einen einfachen Vers ein:

> Schwimme, Fischlein, schwimme!
> Schwimm aufs Meer hinaus!
> Doch da gibt es schlimme Feinde,
> welch ein Graus!

Im ersten Jahr

Fischlein, komm schnell wieder,
schnell zu mir zurück.
Wogst du auf und nieder,
Fisch, ich wünsch dir Glück.
Bei „aufs Meer hinaus" schieben Sie das Kind weg.
„Fischlein, komm schnell wieder" – dabei ziehen Sie es wieder zu sich. Und bei „ich wünsch dir Glück" drükken Sie es fest an sich, damit es spürt: Sie sind da, immer, auch wenn Gefahr droht.

14 **Springbrunnen** Ist Baby ans Wasser in der großen Wanne gewöhnt, können Sie es auch mit ein paar Spritzern mehr versuchen. Schließlich dürfen Sie auch schon weich brausen – aber noch nicht über den Kopf.

15 **Bauen mit Schaum** Beim Spielen sollte noch kein Badeschaum im Wasser sein. Aber als Übergang zum Bad mit Schaum (schadstofffrei!) darf noch einen Augenblick mit Badeschaum gespielt werden. Herrlich sind hohe Schaumberge, Schaumburgen und auch Bärte aus Schaum. Kleben Sie sich doch mal einen „Ziegenbart" aufs Kinn. Das wird Ihr Kleines amüsieren.

16 **Flottenparade** Nun nehmen Sie Badespielzeug dazu. Solange das Kind noch nicht greifen kann, wird es sich einfach nur am Anschauen freuen. Aber es ist auch ein Anreiz, irgendwann mit dem Zugreifen zu beginnen.
Am ehesten eignen sich anfangs einfache Boote aus Kunststoff oder auch Faltboote aus Papier (siehe Seite 210).

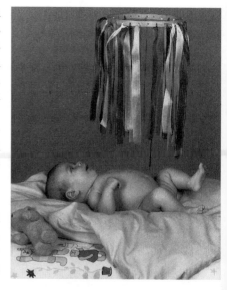

17 **Wasser schöpfen** Sobald nun Ihr Baby einen Becher halten kann, macht es ihm sicher einen Riesenspaß, Wasser aus der Wanne zu

schöpfen und es wieder auszugießen. Solange es das noch nicht kann, tun Sie es. Es freut sich an der Bewegung wie am Geräusch.

Spielstunde

Eine sogenannte Spielstunde dauert natürlich keine sechzig Minuten, sondern höchstens ein Viertel davon. An einem Tag kann sie in der Badewanne, am anderen auf dem Fußboden stattfinden – wenn es Ihnen nichts ausmacht, selbst mit hinunterzugehen – oder auf dem Wickeltisch.

18 Rot-weiße Rassel Das Spielzeug, das größtes Entzücken auslöst, ist bei fast allen Babys in diesem Alter eine rot-weiße Rassel, wenn diese etwa 20 cm vor seinem Auge zum Tönen gebracht wird.

Zu Beginn des zweiten Lebensmonats kann es nämlich eine erste Farbe wahrnehmen, das Rot. Und am besten erkennt es sie im Kontrast zu Weiß. Und da es außerdem gern vertrauten Tönen lauscht, ist eben dieses Spielzeug so beliebt. Zeigen Sie ihm zur Abwechslung und damit es die Konturen schon zu unterscheiden lernt, dann einmal einen knallroten Frotteebär (Käthe Kruse) oder auch ein rot-weißes Frotteepüppchen (Käthe Kruse).

19 Ballon-Gesicht Nichts liebt Ihr Kind jetzt mehr als Ihr Gesicht. Sie können es ihm aber nicht immer dann zeigen, wenn es seine Augen auf die Suche schickt. Malen Sie mit roter Fingerfarbe Augen, Nase und Mund auf einen weißen aufgeblasenen Luftballon. Befestigen Sie das Ballon-Gesicht dicht über seinem Köpfchen, etwas schräg vor dem Gesicht. Wenn Sie den Ballon bemalen, denken Sie daran: Wenn Sie ihn nicht mit Gas füllen, sondern aufblasen, hängt er nach unten. Sie müssen das Gesicht also sozusagen falsch herum daraufmalen.

20 Bänderkranz Malen Sie einen Gardinenring oder einen Reifen rot an. Knoten Sie bunte Bänder daran. Überwiegend rote, gelbe und weiße anfangs, später können Sie dann auch blaue und grüne, orangefarbene und violette anknüpfen, dann sieht das noch lustiger aus. Auf dem Foto oben sehen Sie, wie belustigt und auch aufmerksam Leonie sich einen solchen Bänderring anschaut.

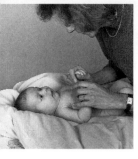

Im ersten Jahr

21 Kugel-Mobile Es gibt unzählige und auch wunderschöne Mobiles, die Sie aufhängen können. Die meisten sind so gestaltet, daß sie, aus der Froschperspektive betrachtet, ziemlich langweilig sind. Wenn Sie ein solches Mobile irgendwo im Zimmer aufhängen und hin und wieder mit dem Baby auf dem Arm hingehen, um es gemeinsam mit ihm anzuschauen, ist das in Ordnung, denn dann schaut es schließlich auch aus der Erwachsenen-Perspektive.
Sollten Sie aber das Mobile genau über dem Bett oder über dem Wickeltisch aufhängen wollen, so eignen sich nur wenige dafür. Am besten gehen Sie dann selbst in die Froschperspektive, ehe Sie sich für ein bestimmtes entscheiden. Meist hängen an denen, die sich für diesen Zweck eignen, Flugzeuge, Schmetterlinge und anderes, das man aus der Froschperspektive eben noch gut erkennen kann.
Wenn Sie selbst eins herstellen wollen, wählen Sie doch ein einfaches Kugel-Mobile. Kugeln sehen von allen Seiten gleich aus. Und außerdem wissen wir seit dem Pädagogen Fröbel, daß Kinder vom Säuglingsalter an Kugeln besonders mögen – auch Bälle sind ja nichts anderes.
Sie können es so herstellen: Sie brauchen: 5 Holz-Kugeln, Durchmesser 80 mm, einen Rundstab, 30 cm lang, zwei Rundstäbe 12 cm lang, beide mit einem Durchmesser von 8 mm. Dazu 6 Holzperlen, die auf die Rundstäbe passen, 1,50 m Nylonschnur. Plakafarben in rot, weiß, blau und gelb. Klarlack, 5 Briefklammern sowie ein Dutzend Schaschlikstäbe.

Gebastelt wird so: Stecken Sie die Schaschlikstäbe in die Holzkugeln und in die Holzperlen. Dann können Sie diese, wenn Sie am Stab anfassen, immer in einem Arbeitsgang rundherum anmalen. Von den fünf großen Kugeln malen Sie eine rot, eine gelb, eine blau und eine weiß an. Auf die weiße Kugel malen Sie später noch rote Ringe auf. Dabei müssen Sie daran denken, daß das Kind die Ringe als solche nur erkennen kann – wenigstens einen –, wenn Sie quer zum Schaschlikstab stehen, wenn Sie malen. Sind die Farben trocken, können Sie entscheiden, ob ein zweiter Anstrich sinnvoll ist. Ist dieser auch trocken, sollten Sie noch lackieren (achten Sie darauf, umweltfreundlichen Lack ohne Lösungsmittel zu benutzen). Dann glänzen die Farben schöner.

Spielstunde

Außerdem sollten Sie das Mobile so befestigen, daß eine möglicherweise herunterfallende Kugel das Baby nicht verletzen kann.
Zum Trocknen stecken Sie die Kugeln oder Perlen einfach wie Blumen in die Vase bzw. in ein Glas (siehe Zeichnung Seite 28).
Inzwischen stellen Sie das Bügelgerüst her. Wie das aussehen sollte, zeigt das Bild vom fertigen Mobile. An die Enden der Rundstäbe stecken Sie je eine Perle, damit der Nylonfaden nicht herunterrutscht. Die einfarbigen Kugeln hängen Sie auf gleiche Höhe, die geringelte kommt in die Mitte und hängt tiefer. Die genaue Balance müssen Sie ausprobieren. Beim Aufhängen sollten Sie beachten, daß das Kind Farben immer am besten im Kontrast erkennen kann, darum z. B. die rote neben die weiße und die blaue neben die gelbe.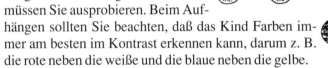
Die Kugeln bereiten Sie zum Aufhängen mit Hilfe von je einer Briefklammer vor: Geben Sie einige Tropfen Alleskleber in das Loch der Kugel. Stecken Sie die Klammer – Öse nach oben – hinein. Trocknen lassen. Ihr Mobile sollte schließlich so aussehen, wie oben dargestellt.

22 Gesichter-Mobile Eine große Freude machen Sie Ihrem Kind auch mit einem Gesichter-Mobile. Besorgen Sie sich Modelliermasse, die an der Luft trocknet. Rollen Sie eine helle Masse mit einer Flasche wie Kuchenteig aus. Schneiden Sie Gesichtsformen aus. Auf eine Seite kleben Sie in der Mitte etwas Masse an – oder ziehen sie aus der Form sacht heraus. Es muß stark genug sein für ein Loch, das Sie mit einem Streichholz oder mit einem Schaschlikstab hineinstechen können. Lassen Sie den Stab eine Weile drin.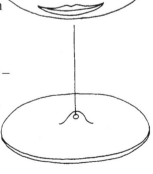
Auf die Vorderseite kleben Sie aus einer kontrastierenden Modelliermasse Augen, Nase und Mund darauf, oben – quasi wie ein Pony – vielleicht noch ein paar Haare. Trocknen lassen. Ehe es ganz trocken ist, den Stab hinten herausziehen. Sie können das Ganze natürlich noch lackieren. Später hängen Sie fünf solcher Gesichter am Mobile an wie etwa die Kugeln.

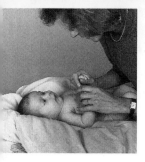

Im ersten Jahr

23 Masken Das Kind schaut jetzt am liebsten Gesichter an. Eine Blitz-Methode, dem Kind solchen Spaß zu machen: Schneiden Sie aus roter oder blauer Pappe ein Gesicht. Schneiden Sie Augen, Nase und Mund aus und hängen oder heften Sie das einfach an die helle Wand. Haben Sie keine helle Wand, kleben Sie die Maske vor dem Aufhängen noch auf hellen Karton.

24 Blätterdach Zu gucken gibt es überall mehr als genug. Sie müssen nur schauen, daß es ins Blickfeld des Kindes kommt. Im Sommer ist es wunderbar, wenn Sie den Kinderwagen unter einen Laubbaum stellen (Vorsicht: Linden tropfen). Der sanfte Wind streicht durch die Blätter und hält sie stets in leichter Bewegung. Wenn dann noch die Sonne scheint, huschen ihre Strahlen hin und her. Das Kind kann sich lange daran vergnügen.

25 Hüpfpüppchen Am Ende des ersten Vierteljahres, wenn Ihr Kind schon darin geübt ist, Bewegungen von Dingen zu verfolgen, strampelt es meist vor Vergnügen, wenn Sie ein Hüpfpüppchen vor ihm auf und ab springen lassen. Es versucht danach zu greifen. Gelingt es ihm nicht, es zu fassen, geben Sie es ihm aber auch einmal in die Hand.

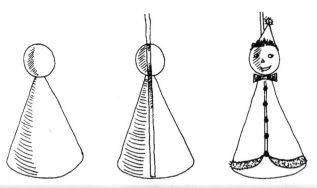

Ein einfaches Hüpfpüppchen basteln Sie so: Kaufen Sie einen kleinen Holzkegel (Körper) und eine passende Holzperle (Kopf) im Bastelgeschäft. Malen Sie den Kopf an, mit Gesicht und Haar. Als Haar können Sie natürlich auch etwas Wolle aufkleben oder auch Bast. Trocknen lassen. Kleben Sie die Spitze des Kegels in das Loch der Perle. Kleben Sie ein Stück Gummiband an der Puppe entlang, etwa an die Stelle, an der wir unsere Wirbelsäule haben. Das Gummiband wird auch am Kopf

Das 2. Vierteljahr

noch festgeklebt und ragt so weit über den Kopf hinaus, daß man das Stück gut anfassen kann. Nun wird der Körper noch mit einem Stück Filz ummantelt.

26 Wagenkette Wenn Ihnen das Basteln des Püppchens Spaß gemacht hat, können Sie auch mehrere herstellen und sie mit kurzen Stücken Gummi an einer Kordel befestigen, die Sie über den Wagen oder

das Bett spannen. Eine spannende Unterhaltung auf sonst für ein liegendes Baby recht langweiligen Spaziergängen. Eine Wagenkette bekommen Sie auch, wenn Sie bemalte Holzkugeln von etwa 60 mm Durchmesser auf eine Kordel aufziehen, die Sie dann über den Wagen spannen. Wie Sie eine Kugel am besten anmalen, lesen Sie auf Seite 28.

Die schönsten Spiele für das zweite Vierteljahr

Natürlich sind die Spiele, die schon für das erste Vierteljahr reizvoll sind, fast durchweg auch im zweiten noch interessant. Ihr Kind entwickelt sich zusehends. Vor allem kann es nun immer besser seinen Kopf allein hochhalten.

Irgendwann in dieser Zeit liegt es bäuchlings nicht mehr nur einfach flach, sondern stützt sich auf seine Unterarme und hält sichtbar fasziniert Umschau. Dann reicht ihm plötzlich nur ein Arm als Stütze, und es kann mit der anderen Hand schon nach einem Spielzeug greifen.

Es kann Bewegungen in der Breite schon fast unbegrenzt verfolgen. Es kann sich auch schon ganz unterschiedlich ausdrücken: Es brabbelt, gurgelt, gluckst vor Vergnügen, gurrt vor Behaglichkeit.

In dieser Zeit etwa entdeckt das Kind ein Spiel, das wohl alle Eltern begeistert: Es kann jetzt beide Hände bis zur Körpermitte führen. Die eine Hand kann mit der anderen spielen. Das Baby kann sich selbst berühren. Dabei entdeckt es, daß beim Berühren nicht nur eine Hand etwas spüren kann, sondern beide. Ähnliche Erfahrungen entstehen, wenn das Kind

den eigenen Daumen oder einen Gegenstand in den Mund steckt und wenn es etwas später sogar seinen Fuß, vor allem seine Zehen, berührt.
Das Baby ist dabei, sich selbst als etwas zu begreifen, das sich von der Umwelt unterscheidet. Damit macht es einen wichtigen Schritt auf dem Weg zu sich selbst.
Nun kann es gar nicht genug kriegen vom Spiel mit den Fingern und Zehen.
Ein zauberhafter Anblick!
Das Kind braucht jetzt unterschiedliches Greif-Spielzeug: etwas aus textilem Material, aus Holz, aus Kunststoff, etwas Weiches und Hartes, Warmes und Kaltes, Kantiges und Rundes.
Und möglichst sollten sich auch noch die Farben unterscheiden: rot, rot-weiß, rot-gelb, orange als eine dem Rot verwandte Farbe zunächst, dann aber auch blau und blauweiß, später grünweiß, schließlich grüngelb.
Schön sind Spielzeuge, an denen sich Teile bewegen lassen.
Und erstes Badespielzeug gewinnt an Bedeutung, die gelbe Ente mit dem roten Schnabel hat ebensoviel Tradition wie der Goldfisch. Nach wie vor sind sie die besten ersten Badespielsachen.
Gegen Ende des ersten Halbjahres werden Sie irgendwann einmal entdecken: Das Kind wechselt ein Spielzeug nun schon von einer Hand in die andere.

Das 2. Vierteljahr

Freudig erregt reagiert Ihr Kind, wenn Sie es, zumindest mit dem Oberkörper, in eine senkrechte Lage bringen. Zum Beispiel, wenn Sie es ein Weilchen auf den Schoß nehmen, mit ihm schmusen, ein bißchen mit ihm erzählen und es plappern lassen. Da gibt es noch manche Abwechslung mehr.

27 Schoß-Spaß Sicher haben Sie Phantasie genug, mit dem Kind zu spielen, wenn es auf Ihrem Schoß sitzt. Hier nur ein paar Anregungen:
- ihm ein Spielzeug zeigen
- einfach kitzeln, daß es vor Vergnügen juchzt, unter der Fußsohle, in der Halskuhle, unter den Armen, im Brust-Bauch-Bereich.
- einfache Krabbelspiele, etwa: Sie spazieren mit zwei Fingern den Körper hinauf:

„Es steigt ein Mann die Treppe rauf, es steigt ein Mann die Treppe rauf, macht ihm jemand die Türe auf? Klopf, klopf (Sie tippen mit dem Finger an die Nase) oder klingling!?" (Sie kitzeln das Ohrläppchen)
Oder: „Es krabbelt das Mäuschen immer höher (mit vier Fingern aufsteigen) und kommt dem Hälschen immer näher. Hurraa! Nun ist es da!" (Sie kitzeln das Kind in der Halskuhle).

28 Tobe-Spaß Es gibt auch etwas „wilderen" Spaß, der das Kind zum Lachen bringt:
- Fassen Sie es unter den Armen, schauen Sie es lachend an, „quirlen" Sie es leicht.
- Fassen Sie die Unterarme und ziehen Sie die beiden abwechselnd vor und schieben Sie dabei immer den anderen leicht zurück.
- Reiben Sie die kleine Nase an Ihrer.
- Lassen Sie es einmal leicht hopsen.

29 Trage-Ulk Mit dem Kind auf dem Arm läßt es sich auch herrlich spielen, etwa:
- Gehen Sie durch das Zimmer. Anfangs schleichen Sie ganz leise und langsam, dann laufen Sie plötzlich schnell los, dann schleichen Sie wieder.

Das Kind ist gerade bei solchen sich abwechselnden Bewegungen immer voller Erwartung.
- Legen Sie Ihren Oberkörper einmal ganz leicht vornüber. Das Kind bekommt ein leichtes, aber nicht unangenehmes Fallgefühl. Wenn es sich erschreckt, richten Sie sich schnell wieder auf und drücken es fest an sich.

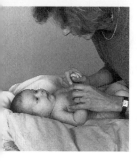

Im ersten Jahr

- Legen Sie das Kind auf Ihre Unterarme. Halten Sie dabei die Oberschenkel fest. Dann schaukeln Sie es hin und her.
- Wenn Sie zu zweit mit dem Kind spielen, legen Sie es in ein Tragetuch, das Sie beide halten, und schaukeln es sachte hin und her.

30 Boden-Akrobatik Gegen Ende des ersten Halbjahres kann es manchmal nicht wild genug zugehen. Dann ist das Spiel am Boden für manchen am sichersten.
- Legen Sie sich rücklings auf den Boden, legen Sie den Oberkörper hoch, indem Sie sich an ein Kissen an einer Wand lehnen. Dann bringen Sie die Fersen etwas näher an den Po, so daß Ihre Oberschenkel zu einer Art Rutschbahn werden. Darauf legen Sie das Baby. Sie können es sanft an sich heranziehen, oder Sie strecken Ihre Beine und heben Sie wieder an.
- Sie sitzen mit ausgestreckten Beinen oder im Schneidersitz auf der Erde. Halten Sie die gespreizte rechte Hand unter Babys Brustkorb und mit der linken Babys Po. So heben Sie es zuerst über Ihren Kopf, damit es ein erstes Flug-Gefühl bekommt. Später können Sie das Kind unter den Armen fassen und aus dem Stand ein wenig hochwerfen.

31 Wickel-Spiele Auch beim Wickeln können Sie neue Spiele einführen. Neben dem Streicheln, Massieren und Küssen wird Babys Neugier erregt, etwa so: Bevor das Kind die Windel umgelegt bekommt, wird mit ihr ein bißchen gespielt.
- Vor das Gesicht halten und schnell wieder hervorkommen, mit dem Tuch streicheln oder Wind machen.
- Gehen Sie mit dem Kopf in Babyhöhe runter. Blasen Sie über Babys Körper, ganz sacht.
- Sie können auch genau über dem Baby einen Spiegel aufhängen. So kann es die bewegten Bilder mit Erstaunen verfolgen.

Am Ende des ersten Halbjahres werden Spiegel-Spiele noch interessanter, weil das Kleine anfängt, dieses Bild mit gezielten Bewegungen zu provozieren.

32 Mienenspiel Das Baby liegt bäuchlings. Wenn Sie selbst gut auf dem Bauch und so auch auf dem Boden liegen können, gehen Sie beide ins Tiefparterre. Sonst liegt das Kind bäuchlings auf dem Wickeltisch,

Das 2. Vierteljahr

und Sie sitzen so davor, daß Ihr Gesicht mit dem des Kindes auf gleicher Höhe ist.
Schauen Sie das Kleine erst einmal ein Weilchen gerade an, möglichst ausdruckslos. Das Kind wird sehr schnell unruhig. Es weiß nicht, was es davon in diesem Moment halten soll.
Dann lachen Sie. Erleichtert beginnt auch Ihr Baby zu lachen.
Strecken Sie die Zunge heraus, runzeln Sie die Stirn, rümpfen Sie die Nase, gähnen Sie, ziehen Sie die Augenbrauen hoch – nicht alles wie ein Programm hintereinander! Mal dies, mal das, immer nur, solange es Spaß macht. Es ist eins der hinreißendsten Spiele, weil sich das Kind nach einer Weile nach Kräften bemüht, Ihr Mienenspiel mitzumachen!

33 Leuchtmasken Wenn etwas im Dämmerschein mild leuchtet, ist das Baby stets hingerissen. Eine Leuchtmaske haben Sie schnell hergestellt: Malen Sie auf Tüten mit durchscheinenden Farben ein Gesicht, wobei die Öffnung nach unten zeigen muß. Da hinein stellen Sie eine leuchtende Taschenlampe.

34 Lichtkegel Lassen Sie den Lichtkegel einer Taschenlampe über eine helle Wand huschen. Wenn beide Eltern mitspielen, kann ein Kegel den anderen jagen. Das macht das Spiel spannender.

35 Rasselspiele Die Rassel ist für ein Baby ein besonders vielseitiges Spielzeug. Viele Spiele sind möglich, zum Beispiel diese:
- Das Baby sitzt auf Ihrem Schoß. Nun rasseln Sie seitlich von ihm, vor seinem Ohr. Es wird schnell den Kopf zur Rassel wenden und strahlen vor Glück, es hat nämlich schon vermutet, was es entdecken würde, und weil es das nun wirklich sieht, freut es sich.
- Rasseln Sie hinter einem Vorhang, wenn Sie es auf dem Arm tragen, etwa hinter einer undurchsichtigen Gardine. Schieben Sie den Vorhang weg, so daß die Rassel zu sehen ist. Tun Sie das immer wieder. Irgendwann wird das Kind selbst nach dem Vorhang greifen.
- Legen Sie die Rassel in eine Schachtel. Schütteln Sie diese. Die Rassel ist zu hören. Öffnen Sie die Schachtel und lassen Sie Baby hineinschauen. Irgendwann versucht es, den Deckel selbst abzunehmen.

36 Dunkler Angriff Das Baby kann jetzt damit beginnen, Entfernungen daraufhin abzuschätzen, ob sie so gering werden, daß Gefahr droht. Halten Sie einen dunklen Gegenstand, einen dunkelbraunen Teddy oder einen schwarzen Schal zum Beispiel, etwa einen Meter entfernt vor das Kind.

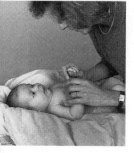

Im ersten Jahr

Es interessiert sich kaum dafür. Führen Sie ihn langsam näher. Sind Sie mit dem Gegenstand nur noch etwa 40 cm entfernt, erscheint dem Kind die Sache doch schon gefährlich. Es verzieht das Gesicht. Doch ehe es zu weinen beginnt, ziehen Sie das „Unding" zurück und lachen dabei.

Wenn Sie diesen „dunklen Angriff" häufiger und immer mehrmals hintereinander spielen, lacht das Kind auch an dem „Gefahrenpunkt", weil es schon erwartet, gleich erleichtert sein zu können, wenn Sie das Ding wieder wegziehen.

37 Kuckuck-Spiel Eine ganz ähnliche Spielerfahrung machen Kinder bei dem uralten Kuckuck-Spiel. Mutters lachendes Gesicht ist ganz nahe. Da, plötzlich ist es weg – von einem Tuch oder etwas anderem verdeckt. Trennungsschmerz entsteht. Das Kleine hat Angst, verlassen zu werden. Doch schon bald weiß es, daß das geliebte Antlitz gleich wieder auftauchen wird, und darum kann es schon lachen, wenn sich die Mutter versteckt. Eines Tages passiert es dann: Das Kind lacht Sie an, und plötzlich verdeckt es sein Gesicht. Dann müssen Sie unbedingt Angst mimen. Die Freude des Kindes ist dann unbändig. Ein großer Schritt: Denn damit ist aus dem Mitspieler ein Spielführer geworden!

38 Versteckspiele Aus diesem Spiel entwickelt sich bald ein neues: das Versteckspiel. Denn jetzt weiß das Kind ja bereits, daß etwas, das man nicht oder nicht ganz sieht, doch da sein kann. Lassen Sie nur die Beine einer Puppe unter der Bettdecke hervorlugen. Kommt das Kind nach einer Weile noch nicht darauf, die Decke wegzuziehen, um die ganze Puppe zu sehen, zeigen Sie ihm den einfachen Trick.

Der Teddy steht im Sandeimer. Nur der Kopf schaut über den Rand. Erkennt das Kind sein Spielzeug trotzdem? Wenn nicht, fragen Sie doch einmal: „Wo steckt denn dein Teddy?" Vielleicht hilft das dem Kleinen auf die Sprünge. Sonst heben Sie den Teddy selbst aus dem Eimer.

Halten Sie ein buntes Bild hinter einen grauen Karton. Ziehen Sie es hervor. Verstecken Sie es wieder hinter dem Karton, ziehen Sie es wieder hervor. Ein paarmal muß man das schon machen, ehe es Klick macht in dem kleinen Gehirn.

Solche Spiele lassen sich unendlich variieren. Spielen Sie sie oft mit dem Kind. Es freut sich an ihnen. Und es wird angeregt, auch einmal hinter, in oder unter eine Sache zu schauen. So bekommt das Kind Lust zu immer neuen Entdeckungen.

Das 2. Vierteljahr

39 **Quietschtiere** Den Ohren der Erwachsenen tun Quietschtiere oft geradezu weh. Ein Kind jedoch liebt diese hohen, schrillen Töne sehr.
Deshalb bereiten Sie Ihrem Kind das Vergnügen. Es wird im wahrsten Sinne des Wortes quietschvergnügt!
Es gibt übrigens auch ansehnliche Plüschtiere mit Quietschstimme, wenn Sie keinen Kunststoff kaufen wollen.

40 **Bauchwiege** Etwas, das das Kind meist ganz allein entdeckt. Es liegt auf dem Bauch, hält das Köpfchen hoch, breitet plötzlich die Arme aus und schaukelt auf dem Bauch.

41 **Seiten-Wende** Auch ein Spiel, mit dem Ihr Kind Sie vielleicht überrascht: Es liegt auf dem Bauch, vollführt eine seitliche Schaukelbewegung und rollt auf den Rücken. Hat es diese Seiten-Wende erst einmal entdeckt, kann es leicht in einen Bewegungsrausch kommen! Soviel Spaß macht das. Und Ihr Kind ist stolz auf seine neuen Erfahrungen mit dem eigenen Körper.

42 **Knittern und Reißen** Ebenfalls ein Vergnügen, zu dem Sie nicht sehr viel beitragen müssen.
Geben Sie Ihrem Kind weißes und rotes Seidenpapier, Pergamentpapier, leere Schreibblätter. Es wird hellauf begeistert sein, wenn es gemerkt hat, wie wunderbar das raschelt, wenn man Papier zerreißt, wie geheimnisvoll es knistert beim Knittern.

43 **Hände-Klatschen** Helfen Sie dem Kind zu entdecken, daß es auch mit seinen eigenen Händen Geräusche machen kann. Am einfachsten ist das Klatschen.

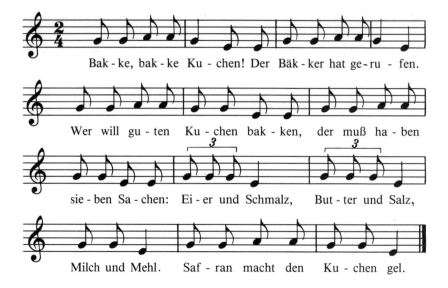

44 Backe-backe, Kuchen Das läßt sich zu einem ersten Spiel-Liedchen machen:
Dann sagen Sie: „Schieb, schieb in den Ofen rein!" Bei „Backe-backe Kuchen" klatscht das Kind mit Ihnen in die Hände. Dann wird von Ihnen das Hineinschieben imitiert. Das Kind ist nur manchmal schon am Klatschen beteiligt, ansonsten wird es noch vergnügter Zuschauer bleiben.

45 Schwimmbad-Spiele Wenn Sie zum Babyschwimmen gehen wollen, was sehr zu empfehlen ist, weil es den Babys ungeheuer viel Spaß macht – jetzt ist ein gutes Einstiegsalter.
Entweder Sie finden eine öffentliche Badeanstalt oder eine private Schwimmschule, wo Babyschwimmen auf dem Programm steht. Oder Sie tun sich mit ein paar gleichgesinnten Eltern zusammen und veranstalten ein privates Babyschwimmen.
Wichtig ist aber: Das Babybecken sollte eine Wassertiefe von 90 cm bis 1,20 m haben, und das Wasser sollte 32° C warm sein. Viele Spiele sind möglich. Dem Kind bereiten schon nach kurzer Eingewöhnung die meisten höchstes Vergnügen. Eine Menge interessanter Vorschläge finden Sie in dem Taschenbuch „Schon Babys schwimmen mit Vergnügen" (rororo sachbuch 8473).

Kapitel 2
Krabbelnd sich die Welt erobern

Die schönsten Spiele
für das zweite Halbjahr

Der Anfang dieses Zeitraums wird geprägt durch das Hantieren.
Das Kind begnügt sich nun nicht mehr damit, etwas, das es erreichen kann, mit der ganzen Hand zu fassen. Es untersucht es jetzt genauer: es schaut es an, dreht es herum, wechselt es in die andere Hand, schaut wieder, steckt es in den Mund usw..
Zunächst packt es mit der ganzen Hand zu. Etwa im zehnten Lebensmonat wendet es bereits den „Pinzettengriff" an, kann einen Gegenstand also nur mit Daumen und Zeigefinger erfassen. Und am Ende des ersten Lebensjahres greift es im sogenannten „Zangengriff". Diese beiden Zugriff-Arten ermöglichen dem Kind, auch kleine Dinge, zuletzt sogar Kuchenkrümel, aufzunehmen.
Achten Sie einmal darauf, wie sich das Greifen fortentwickelt.

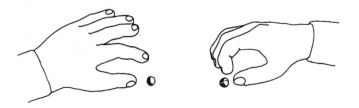

Um den achten Monat herum können die meisten schon recht gut sitzen. Das erweitert die Spielmöglichkeit ungemein. Und etwa im zehnten Monat beginnen die meisten zu krabbeln. Dann wird es nochmal um ein Vielfaches interessanter. Denn wie das Sitzen das Blickfeld vergrößert, vergrößert das Krabbeln den Aktionskreis.

46 Trommeln Wenn das Kind sitzt, gibt es kaum etwas Schöneres als eine Trommel, die vor ihm steht, als warte sie nur darauf, mit einem zweiten Gegenstand, etwa einem Kochlöffel, bearbeitet zu werden.
Bekleben Sie eine Waschmitteltonne mit de-c-fix oder einem ähnlichen Material.

Den Deckel bemalen Sie mit Plakafarbe, weil so der Klang besser erhalten bleibt. Auf diese Weise wird aus Abfall ein besonders schönes Spielzeug, das sowohl Ohrenschmaus bietet als auch eine Augenweide.

47 Ratschen Töne erzeugen ist wunderbar. Kleben Sie ein Stück Wellpappe auf die eine Seite, ein Stück Schmirgelpapier auf die andere Seite eines ausgedienten Frühstücksbrettes. Geben Sie dieses „Instrument" dem sitzenden Kind, das dann noch eine harte Bürste braucht. Nun kann es über die Streichflächen bürsten. Wenn es dann ganz leise ist, kann man die Unterschiede der beiden Seiten hören.

48 Poltern Am aufregendsten sind jetzt Bausteine, die man auch wegwerfen darf. Das poltert so herrlich. Man kann sie auch aneinander klopfen oder reiben. Alles hört sich anders an.

49 Schaukel-Spiele Wie im ersten Vierteljahr das Wiegen, ist jetzt das Schaukeln Trumpf. Setzen Sie sich auf die Schaukel, und nehmen Sie das Kind auf den Schoß. Nun sacht anstoßen!
- Setzen Sie das Kind, wenn es schon sitzen kann, in eine Babyschaukel, bei der es durch das Gitter rundherum geschützt ist.
- Legen Sie das Kind in eine Decke und dann in die Hängematte.
- Halten Sie das Kind unter den Armen fest. Spreizen Sie Ihre Beine, und schaukeln Sie das Kind so vor Ihrem Bauch.
- Wenn Ihr Kind Freude dran hat, probieren Sie auch das mal aus: Zwei Erwachsene sind da, nehmen das Kind zwischen sich: jeder faßt unter einen Arm. Und dann kann recht wild geschaukelt werden.
- Am Ende des ersten Lebensjahres kann das Kind auch schon auf einem einfachen Schaukelpferdchen sitzen.

Im ersten Jahr

50 Reiterspiele Das Schaukelpferd liegt auf der Grenze von den Schaukel- zu den Reiterspielen. Damit sind aber vor allem Spiele gemeint, bei denen das Kind auf dem Schoß reitet. Den größten Spaß machen sie, wenn sich dabei der Rhythmus ändert, in dem das Kind mit dem Po auf- und niederhopst. Das kann zudem stets mit Versen und kleinen Liedern begleitet werden, was natürlich einen zusätzlichen Reiz ausübt. Die bekanntesten:

51 Hoppe, hoppe, Reiter

Hop - pe, Hop - pe Rei - ter! Wenn er fällt, dann schreit er.
Fällt er auf die Stei - ne, tun ihm weh die Bei - ne.
Fällt er in die Hek - ken, fres - sen ihn die Schnek - ken.
Fällt er in den Gra - ben, fres - sen ihn die Ra - ben.

Fällt er in den Sumpf, gibt es ei - nen Plumps.

52 Schicke, schacke, Reiterpferd

Schik-ke, schak-ke, Rei-ter-pferd! Pferd ist nicht drei Pfen-nig wert.

Al - le klei-nen Kind - chen rei-ten auf dem Füll - chen.
Wenn sie grö - ßer wer - den, rei-ten sie auf Pfer - den.

Geht das Pferd-chen trib, trib, trab, fällt der klei-ne Rei-ter ab.

53 Hopp, hopp, hopp, Pferdchen lauf Galopp

1. Hopp, hopp, hopp, Pferd-chen, lauf Ga - lopp

Krabbeln

Ü-ber Stock und ü-ber Stei-ne Tu dir ja nicht weh die Bei-ne!
Im-mer im Ga-lopp, hopp, hopp, hopp, hopp, hopp!

54 Fingerspiele Mit den Fingern spielt das Baby schon lange und tut das mit großer Ausdauer immer wieder. Daran können Sie sehen, wie die Finger es faszinieren. Und wenn dann Vater oder Mutter noch im Spiel sind und außerdem ein Vers das Spiel so wunderbar rhythmisch macht, ist der Spaß garantiert. Je häufiger ein Kind immer dieselben Verse hört, desto vertrauter werden sie ihm und umso früher wird es den einen oder den anderen sogar nachplappern (aber noch nicht jetzt, natürlich!).

55 Das ist der Daumen
Das ist der Daumen,
der schüttelt die Pflaumen,
der liest sie auf,
der bringt sie nach Haus,
und dieser kleine Schelm ißt sie alle auf!
Alle fünf Finger halten Sie gespreizt vor das Kindergesicht. Bei jeder Zeile kippen Sie den angesprochenen Finger zur Handfläche um.

56 Der ist in den Brunnen gefallen
Der ist in den Brunnen gefallen,
der hat ihn wieder rausgeholt,
der hat ihn ins Bett gelegt,
der hat ihn zugedeckt,
und der kleine Schelm da, der hat ihn wieder aufgeweckt!
Die Ausgangsposition ist dieselbe wie oben. Mit dem Zeigefinger der anderen Hand tippen Sie bei jeder Zeile auf die Kuppe des angesprochenen Fingers, bis Sie beim „kleinen Schelm", also wieder beim kleinen Finger, angekommen sind.

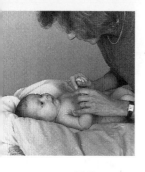

Im ersten Jahr

57 Der ist in den Busch gegangen

Der ist in den Busch gegangen,
der hat das Häschen gefangen,
der hat es heimgebracht,
der hat es gebraten,
und der – hat es verraten!

58 Daumen, neig dich
Ein bißchen schwieriger und nur für Finger-Geübte, dafür aber mit einer kleinen Melodie:

Dau-men, neig dich, Zei-ger, streck dich, Mitt-ler, bück dich,

Gold-ner, heb dich, Klei-ner, duck dich, ja, ja, duck dich.

59 Eigene Fingerverse
Besondere Freude rufen Sie hervor, wenn das Kind bemerkt, daß der Vers fürs Fingerspiel genau auf es selbst zugeschnitten ist. Nur Mut! Es kommt nicht darauf an, daß das Versmaß stimmt. Hauptsache, es reimt sich, denn das bemerkt das Kind doch schon ab und zu. Etwa:
Wir sind die Familie Meier (Ausgangsposition wie oben)
Wir machen eine Feier (Sie winken mit allen fünf Fingerspitzen)
Katharina heißt das Kind (stupsen Sie das Kleine mit dem kleinen Finger an, damit es merkt, daß es selbst gemeint ist)
Schwester Beate fängt die Maus (Wackeln Sie mit dem Ringfinger)
Die Mutter zieht die Stirne kraus (Mit dem Mittelfinger streichen Sie über Stirnfalten)
Der Vater rennt zur Wohnung raus (Zeigefinger in Richtung Wohnungstür strecken)
Dort frißt die Katz die Maus (Fassen Sie das Kleine bei den Schultern und schütteln es ein wenig)
Und nun ist die Geschichte aus (Hände falten, Kopf senken).
Oder:
Wir sind Familie Schmidt,
komm doch zu uns mal mit,
Markus heißt das jüngste Kind...
Bestimmt fallen Ihnen zu Ihrer Familie auch ein paar nette Verse ein, die zu einem Fingerspiel passen.

Krabbeln

60 Da hast 'nen Taler Hier ist die ganze Hand gefragt.
Da hast 'nen Taler,
geh' auf den Markt,
kauf dir 'ne Kuh,
ein Kälbchen dazu.
Das Kälbchen hat ein Schwänzchen
didel didel dänzchen.
Sie halten die flache Hand des Kindes in der linken. Mit der rechten patschen Sie bei jeder Zeile leicht darauf. Ab „didel didel dänzchen" kitzeln Sie die Mitte des Handtellers.

61 Da läuft ein Weglein Auch hier geht es um die Handfläche. Mit diesem kleinen Lied können Sie das Kind schon einmal ein wenig auf die zarten Handlinien aufmerksam machen, indem Sie während der ganzen Zeit die Handlinien des Kindes so nachziehen, daß es kitzelt:

Da läuft ein Weg-lein, da geht ein Steg-lein, da hüpft ein Vög-lein,

da springt ein Häs-lein, da wächst ein Gräs-lein, da steht ein Gläs-lein.

62 Kinne wippe, rote Lippe Antippen kann man nicht nur Finger, streicheln nicht nur die Hände. Auch das Gesicht kann mitspielen!
Kinne wippe, rote Lippe (Lippen streicheln)
Nase hauen (kleiner Nasenstups)
Augenbrauen (streicheln)
Zupp, zupp, ihr Haare (leicht an den Haaren ziehen)

63 Fäuste-Turm Es sollten möglichst drei Personen mitspielen. Notfalls reicht es aber auch, wenn Sie allein mit dem Kind spielen. Aus Fäusten, die aufeinandergestellt werden, entsteht ein Fäuste-Turm.
In Leipzig wird ein Turm gebaut
von Buttermilch und Sauerkraut.
Der Turm, der kriegt 'ne Ritze,
da schmiert ein fetter Fritze.
Und endlich wird es gar zu arg,
da fällt der ganze Turm in den Quark.

Im ersten Jahr

64 Wie das Fähnchen auf dem Turme

Wie das Fähn-chen auf dem Tur-me sich kann drehn bei Wind und Stur-me, so soll sich mein Händ-chen drehn, daß es ei-ne Lust ist an-zu-sehn.

Das Kind stützt – ebenso wie Sie selbst – die Ellenbogen auf. Die Hände sind nun die Fähnchen. Besonderen Spaß macht es, wenn beide auch noch Wind spielen, also heftig gegen ihre Fähnchen blasen, die sich nun im Wind bewegen.

65 **Prusten** Ein schöner Spaß im Wasser. Zunächst freut sich das Kind als Zuschauer an Ihrer Vorführung. Bis es sich traut, Ihnen das nachzumachen, dauert es noch ein Weilchen. Tauchen Sie Ihr Gesicht ganz unter Wasser und blasen dann hinein. Wenn Sie das in der Nähe des Kindes tun, kitzelt das auch noch ein bißchen.

66 **Ein- und Ausgießen** Sobald Ihr Kind einen Becher einigermaßen halten kann, spielt es sicher mit Leidenschaft Ein- und Ausgießen. Am besten läßt sich das in der Badewanne spielen!

67 **Hundespiel** Ein wunderbares Spiel für Krabbler: Sie gehen mit dem Kind auf alle Viere. Bellen Sie Ihr Kind an! Erschrickt es? Dann seien Sie ganz schnell wieder die Mutti. Versuchen Sie es eine Weile später nochmal. Irgendwann bellt es zurück. Kläff-Konzert! Hunde jagen sich auch. Beißen tun Sie höchstens in die textile Haut.

68 **Hahn und Hühner** Sie gehen in die Hocke und flattern mit den Armen. „Kikeriki!" Das Kind lacht sicher. Das mit dem Flattern kriegt es wahrscheinlich noch nicht hin, weil es Arme und Hände noch zum Abstützen braucht. Oder es flattert im Sitzen und kräht auf seine Art. Sie können ihm auch das Gackern der Hühner vorspielen. Noch kann es das nicht alles so nachahmen. Aber weil das so ein lustiges Spiel ist, hat es den Anreiz, es immer wieder zu versuchen.

69 **Katzen-Konzert** Auch das ist fürs erste eine neue Vorführung, die Sie dem Kind zeigen, das sich auch hierbei sicher köstlich amüsiert und darum motiviert wird, es nachzuspielen. Sie schleichen wie eine Katze, maunzen wie eine Katze, schnurren wie eine Katze, reiben Ihren Kopf schmeichelnd am Arm Ihres Kindes wie eine Katze! Irgendwann macht es mit.

70 **Autospiel** Auch dabei geht es auf allen Vieren vorwärts. Möglichst schnell. Doch das wichtigste ist das Autogebrumm.

71 **Spielzeug heranziehen** Das Kind sitzt auf dem Boden. Nicht weit entfernt von ihm steht ein Nachziehtier.
Die Schnur liegt so, daß das Kind sie greifen könnte. Was passiert? Kommt es allein darauf, das Spielzeug heranzuziehen? Wahrscheinlich nicht. Dann zeigen Sie es ihm.
Setzen Sie sich neben das Kind und holen Sie zum Beispiel die Ente heran. Oder: Das Spielzeug (ohne Band) steht auf einer Decke, deren Ende das Kind fassen könnte. Entdeckt es diese Möglichkeit? Wenn nicht, zeigen Sie ihm, wie Sie sich das Spielzeug einfach dadurch heranholen, daß Sie die Decke heranziehen. Das Kind wird das alles dann bald auch selbst ausprobieren.

72 **Bänder auf- und abwickeln** Ähnlich läuft das Spiel mit den Bändern. Wenn Sie dem Kleinen einmal zeigen, wie eine dicke Kordel oder ein Band abzuwickeln und wieder aufzuwickeln ist, wird das Kind das dann immer wieder tun wollen. Mit großer Konzentration!

73 **Ballspiele** Ein Ball ist wohl das vielseitigste Spielzeug, das wir kennen, vom Baby bis zum Senior im Sportverein, alle sind begeistert von der Kugel, die rollt, die man werfen und stoßen kann, die springt, hoch in den Himmel vorstößt und doch wiederkommt. Auch das Krabbelkind kann eine Menge mit ihm anfangen, etwa:

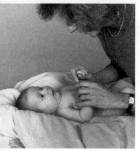

Im ersten Jahr

- Sie rollen den Ball weg. Das Kind soll ihn sich holen.
- Sie rollen den Ball weg. Wie das Kind versuchen auch Sie, den Ball zu erwischen. Natürlich ist Ihr Kind schneller. Aber ab und zu sollten Sie ihn auch einmal erjagen, sonst hat das Spiel keine Spannung.
- Einen Ball kann man rollen, kullern über kleine Hindernisse, eine schiefe Ebene hinunter, unter dem Tisch durch. Was fällt Ihnen noch ein?
- Einen Ball kann man werfen und wiederholen.

74 Ball basteln Wenn Sie Lust haben, können Sie leicht selbst einen Ball basteln. Pausen Sie das Muster durch:

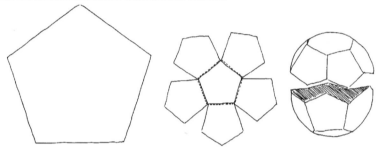

Zeichnen Sie sich das Muster mit Schneiderkreide auf einen Stoffrest. Schneiden Sie es aus. Fertigen Sie zwölf solcher Teile an. Nähen Sie jeweils sechs zu einer Art Kappe zusammen. Das sieht dann etwa so aus wie auf der Zeichnung oben.

Nähen Sie die beiden „Kappen" – bis auf einen Füll-Schlitz – zusammen. Der Ball muß ganz hart gestopft werden, etwa mit Stoffresten oder mit Watte, damit er schön rund wird. Nähen Sie den Schlitz zu. Schon kann das Spiel beginnen.

75 Spiegel-Spiele Wenige Dinge begeistern Kinder dieses Alters mehr als ein Spiegel. Am besten ist es, wenn Sie das Kind auf den Arm nehmen und sich so vor einen Spiegel stellen. Es wird irritiert sein. Es erkennt die Mutter, die ein Kind auf dem Arm hält. Daß es das selbst ist, darauf kommt es erst später. Machen Sie einen Knicks, eine Verbeugung, kratzen Sie sich am Kopf oder winken Sie. Das Kind wird bald auch selbst etwas ausprobieren. Und hat es begriffen, daß es selbst dieses Bild verändern kann, gerät es fast in einen Rausch, schneidet Fratzen, lacht, hopst auf dem Arm vor Vergnügen! Aber stets bleibt das Staunen. Ihr Kind patscht gegen den Spiegel. Das Spiegelbild von der

Krabbeln

Mutti ist glatt und kalt. Nein, die Mutti ist das nicht, aber es sieht doch so aus. Auch der Luftballon oder die Laterne, die Taschenlampe oder irgendetwas anderes, das die Augen erfreut.
Allmählich begreift das Kind, daß es sich selbst im Spiegel sehen kann!

76 Flieger-Spiele Fliegen ist von jeher ein Traum der Menschen. Und auch für die Kleinsten ist es schon ein schönes Gefühl. Eine Möglichkeit: Das Kind liegt bäuchlings auf dem Wickeltisch. Sie umfassen den Brustkorb unterhalb der Achselhöhlen. So heben Sie das Baby von der Unterlage. Anfangs nur ganz kurz. Das kräftigt die Nacken- und Rückenmuskeln. Das Kleine strengt sich dabei oft so stark an, daß ihm die Adern an seinem Kopf anschwellen! Wenn es schon viele „Flüge" hinter sich hat, dürfen Sie, es waagerecht haltend, sogar ein paar Schritte vorwärts gehen. Nun kriegt es ein Fluggefühl! Sie können das Kind aber auch unter den Achselhöhlen fassen und es senkrecht über Ihren Kopf hochfliegen lassen, möglichst die Beinchen höher als seinen Kopf. Ein Stück rückwärts gehen – ein „Landegefühl". Wer sich selbst ganz sicher fühlt, kann das Kleine auch mal hochwerfen und wieder auffangen. Dann juchzt es meist vor Vergnügen.

77 Schubkarre Wieder liegt das Kind auf dem Bauch. Sie fassen seine Füße am Fußgelenk so, daß Ihre Finger über die Knie reichen. Heben Sie Beine und Brustkorb für einen kleinen Augenblick gestreckt nach oben. Gleich wieder hinlegen. Schultern und Kopf sollten dabei auf der Unterlage bleiben. Anfangs könnte das Baby ein wenig erschrecken. Aber da es gleich wieder ins Gleichgewicht kommt, liebt es dieses Spiel etwas später umso mehr.

78 Wegwerfen und wiederholen Das ist ein Spiel, auf das Ihr Kind mit Sicherheit selbst kommt. Sobald es eine Sache erfassen und auch wieder selbständig loslassen kann, geht es los: Die Puppe fliegt in hohem Bogen aus dem Bett oder aus dem Wagen. Die Bauklötze poltern durch die Gegend. Das Wollschaf stößt noch ein kurzes „Möää!" aus: dann ist es still nach dem Aufprall. Wenn das Baby seine eigene Leistung, etwas weggeworfen zu haben, genossen hat, will es das Spielzeug natürlich wiederhaben. Anfangs braucht es noch einen spielfreudigen Menschen, der ihm die Sache wiederbringt, damit sie aufs Neue fortgeschleudert werden kann. Später kriecht oder krabbelt es wie der Blitz hinter seinem Wurfgeschoß her, um es vom neuen Standort aus wieder wegzuwerfen.

Im ersten Jahr

79 Einsammeln – ausschütten Klötze polternd aus dem Kasten oder aus der Tonne schütten, macht einen wunderbaren Krach. Ebenso gern sammelt das Kind aber auch alle Klötze wieder ein. Nicht weil es so ordentlich ist, sondern weil Einsammeln ein Spiel ist wie das Ausschütten. Beherrscht Ihr Kind schon den Pinzetten- oder Zangengriff, so gelingt ihm das sicher auch schon bei kleineren Gegenständen, bei Murmeln und Knöpfen zum Beispiel. Das macht Spaß, übt die Fingerfertigkeit. Aber Vorsicht! Sind die Sachen so klein, daß sie sich auch wunderbar in Nase, Mund und Ohren stekken lassen, kann das Kind sich damit nur beschäftigen, wenn ein Erwachsener mitspielt und darauf achtet, daß die Murmeln oder Knöpfe wirklich wieder in die richtige Schachtel kommen und nicht im Mund verschwinden.

80 Reissäckchen Aus einem Stoffrest nähen Sie ein kleines Säckchen, etwa 6 cm breit, 10 cm lang. Füllen Sie es locker mit Reis. Nähen Sie es nun auch oben zu. Nähen Sie ein Band fest an, das Sie dann mit einer Schleife ums Säckchen binden. Das ist ein herrliches Wurfgeschoß, das nicht viel Schaden anrichten kann. Es raschelt geheimnisvoll, wenn man es schüttelt. Und es faßt sich auch sehr interessant an.

81 Becherrassel Ein leerer ausgewaschener Joghurtbecher wird mit Erbsen, Linsen, Reis, mit Sand oder kleinen Kieseln halb gefüllt, mit irgendetwas eben, das auf eine bestimmte Art rasselt, wenn man den Becher bewegt. Als „Deckel" wird ein Pergamentpapier mit einem Gummiring befestigt. Dann kleben Sie das Ganze am besten mit Leukoplast fest an den Becher. Bekleben Sie ihn mit de-c-fix, macht er auch noch den Augen Freude. Dann wird er geschüttelt. Haben Sie verschiedene Rasselbecher, kommt Abwechslung ins Spiel.
Erst schaut und hört Baby nur zu. Bald wird es selbst versuchen, die Rasseln zum Ertönen zu bringen.

82 Murmel-Ball Schön ist auch ein durchsichtiger Ball, in dessen Inneren man bunte Kugeln herumwirbeln sehen kann. Sie brauchen nur zwei durchsichtige Kugelhälften im Bastelladen zu erstehen, werfen ein paar Murmeln hinein, verschließen die Kugel am besten noch mit Leukoplast. Und schon wird Ihr Kind fasziniert sein, wenn sie über den Boden kullert.

Krabbeln

83 Telefon-Untersuchung

Das Telefon ist eines der interessantesten Geräte in einem Haushalt – jedenfalls wenn man schon bald seinen ersten Geburtstag feiert. Manchmal läutet es schrill. Und immer, wenn man irgendwann den Hörer abnimmt, hört man etwas, ein Tuten oder sogar Stimmen, die mit einem reden!
Was ist das für ein merkwürdiger Apparat!?!
Vorsicht! Wenn das Kind ihn erreichen kann, wird es ihn untersuchen. Vielleicht sollte es ein Spieltelefon bekommen. Es gibt von Kiddicraft eins, das zugleich Spieluhr ist, bei der im Hörer ein Lied zu hören ist.

84 Babyzentrum

Es gibt sehr viel und durchaus auch schönes und gutes Babyspielzeug. Nur weniges aber muß man wirklich kaufen. Vieles kann man selbst machen. Eines aber ist eine sehr sinnvolle Entwicklungshilfe und wohl kaum in eigener Werkstatt herzustellen: das sogenannte Babyzentrum.
Besonders reizvoll sind diejenigen, die nicht nur für die kurze Zeit interessant sind, in der sich die Babyhand in allerlei Tätigkeiten üben möchte, sondern die, die später auch noch für andere Spiele zu gebrauchen sind. Zum Beispiel das sogenannte „Spiel- und Bauset" von Duplo. Hier ist jede Funktion – drehen, schieben, läuten, Knopf drücken – auf einem Bauelement untergebracht, und es läßt sich später auch in alle Duplo-Bauten einbauen. Das Spiel- und Musik-Center von Fisher Price ist zugleich eine Spieluhr, die sicher noch lange reizvoll bleibt. Dann gibt es noch das „Turncenter mit Spieluhr" von Schildkröt/Schmidt. Solche Babyzentren können auch am Bett oder Laufställchen (so vorhanden) befestigt werden.

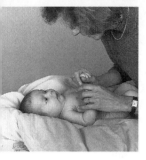

Im ersten Jahr

85 Bauspiele Für die ersten Bauspiele Ihres Kindes sollten Sie Holzklötze besorgen. Sie sind ein wunderbares Spielzeug. Die kleine Hand kann sie schon ganz umfassen, und doch sind sie zu groß, um verschluckt zu werden. Ihr kleiner Entdecker hat sie nun schon lange gern untersucht, erfaßt, die Farben bestaunt, gedreht und gewendet, in den Mund geschoben, sie wieder und wieder beguckt. Wenn er nun sitzen kann, wird er sie nicht mehr nur polternd durchs Zimmer werfen. Er wird irgendwann damit beginnen, Sie nachzuahmen und die Klötze aufzustellen, vor sich hin. Stellt er mehrere nebeneinander, ist bereits eine kleine Mauer entstanden. Manchmal klappt es schon, Klötze aufzutürmen.

86 Schnee- und Eiswunder Wenn der Schnee leise rieselt, versuchen viele der jetzt etwa einjährigen Babys, ein paar Flocken zu fangen. Enttäuschend, daß sie dann immer so schnell verschwunden sind. Aber spannend zugleich, so daß der Spieltrieb stark genug bleibt, immer neu zu versuchen, Flocken aufzufangen. Zeigen Sie dem Kind, daß die Flocken auch bei Ihnen auf der Hand schmelzen. Gehen Sie oft mit ihm auf dem Arm zum Fenster, um das Treiben draußen zu beobachten. Plötzlich sind die Scheiben gar nicht mehr durchsichtig! Weisen Sie das Kind auf die hübschen Eisblumen hin. Formen Sie auch einmal einen Schneeball. Werfen Sie ihn ganz vorsichtig Ihrem Kind in die Hände! Oder reiben Sie ihm damit einmal ganz sacht durchs Gesicht. Schnee ist weiß und kalt – und er schmilzt auf der Hand. Lauter spannende Geschichten.

87 Regentropfen Regentropfen an Fensterscheiben sind ähnlich interessant. Wie sie darauf fallen, wie sie an der Scheibe runterlaufen und dabei immer größer, dicker werden. Lassen Sie einmal viele Tropfen in eine Büchse fallen. Regen ist Wasser. Eine Selbstverständlichkeit? Nicht für ein Einjähriges.

88 Blätterspiele Mit Blättern zu spielen macht im Herbst, wenn sie bunt gefärbt sind, am meisten Spaß. Das Baby sitzt auf einer warmen Decke im Park, mitten im Laub, das der leichte Wind ein Stückchen aufwirbelt, über Babys Kopf treibt. Das Kind sitzt da, schaut und staunt, greift nach ihnen. Hat es eins erwischt, schaut es sich das von allen Seiten an. Bevor es das aber auch in den Mund stecken will, sollten Sie es ihm abnehmen. Schön ist es, wenn ein größeres Kind, dem ja auch zu solchen Natur-Spielzeugen meist mehr einfällt als Erwachsenen, mit Ihrem Baby spielt!

89 Sonnenzirkus Setzen Sie sich mit dem Kind auf dem Schoß in die warme Sonne. Nehmen Sie einen Spiegel und fangen Sie damit einen Sonnenstrahl auf. Er wird zurückgeworfen in einem Winkel, der sich daraus ergibt, wie Sie den Spiegel halten. Probieren Sie es immer wieder mal aus. Erinnern Sie sich daran, wie Sie in Ihrer Kindheit mit solch einem „Sonnenstrahl" so manchen zur Weißglut gebracht haben, wenn der zurückgeworfene Strahl jemandem andauernd durchs Gesicht fuhr? Lassen Sie heute den Strahl einen Baumstamm hochklettern, vom Ast springen und über den Rasen laufen. Wenn das Gras trocken ist und das Kind schon krabbeln kann, könnte es auch versuchen, den Lichtfleck zu fangen! Lassen Sie es ihm irgendwann auch einmal gelingen!

90 Feuerwerk Für ein Baby-Feuerwerk brauchen nicht große Raketen abgeschossen oder Feuerräder angesteckt zu werden. Schon ein paar Wunderkerzen, in Blumentöpfen auf den Balkon oder draußen vor das Fenster gestellt, sind ein wunderbares funkelndes Ereignis. Fast ein Fest. Vielleicht könnte so der erste Geburtstag enden? Herzlichen Glückwunsch!

Im zweiten Jahr

Kapitel 3

Das Kind genießt jetzt Schwung und Tempo

Ein Jahr alt! Nun soll die Welt im Sturm erobert werden! Eine abenteuerliche, aufregende Zeit – für das Kind und für die Eltern.
Beim Krabbeln gibt es keinen Halt mehr. Im Nu ist das Kleine immer da, wo die Großen es nicht haben wollen, an der steilen Treppe zum Beispiel, am heißen Herd, am Fernseher, an der brennenden Kerze oder an der Kanne mit dem frisch aufgebrühten Tee. Aber dieser kleine Mensch kann die Gefahren noch nicht kennen, und darum hat er auch keine Bremse für sein neugieriges und rasantes Rauf und Runter, Vorwärts und Zurück. Sie können Ihr Kind nicht an die Leine legen. Darum: Wichtig ist, daß Ihre Wohnung kindersicher eingerichtet ist.
Im Anhang geben wir Ihnen dafür eine Checkliste.
Das Einjährige bezieht sein meist ausgeprägtes Selbstbewußtsein aus dem Erleben, daß es seinen Körper nun immer besser beherrscht. Es ist fasziniert von der Bewegung aus eigener Kraft und auch davon, daß es selbst eine Menge in Bewegung setzen kann. Es scheint, als ginge jetzt alles Lernen auch über die Bewegung.
Vorsicht ist vor allem auch auf der Straße geboten. Das Kind ist oft auch mit seinem Rutscherauto blitzschnell auf der Fahrbahn.
Eine wichtige Etappe ist natürlich das Laufenlernen. Es gibt Kinder, die wagen ihre ersten Schritte schon, ehe sie noch ihr erstes Lebensjahr beendet haben. Die meisten aber lernen zwischen dem zwölften und fünfzehnten Monat laufen. Mit etwa eineinhalb Jahren sollte jedes Kind laufen. Kann Ihr Kind das dann noch nicht, sollten Sie mit dem Kinderarzt darüber sprechen. Wahrscheinlich ist Ihr Sprößling nur schlau: Warum sollte er auch laufen, wenn er doch auch getragen werden kann!? Aber es könnte auch eine angeborene Muskelschwäche vorliegen, die dann jetzt dringend behandelt werden müßte.
Gleichgültig, wann Ihr Kind seinen ersten freien Auf-Tritt hat: Nun bewegt sich dieser kleine Mensch in der für den Menschen typischen aufrechten Haltung.
Damit das möglich ist, mußte die Skelettmuskulatur erst ausreichend entwickelt sein. Denn sie hat zwei wichtige Aufgaben zu erfüllen: Sie führt die Bewegungen aus, und sie hält den Körper aufrecht. Zwar sind die Skelettmuskeln bereits bei der Geburt ausgebildet. Doch sie müssen

Schwung und Tempo

erst noch fähig werden, die Impulse des Gehirns zu empfangen und umzusetzen. Sie müssen mit vielen anderen Muskeln sinnvoll zusammenwirken können. Und das geht stufenweise vor sich.

Zuerst kann der Mensch den Kopf und die Arme bewegen, dann auch die Beine, danach die Hände, dann die Füße, zuletzt die Finger und die Zehen. Hat das Kind laufen gelernt, hat es seine letzte Muskelregion dem Gehirn unterstellt.

Und außerdem: Auch der Körper kann zuerst nur zum Liegen, dann auch zum Sitzen, später außerdem zum Krabbeln und Kriechen und erst zuletzt zum Laufen eingesetzt werden.

Er muß sich im Laufe der Entwicklung erst anpassen. So ist zum Beispiel die Wirbelsäule eines Neugeborenen kerzengerade. Erst nach und nach bildet sich ihre charakteristische Krümmung heraus. Anfangs sind die Fußgewölbe schwach und zudem mit einem dickem Fettpolster vor Kälte geschützt. Erst beim Laufen verschwinden diese Polster, und das Gewölbe wird gestärkt und besser ausgebildet.

Zuerst geht es vorsichtig an Möbeln entlang. Die ersten freien Schritte reißen das Kind dann begeistert mit. Es läuft, um zu laufen, wird zum Dauerläufer. Es genießt diese neue Bewegung um ihrer selbst willen. Je sicherer das Kind aber wird, desto mehr verliert sich dieser Selbstzweck. Das Laufen wird Mittel zum Zweck, das Kind läuft, um irgendwohin zu gelangen. Damit gewinnt es auch schon bald Freude an den ersten Laufspielen.

91 In meine Arme! Das Spiel, das jeden Spaziergang zum Jubelfest macht. Beide Eltern sind mit von der Partie.
Einer von Ihnen geht ein Stück vor, dreht sich um, breitet die Arme aus und provoziert den kleinen Läufer mit: „Wer will in meine Arme?" Bestimmt rennt Ihr Kleines sofort los und stürzt sich auf Sie. Sie belohnen es für die Laufleistung, indem Sie es hochreißen und ein paarmal herumwirbeln.

92 Flugzeug Wieder sind beide Eltern mit dem Kind auf dem Weg. Sie haben es in die Mitte genommen und fassen es beide fest an. Sie beschleunigen Ihre Schritte, bis das Kleine fast nicht mehr mithalten kann. Dann reißen Sie es hoch und lassen es „fliegen".

Im zweiten Jahr

93 Wilde Jagd Sie gehen in die Hocke. So sind Sie etwa gleich groß wie Ihr Kind. Außerdem haben Sie ein gerechtes Handicap. Nun jagen Sie so Ihrem Kind nach. Oft kommt es gar nicht zu einem richtigen Wettlauf, weil das Kleine vor lauter Lachen über die komische Figur, die Sie abgeben, gar nicht laufen kann. Aber Spaß macht das!

94 Fragen Sie laufen aufrecht hinter Ihrem Kind her, aber mit vielen kleinen Trippelschritten. Meistens „können" Sie es nicht einholen und schöpfen ganz angestrengt nach Luft. Ab und an aber muß es Ihnen auch gelingen, sonst verliert das Spiel die Spannung. Dann nehmen Sie das Kind hoch, drücken es an sich und loben es für seine tolle Laufleistung.

95 Ball-Jagd Werfen Sie einen Ball ein Stück vorwärts auf den Weg. Am besten eignet sich dafür ein weicher Ball, den Sie kaufen, aber auch selbst herstellen können (s. S. 48); der rollt nicht so schnell weit weg. Sie laufen dem Ball nach. Meist wird ihn das Kind erwischen. Aber auch hier gilt: Ab und zu müssen auch die Eltern Sieger sein, weil sonst keine Spannung aufkommt.

96 Schlangenlauf Hier müssen zumindest drei Leute mitspielen, besser wären mehr. Alle fassen sich an den Händen, dadurch entsteht eine lange Reihe, eine Schlange. Am besten sind zwei Erwachsene Kopf und Schwanz. Der „Kopf" läuft vorsichtig an und und zieht die Schlange sacht hinter sich her. Allmählich läuft er Schlangenlinien, steigert das Tempo. Irgendwann, ehe es zu schnell wird, läuft der Schwanz zum Kopf. Die Schlange wird zum Kreis.

97 Kreislauf Im Kreis laufen bedeutet seitwärts laufen. Das ist nicht leicht. Beginnen Sie damit also langsam. Singen Sie ruhig schon ein Kreisspiel-Lied der einfachen Art (s. S. 135). Aber für Kreisspiel-Regeln sind die Kinder noch nicht reif.

98 Treppauf-Treppab Treppen faszinieren alle kleinen Läufer. Die meisten schaffen es mit Anfassen hinauf etwa mit 18 Monaten und hinunter mit etwa 21 Monaten.
Kurz vor dem zweiten Geburtstag springen die meisten schon von mindestens einer Stufe.

99 Nachzügler Gern ziehen die meisten Einjährigen ein Nachziehspielzeug hinter sich her. Übrigens: Erschrecken Sie nicht, wenn Ihr

Schwung und Tempo

Nachwuchs eine umgekippte Ente oder ähnliches scheinbar gefühllos hinter sich herzerrt. Das ist kein erstes böses Zeichen aufkeimender Grausamkeit in Ihrem Kind. Es ist normal. Noch ist auch die schönste Ente für das Kleine bloß ein Stück Holz, das es bewegt. Erst im dritten Lebensjahr hauchen die Kleinen solchen Tieren meist für das Spiel ein Leben ein. Beim Puppenspiel kann der Zeitpunkt schon jetzt gekommen sein (s. S. 163 f.).

100 Vorläufer Noch mehr lenkt ein Schiebespielzeug die kindliche Aufmerksamkeit auf sich, weil das Kind es, indem es dieses vor sich herschiebt, immer anschauen kann.

Einige sind ein wenig schwierig zu handhaben, aber die meisten Kinder üben den Umgang mit ihnen geduldig und konzentriert.
Kaum hat das Kind sicher zu laufen gelernt, entdeckt es immer neue Bewegungsformen: Es will klettern und steigen, hüpfen, balancieren und springen, sich abstoßen und rutschen.
Alle diese Bewegungen können Sie, in kleine Spiele verpackt, üben, so daß das Kind darin immer sicherer wird.

101 Klettermax Ihr Kind darf auf den Balken, den Baumstamm, die Mauer steigen, auf die Fußbank, den Stuhl, die Bank. Es soll nun herunterspringen. Damit es versteht, was Sie von ihm erwarten, nehmen Sie

Im zweiten Jahr

das Kind aus der Höhe und setzen es mit Schwung auf die Erde. Mehrmals wiederholen.
Irgendwann will das Kleine dann schon selbst den Sprung in die Tiefe wagen. Lassen Sie es zu. Sorgen Sie nur für eine weiche Landung, indem Sie eine Matratze, eine weiche Decke oder ein Kissen vor die Sprungschanze legen!

102 Hindernislauf Besonders viel Spaß macht er im Waldgelände. Sie nehmen Ihr Kind zunächst an die Hand: einen kleinen Hügel hinauflaufen und wieder hinunter, über einen Baumstamm steigen, unter einem Busch durchkriechen. Allmählich löst sich das Kind dann sicher auch von Ihrer Führung.

103 Geländefahrt Es geht mit „Brrrrrummmmm-bbbrrrrrummmmmmm!" als Auto auf Geländefahrt. Sie kann auch zu Hause stattfinden. Dann geht es über Stuhl und Bänke, durch den Tischtunnel. Ist der „Berg" einmal gar zu hoch oder zu steil, hilft der „Abschleppdienst".

104 Leiterspiel Die Haushaltsleiter darf nur zum Turngerät werden, wenn ein Erwachsener sich eine Zeitlang nur aufs Kind konzentrieren kann. Aber dann geht es los: rauf vorwärts, runter rückwärts, von den Stufen springen, von hinten an der Stufe hängen, zwischen den Stützen schaukeln.

105 Hochsprung Spannen Sie ein Seil ein paar Zentimeter vom Boden entfernt. Springen Sie mit dem Kind an der Hand einmal drüber. Irgendwann kann das Kind es auch allein. Ist es ganz sicher, kann das Seil ein wenig höher gespannt werden.

106 Balancieren Baumstämme und niedrige Mauern reizen das Ein- und Zweijährige zum Balancieren, auch der Rand vom Sandkasten. Es ist ganz normal, wenn ein Kind dabei die Hand von Vater oder Mutter halten will.

107 Schlangenfangen Sie halten ein Seil an einem Ende und lassen es ansonsten lang auf der Erde liegen. Bewegen Sie nun das Seil rasch vor sich her. Es schlängelt sich dann über den Boden. Das Kind soll versuchen, mit bloßen Füßen aufs Seil zu treten.

108 **Mücken-Jagd** Das Kind sitzt auf dem Boden. Sie laufen um es herum, sind eine Mücke. Das Kind soll Sie anschlagen. Schafft es das, wird es zur Mücke, die um Sie herumfliegt.

109 **Kutscher und Pferd** Sie legen dem Kind ein Seil um den Brustkorb, so daß Sie die beiden Enden des Seiles hinter dem Rücken fassen können. Nun ist es ein Pferd, das einen Wagen mit Kutscher zieht. Auch hier können die Rollen getauscht werden.

110 **Pferderennen** Reiten ist herrlich. Sie gehen in den Vierfüßlerstand und machen einen langen Rücken. Das Kind darf aufsitzen. Und los geht der Ritt.
Höchstes Vergnügen bereitet es, wenn zwei Pferde und zwei kleine Reiter da sind. Dann kann ein zünftiges Pferderennen gestartet werden!

111 **Wett-Hüpfen** Statt um die Wette zu laufen, können Sie auch um die Wette hüpfen, aus der Hocke oder aus dem Stand, auf einem Bein, auf beiden Beinen, vorwärts und rückwärts.

112 **Im Zoo** Ahmen Sie für Ihr Kind Tiere nach: hüpfen wie ein Frosch und quaken, flattern wie ein aufgescheuchtes Huhn und gackern, schleichen und fauchen wie eine Katze, die dann auch einmal einen Kat-

Im zweiten Jahr

zenbuckel macht, brüllen wie ein Löwe, vorwärts robben wie eine Robbe, kriechen wie ein Regenwurm, schlängeln wie eine Schlange, stolzieren und klappern wie ein Storch usw. Der kleine Zuschauer wird bald selbst mitspielen!

113 **Verstecken** Das Kind darf ein Stück vorlaufen und sich verstecken. Die Eltern müssen es suchen. Natürlich schauen Sie ein Weilchen vergebens hierhin und dorthin, ehe Sie das Kind dann entdecken.

114 **Ball-Versteck** Das Kind versteckt den Ball. Hilflos irren Sie umher. Wo mag er bloß sein? Nach einer Weile sollten Sie den Ball finden.

115 **Zeig Deine Hand!** Eine Variante des Versteck-Spiels. Nachdem Sie das Kind kurze Zeit vergebens gesucht haben, rufen Sie: „Zeig Deine Hand!" oder „Zeig Deinen Fuß!" Weiß Ihr Kind schon, wie es das bewerkstelligen kann? Was uns so selbstverständlich und einfach erscheint, ist für ein einjähriges Kind ein kleines Kunststück. Wenn es also nicht gleich klappt – später wieder einmal versuchen.

116 **Sommerwiese** Leider sind richtig schöne Sommerwiesen mit hohen Gräsern und Wiesenblumen selten. Aber stoßen Sie einmal auf solch eine Wiese, dann lassen Sie Ihr Kind diese auch wirklich spüren: barfuß drüberlaufen (machen Sie mit, dann können Sie auch darauf achten, daß es nicht gerade in eine Distel tritt!). Die hohen Gräser an der Nase kitzeln lassen. Blumen betrachten, auch ein paar pflücken, die nicht unter Naturschutz stehen und die nicht giftig sind.
Anschauen, daran riechen, gleiche suchen. Kurz: den Sommer und die Wiese genießen.

117 **Hängematte** Zwei Erwachsene spielen mit. Einer faßt das Kind bei den Fuß-, der andere bei den Handgelenken. Und nun schwingt die Hängematte hin und her.

118 **Affenschaukel** Sie stehen hinter dem Kind. Sie fassen es in den Kniekehlen, seine Oberschenkel ruhen auf Ihren Unterarmen, und das Kleine umklammert Ihre Arme. Nun schaukelt der kleine Affe zwischen Ihren Beinen.

Schwung und Tempo

119 **Fassadenkletterer** Sie stehen dem Kind gegenüber, reichen ihm die Hände, umfassen dabei seine Handgelenke, gehen etwas in die Knie, legen sich leicht zurück. Das Kind kann an Ihnen hochklettern.

120 **Karussell** Sie stehen hinter dem Kind, schieben Ihre Arme unter seinen Achselhöhlen durch, verschränken Ihre Hände vor seiner Brust. Nun wirbeln Sie es hoch und im Kreis herum, daß es sich vorkommt wie im Kettenkarussell.

121 **Durch die Brücken!** Ein Spiel für mehrere Kinder mit mehreren Erwachsenen. Die Erwachsenen bilden Brücken. Sie können dabei

Im zweiten Jahr

mit dem Bauch oder mit dem Rücken zum Boden gewandt sein. Die Kinder sollen unter den Brücken durchkrabbeln. So können sie auch Fangen spielen.

122 Schubkarre Das Kind liegt bäuchlings. Sie fassen seine Knie, lassen seine Unterschenkel auf Ihren Unterarmen ruhen. Sie heben Ihr Kind ein wenig an, daß es auf den Händen laufen kann. Auf diese stark unterstützende Weise kann auch ein Einjähriges schon Schubkarre spielen.

123 Purzelbaum Die Turnexperten sagen „Rolle vorwärts". Man kann auf weicher Wiese, auf einer Matte, einer Matratze oder auch auf einer Kissen-Straße Purzelbäume schlagen.

124 Ballspiele Mit dem Ball läßt sich am besten draußen spielen. Ihm nachlaufen, ihn kicken, ihn wegwerfen, in die Höhe oder in die Weite. Auch wenn das Fangen noch nicht klappt, Kinder finden's schön.

Am Strand

125 Sandlaufen Im Sand zu laufen, ist viel schwerer als auf glatter Fläche! Ein ganz neues Laufgefühl. Und es kitzelt, wenn der Sand über den Fuß rieselt. Man kann auch hier Fangen spielen.

126 Einbuddeln Ein merkwürdiges Gefühl, die eigenen Füße oder gar die ganzen Beine einzubuddeln. Man kann auch Vater und Mutter einmal einbuddeln – bis hoch zum Kopf!
Oder ein Ball wird verbuddelt. Dann soll er gesucht werden! Dafür darf immer nur eine bestimmte kleine Fläche zur Verfügung stehen. Sonst bleibt womöglich doch etwas eingegraben!

127 Sandbauten Man kann einen Sandeimer füllen und auskippen, Sand sieben und eine Sandmühle in Bewegung setzen.
Vor allem aber kann man große Haufen zusammenschieben und so Berge und Burgen bauen. Am besten baut es sich natürlich mit nassem Sand. Toll also, wenn es erlaubt ist, Wasser zu holen.

128 Wasserwerk Auch mit Wasser allein läßt es sich herrlich spielen. Es mit der Bademütze holen und laufen, daß es tüchtig rausschwappt. Oder so vorsichtig gehen, daß nichts rausschwappt. Man kann das Wasser auch auf die Eltern spritzen oder ihre Füße begießen (ob die dann noch wachsen?).

129 **Wasser-Rennen** Im knöcheltiefen Wasser laufen, daß es nur so spritzt. Fangen spielen. Alle jagen nach einem Ball.

130 **Paddelboot** Das Kind darf auf der Luftmatratze liegen und mit den Händen paddeln. Im hüfthohen Wasser, mit Schwimmflügeln ausgestattet, aber unbedingt nur unter Aufsicht.

131 **Faltboot-Rennen** Die Eltern falten Papierschiffchen (s. S. 210). Sie werden ins Wasser gesetzt und mit Pusten (Wind spielen!) vorangetrieben.

Im Schnee

132 **Schneefall** In jedem Winter ist Schnee ein neues Erlebnis für ein Kind. Schneebälle formen kann ein Einjähriges noch nicht. Aber gern macht es mit beim Schnee-Aufwirbeln. In die Hocke gehen und den Schnee mit beiden Händen hoch werfen. Sich einschneien lassen! Davon kriegt Ihr Kind nicht so schnell genug!

133 **Schlittenfahrt** Kein Problem, wenn das Kind sicher sitzen kann, aber wenn ein Buckel überfahren wird oder es plötzlich ein wenig abwärts geht, kann es doch leicht noch das Gleichgewicht verlieren. Wählen Sie darum einen Schlitten mit Babysitz. Einen empfehlenswerten gibt es von rotho: „rotho star".

134 **Rodeln** Beim Rodeln können Sie den Babysitz abnehmen. Ein Erwachsener setzt sich auf den Schlitten und nimmt das Kind zwischen die Schenkel. So sitzt es sicher.
Trotzdem suchen Sie sich am besten kurze und sanfte Hügel für die ersten Rodelpartien aus.

135 **Tiefschnee-Rennen** Treffen Sie einmal auf ein Feld oder eine Wiese, auf der eine dicke Schneedecke liegt, dann laufen Sie doch einmal durch den Tiefschnee, so daß er aufgewirbelt wird. Sicher wird Ihr Kind schnell Ihrem Beispiel folgen. Im Tiefschnee zu laufen, ist gar

Im zweiten Jahr

nicht leicht. Schon wieder ein ganz neues Laufgefühl. Aber auch das Hinfallen gehört dazu.

136 Rutschversuche Bei der Eisbahn braucht das Einjährige noch beide Eltern gleichzeitig. Es darf auf der Bahn hocken oder stehen. An beiden Seiten sicher gehalten, kann es nun über die Bahn gezogen werden.

137 Schneeschmelze Auch das ist ein Erlebnis, das das Kind in jedem Alter aufs neue begeistert. Nehmen Sie ein wenig Schnee in die Hand. Zeigen Sie das Ihrem Kind. Es soll seine Hand noch auf den Schnee legen. Ein Augenblick nur – und der Schnee ist weggezaubert. Dafür ist etwas Wasser da.
Sie können ihm getrost sagen: „Der Schnee ist geschmolzen." Es wird das nicht verstehen, aber erst einmal so hinnehmen.

138 Spuren-Spiel Vater geht durch vorher unberührten Schnee. Mutter geht durch unberührten Schnee. Das Kind geht durch unberührten Schnee. Sie betrachten die Abdrücke. Man kann auch mit den Händen, mit den Fingern, mit der Nase Abdrücke zaubern.

139 Schnee-Gemälde Wieder ist eine noch unberührte Schneefläche nötig. Jeder bekommt einen Stock in die Hand.
Striche durch den Schnee ziehen, krumme und gerade. Und dann auf den gemalten Strichen wie auf einem Seil entlang laufen.

140 Schneesturm Tief hinunter gehen mit dem Kopf, Profil zur Erde. Und nun wird kräftig geblasen!
Da gibt es ein kräftiges Schneegestöber!

Mit Kissen und Decken

141 Kissenschlacht Sich mit Kissen bewerfen ist eine Lust. Aggressionen lösen sich auf ungefährliche Weise, denn weiche Kissen tun nicht weh.

142 Kissenstrecke Viele Kissen liegen hintereinander, bilden einen Weg. Schnell drüber laufen, ohne vom Kissen abzurutschen.

143 **Kissensprünge** Aus einem Kissenweg werden einige Kissen entfernt. Über den Weg laufen und über die Lücken springen.

144 **Kissenauto** Das Kissen ist das Auto. Das Kind kniet sich drauf. Mit den Händen stößt es sich vom Boden ab, um vorwärts zu kommen. Natürlich mit Motorengebrumm und Bremsengequietsche.

145 **Kissen-Schlepper** Alle gehen in den Vierfüßlerstand, machen einen langen Rücken und legen ihr Kissen darauf. Wer krabbelt, ohne die Last zu verlieren?

146 **Balance-Akt** Noch schwieriger: Das Kissen liegt auf dem Kopf. Und da soll es auch liegen bleiben, wenn man aufrecht geht.

147 **Kissenberg** Ein Kissenberg wird aufgehäuft. Dahinter kann man sich verstecken. Man kann auch in den Berg hineinkriechen und ihn dann mit Naturgewalt von innen sprengen. Auch hier können sich Aggressionen entladen.

148 **Deckenzug** Das Kind sitzt auf einer Decke. So ziehen Sie es über den Boden.

149 **Deckenschaukel** Das Kind liegt in der Mitte einer Decke. Zwei Erwachsene packen, sich gegenüber stehend, an beiden Seiten zu. So können Sie das Kind in der Decke schaukeln.

150 **Deckenrolle** Das Kind liegt an der Kante einer Decke. Es hält sich dort fest, rollt sich ein und wieder aus. Achten Sie stets darauf, daß der Kopf dabei draußen bleibt.

Im Schwimmbad

Wenn Sie mit Ihrem Kind ins Schwimmbad gehen möchten, gilt noch immer, was schon für die Babys gesagt wurde (s. S. 25).
Sie können mit dem Kleinen auf dem Arm ins Wasser steigen, es aus dem Wasser heben und wieder ins Wasser bringen. Sie können es auf Ihrer flachen Hand ein wenig hin und her schieben, es beim Rückenschwimmen auf Ihren Bauch setzen.
Ungehemmter aber kann das Einjährige schon spielen, wenn es mit einer Schwimmhilfe ausgestattet ist. Am besten sind Oberarmschwimm-

Im zweiten Jahr

hilfen, also Schwimmflügel oder -manschetten. Kaufen Sie nur solche, die den Aufdruck „Geprüfte Sicherheit" haben. Sie halten das Kind in einer stabilen Lage im Wasser, und der Auftrieb greift ihm im wahrsten Sinne des Wortes unter die Arme. Es hängt relativ senkrecht im Wasser und kann sich schon – nach einer gewissen Eingewöhnungszeit – frei ein wenig vorwärts bewegen, auch von den Eltern weg und wieder zu ihnen hin. Dennoch: Sie müssen den kleinen „Hundepaddler" immer im Auge behalten. Schwimmhilfen sind keine Babysitter! Aber wenn Sie dabei sind, werden Sie viel Spaß mit dem Kind im Wasser erleben. Am schönsten ist es natürlich, Sie verabreden sich mit mehreren Eltern, so daß eine kleine Gruppe entsteht (oder Sie machen bei einem Babyschwimmkurs mit). Es gibt viele Spielmöglichkeiten. Hier ein paar Beispiele:

151 Fährverkehr Da spielen immer zwei Erwachsene und ein Kind mit. Die Großen stehen etwa einen Meter auseinander. Das Kind schwimmt von einem zum anderen.
Zunächst kriegt es etwas Schwung mit, und von „drüben" werden ihm Arme entgegengestreckt. Wenn Sie wollen, können Sie versuchen, diese Hilfen immer mehr zurückzunehmen.

152 Erste Ziele Etwa zwei Meter entfernt schwimmt ein Ball oder ein Luftballon, treibt die Badepuppe im Wasser oder ein Boot. Das Kind soll sich das holen.

153 Treibjagd Der Ball liegt vor dem Kind. Es soll ihn zu Vater oder Mutter bringen, ihn also schwimmend vor sich her treiben.

154 Seewind Ein Luftballon treibt vor dem Kind auf dem Wasser. Es soll Wind spielen und ihn pustend übers Wasser bewegen.

155 Wasserbahn Sie fassen Ihr Kind von hinten an den Hüften und schieben es schwimmend vor sich her. Ob es Lust hat, seine Badepuppe auf gleiche Weise vor sich her zu schieben?

156 Brücke Ein Reifen wird senkrecht zum Wasser gehalten und ein wenig eingetaucht, so weit, daß das Kind durch die Brücke schwimmen kann.

Im Schwimmbad

157 Spritzvergnügen Das Kind liegt auf dem Rükken und strampelt fröhlich mit den Beinen, daß es nur so spritzt.

158 Floßfahrt Das Kind darf auf einer Gummimatte oder auf der Luftmatratze liegen. Sie schieben das Gefährt durch das Becken. Wundern Sie sich nicht, wenn ihm das zuerst nicht behaglich ist. Die meisten brauchen eine Weile, ehe sie sich an den schwankenden Untergrund gewöhnt haben. Nehmen Sie es also erst einmal schnell wieder herunter, und versuchen Sie es später noch einmal. Hat es sich an die „Planken" gewöhnt, wird es viel Spaß bei solchen Floßfahrten haben.

159 Wasserschaukel Das Kind hängt im Schwimmring. Stoßen Sie ihn so an, daß er etwas aus dem Gleichgewicht gerät. Das Kind muß schon ein bißchen strampeln, um wieder ins Gleichgewicht zu kommen. Sie stehen hilfsbereit daneben.

160 Ringkarussell Das Kind hängt im Ring. Drehen Sie diesen langsam herum, indem Sie selbst sich um Ihre eigene Achse drehen, dann etwas schneller – aber vorsichtig, damit Ihr Wasserfrosch nicht abrutscht.

161 Ring-Tor Sie treiben mit dem Kind den Ball auf dem Wasser. Ob es ihn schon in einen Schwimmring werfen kann?

162 Ringboot Das ist so richtig etwas zum Ausruhen! Das Kleine setzt sich gemütlich in den Ring (wofür es allerdings Ihre Hilfe

Im zweiten Jahr

braucht!). Dann paddelt es sich mit den Händen vorwärts. Wenn das noch nicht klappt, schieben Sie den Ring beim Schwimmen vor sich her.

163 Froschhüpfen Das Kind hängt im Ring. Sie drücken diesen tiefer unter Wasser, ohne aber das Kind unterzutauchen. Dann lassen Sie den Ring los. Hops, schnellt er hoch. Und mit ihm Ihr Kind. Es kann dann auch versuchen, den Ring selbst hinunterzudrücken und hochzuhopsen wie ein Frosch.

164 Schieber Das Kind hängt im Ring. Sie nehmen den Ring und schieben ihn vorsichtig durchs Becken. Wenn es Ihrem Kind gefällt, schieben Sie schneller.

165 Kleiner Springer Hat sich das Kind schon gut an das Bewegen im Wasser gewöhnt, so kann es seinen ersten „Sprung" wagen. Es sitzt am Beckenrand. Sie stehen im Becken direkt vor ihm. Und Sie heben es mit Schwung ins Wasser. Hat es das schon recht oft probiert, dürfen Sie auch mal Sekunden loslassen!

Mit dem Ball

Der Ball kam schon als Requisit bei einigen Spielen vor, beim Verstekken, beim Nachlaufen, Kicken und im Wasser. Hier nun noch ein paar besondere Ballspiele:

166 **Ball-Team** Sie sitzen mit gegrätschten Beinen auf dem Boden, dem Kind gegenüber. Es soll auch die Beine ein bißchen grätschen. Rollen Sie ihm den Ball zu. Es soll ihn zurückrollen. Möglichst immer zwischen die gegrätschten Beine.

167 **Schiefe Ebene** Sie knien und stützen sich auf Ihre Arme. Ihr Rücken bildet eine schiefe Ebene. Das Kind kann den Ball darüber hinunterrollen lassen.

168 **Kreiselball** Das Kind schaut zuerst zu. Der Ball liegt vor Ihnen. Kreiseln Sie den Ball. Das Kind staunt – und will es nachmachen. So ganz einfach ist das nicht. Sie müssen ihm das bestimmt mehrfach zeigen. Dann kann es sich allein damit beschäftigen. Einjährige legen bei solchen Spielen oft schon erstaunliche Ausdauer an den Tag.

169 **Fußlift** Alle Mitspieler sitzen auf dem Boden. Die Füße werden zum Lift für den Ball. Der Ball liegt auf den Füßen. Wer kann sie hochheben, ohne dabei den Ball zu verlieren? Es geht auch anders: den Ball zwischen die Füße klemmen und hochheben.

170 **Balltunnel** Sie stehen mit dem Rücken zum Kind und rollen ihm den Ball durch Ihre gegrätschten Beine zu. Ob es das auch schon ausprobiert? Falls nicht: Immer einmal wieder vorführen. Wenn es das auch schon kann, läßt sich der Ball auch durch den „Tunnel" aus zwei oder drei Beinpaaren rollen.

171 **Erster Zielwurf** Ein Papierkorb wird zum Ball-Tor. Das Kind soll ihn zuerst einmal von oben hineinfallen lassen. Dann kann es sich immer mehr – bis etwa zu einem Meter – vom Korb entfernen. Trifft es immer noch?

Kapitel 4

Alle lieben Melodie und Rhythmus

Krach machen macht Spaß! Dabei merkt ein Kind besonders gut, daß es selbst schon etwas bewirken kann. Erstens kann es Töne erzeugen, und zweitens kann es damit Aufmerksamkeit auf sich ziehen. Kein Wunder, daß Krachmachen so reizvoll ist. Doch diese Leidenschaft (die wirklich manchmal Leiden schafft) können Sie durchaus in ruhigere Bahnen lenken. Melodie und Rhythmus können dieselben Funktionen erfüllen. Und darum begeistern Melodie und Rhythmus Kinder von Anfang an.

Singen

Schön wäre es, wenn Ihr Kind ein paar der altbekannten Kinderlieder kennenlernt. Sie gehören zu unserer überlieferten Kultur, selbst dann, wenn ihr Inhalt nicht mehr unseren heutigen Lebensauffassungen und -arten entspricht.
Die Moderne ist auf allen Ebenen letztlich auf Tradition aufgebaut. Und darum sollten auch ganz bewußt modern erzogene Kinder unsere alten Kinderlieder – wie die alten Märchen – kennenlernen dürfen.
Im zweiten Lebensjahr wird sich das Kind noch meist auf das Zuhören beschränken, doch gegen Ende dieser Periode werden einige bereits versuchen, das eine oder andere einfache Lied mitzusingen. Und viele werden auch versuchen, sich rhythmisch zur Melodie zu bewegen.

172 Alle meine Entchen

Melodie und Rhythmus

Köpf-chen in das Was-ser, Schwänz-chen in die Höh.

2. Alle meine Täubchen gurren auf dem Dach,
fliegt eins in die Lüfte, fliegen alle nach.
3. Alle meine Hühner scharren in dem Stroh,
finden sie ein Körnchen, sind sie alle froh.
4. Alle meine Gänschen watscheln durch den Grund,
suchen in dem Tümpel, werden kugelrund.

Worte und Weise: altes Kinderlied

173 Summ, summ, summ

1. Summ, summ, summ, Bien-chen, summ her-um!
Ei, wir tun dir nichts zu lei-de, flieg nur aus in Wald und Hei-de!
Summ, summ, summ, Bien-chen, summ her-um!

2. Summ, summ, summ,
Bienchen, summ herum!
Such in Blumen, such in Blümchen,
dir ein Tröpfchen, dir ein Krümchen.
Summ, summ, summ! usw.
3. Summ, summ, summ,
Bienchen, summ herum!
Kehre heim mit reicher Habe,
bau uns manche volle Wabe!
Summ, summ, summ! usw.

Worte: Heinrich Hoffmann von Fallersleben.
Weise: nach einem Volkslied

Im zweiten Jahr

174 Hänschen klein

1. Häns-chen klein ging al-lein in die wei-te Welt hin-ein;
Stock und Hut stehn ihm gut, ist ganz wohl-ge-mut.
A-ber Mut-ter wei-net sehr, hat ja nun kein Häns-chen mehr.
,,Wünsch dir Glück", sagt ihr Blick, ,,kehr nur bald zu-rück!"

2. Sieben Jahr, trüb und klar,
Hänschen in der Fremde war.
Da besinnt sich das Kind,
eilet heim geschwind.
Doch nun ist's kein Hänschen mehr,
nein, ein großer Hans ist er.
Stirn und Hand braun gebrannt,
wird er wohl erkannt?

3. Eins, zwei, drei gehn vorbei,
wissen nicht, wer das wohl sei.
Schwester spricht: ,,Welch Gesicht!",
kennt den Bruder nicht.
Kommt daher die Mutter sein,
schaut ihm kaum ins Aug hinein,
ruft sie schon: ,,Hans, mein Sohn!
Grüß dich, Hans, mein Sohn!"

Worte: Franz Wiedemann.
Weise: wie ,,Alles neu macht der Mai" (Text: H. v. Kampen, 1818)

Melodie und Rhythmus

175 Hänsel und Gretel

1. Hänsel und Gretel verliefen sich im Wald, es war so finster und auch so bitter kalt. Sie kamen an ein Häuschen von Pfefferkuchen fein: Wer mag der Herr wohl von diesem Häuschen sein?

2. Huhu, da schaut eine alte Hexe raus.
Sie lockt die Kinder ins Pfefferkuchenhaus.
Sie stellte sich gar freundlich. O Hänsel, welche Not!
Sie will dich braten im Ofen braun wie Brot!
3. Doch als die Hexe zum Ofen schaut hinein,
ward sie gestoßen von unserm Gretelein.
Die Hexe mußte braten, die Kinder gehn nach Haus.
Nun ist das Märchen von Hans und Gretel aus.

Worte: unbekannt, frei´

176 Dornröschen

1. Dornröschen war ein schönes Kind, schönes Kind, schönes Kind, Dornröschen war ein schönes Kind, schönes Kind.

Im zweiten Jahr

2. Dornröschen, nimm dich ja in acht vor einer bösen Fee!
3. Da kam die böse Fee herein und rief ihm zu:
4. „Dornröschen, schlafe hundert Jahr und alle mit!"
5. Da wuchs die Hecke riesengroß um das Schloß.
6. Da kam ein junger Königssohn und sprach zu ihm:
7. „Dornröschen, wache wieder auf und alle mit!"
8. Sie feierten das Hochzeitsfest und alle tanzten mit.

Worte: unbekannt, frei nach dem gleichnamigen Märchen.
Weise: aus Kassel

177 Kommt ein Vogel geflogen

1. Kommt a Vo-gerl ge-flo-gen, setzt si nie-dr auf mein

Fuß hat a Zet-terl im Go-scherl und vom Dirn-dl an Gruß.

2. Hast mi allweil vertröstet
auf die Summeri-Zeit,
und der Summer is kumma
und mein Schatzerl is weit.
3. Daderheim is mein Schatzerl,
in der Fremd bin i hier,
und es fragt halt kei Katzerl
und kein Hunderl nach mir.
4. Liebes Vogerl, flieg' weiter,
nimm a Gruß mit un'n Kuß,
und i kann di nit b'gleiten,
weil i hier bleiben muß.

Worte: Adolf Bäuerle (1822), Weise: Wenzel Müller (1822)

178 Häschen in der Grube

1. Häs-chen in der Gru-be saß da und schlief,

Melodie und Rhythmus

saß da und schlief; armes Häschen, bist du krank, daß du nicht mehr hüpfen kannst? Häschen, hüpf! Häschen, hüpf, Häschen hüpf!

Häschen, vor dem Hunde hüte dich, hüte dich,
hat gar einen scharfen Zahn, packt damit mein Häschen an.
Häschen, lauf! Häschen, lauf! Häschen lauf!
Worte: altes Kinderlied.
Weise: frei nach dem Volkslied „Wer die Gans gestohlen hat"

179 Ein Männlein steht im Walde

1. Ein Männlein steht im Walde ganz still und stumm; es hat von lauter Purpur ein Mäntlein um. Sagt, wer mag das Männlein sein, das da steht im Wald allein mit dem purpurroten Mäntelein?

2. Das Männlein steht im Walde auf einem Bein
und hat auf seinem Kopfe schwarz Käpplein klein.
Sagt, wer mag das Männlein sein,
das da steht auf einem Bein
mit dem kleinen schwarzen Käppelein.
Worte: Hoffmann von Fallersleben (1860). Weise: Volkslied

Im zweiten Jahr

Sie sagen: „Das Männlein dort auf einem Bein mit seinem roten Mäntelein und seinem schwarzen Käppelein kann nur die Hagebutte sein!"

180 Der Sandmann ist da

Der Sand-mann ist da, der Sand-mann ist da! Er hat so schö-nen weißen Sand, ist al-len Kindern wohlbekannt. Der Sandmann ist da!

Worte und Weise: Volkslied, in verschiedenen mundartlichen Varianten bekannt

181 Es regnet, es regnet

Es reg - net, es reg - net, und al - les wird naß: die Bäu - me, die Blu - men, die Tie - re, das Gras.

Rhythmische Verse

Schon für das erste Lebensjahr eignen sich Fingerspiele, die mit rhythmischen Versen verbunden sind (s. S. 148).
Dieselben bleiben auch jetzt noch besonders beliebt. Aber nun darf ein solches Fingerspiel auch schon einmal ein wenig länger sein. Zum Beispiel:

182 Himpelchen und Pimpelchen
So heißen die beiden Daumen. Sie gucken aus der geschlossenen Faust hervor – zwischen Zeigefinger und Mittelfinger. So steigen sie den Berg hinauf. Um das darzustellen, werden die Fäuste in der Luft immer höher aufeinandergestellt, soweit

Melodie und Rhythmus

die Arme hochreichen. Die Daumen gucken von oben herab und wakkeln befriedigt hin und her. Zuletzt kriechen sie in die Fäuste.
Dazu der Vers:
>Himpelchen und Pimpelchen
>stiegen auf einen Berg.
>Himpelchen war ein Wichtelmann,
>und Pimpelchen war ein Zwerg.
>Sie blieben lange da oben sitzen
>und wackelten mit den Zipfelmützen.
>Doch nach fünfundsiebzig Wochen
>sind sie in den Berg gekrochen,
>schlafen dort in guter Ruh.

Sei mal still und hör schön zu: Ch – ch – ch.

183 Zehn kleine Zappelmänner Jetzt kommen wieder alle zehn Finger ins Spiel. Alle werden bewegt, und zusätzlich kommen auch die Arme noch tüchtig in Schwung. Ein Spiel, das die Kleinen oft ganz schnell nachahmen. Dazu der Vers:
>Zehn kleine Zappelmänner
>zappeln hin und her,
>zehn kleine Zappelmänner
>finden gar nichts schwer.
>Zehn kleine Zappelmänner
>zappeln auf und nieder,
>zehn kleine Zappelmänner
>tun das immer wieder.
>Zehn kleine Zappelmänner
>zappeln ringsherum,
>zehn kleinen Zappelmännern
>scheint das gar nicht dumm.
>Zehn kleine Zappelmänner
>spielen gern Versteck,
>zehn kleine Zappelmänner
>sind auf einmal weg!

(Ihre Hände verschwinden hinter Ihrem Rücken!)

184 Katzen können Mäuse fangen Die Finger Ihrer rechten Hand sind die Mäuse, die auf dem Dach – auf dem Handrücken des Kindes – tanzen. Ihre linke Hand ist die Katze, die sich nähert. Je näher sie

Im zweiten Jahr

kommt, um so bedrohlicher wird Ihre Stimme. Wenn die Katze die Mäuse fängt, greift Ihre Linke nach den Fingern Ihrer Rechten und nach der Kinderhand. Der Vers:
Katzen können Mäuse fangen,
haben Krallen wie die Zangen
schlüpfen durch die Bodenlöcher,
auch zuweilen auf die Dächer.
Mäuschen mit den Ringelschwänzchen
machen auf dem Dach ein Tänzchen.
Leise, leise kommt die Katz,
hat sie all mit einem Satz!

185 Du bist ein kleiner Nackedei Verse mit betontem Rhythmus sind nicht nur bei den Fingerspielen beliebt, sondern bei allen möglichen Gelegenheiten des Tages. Beim Baden zum Beispiel:
Du bist ein kleiner Nackedei,
du bist Hans Pitschenaß.
Und wie dich Gott erschaffen hat,
so setz ich dich ins Faß.

186 Mein dein sein Ein Vers vor dem Essen:
Mein dein sein
der Tisch, der ist noch rein,
der Magen ist noch leer
und brummt wie ein Bär.

187 Denkt euch nur, der Frosch ist krank Ist das Kind krank:
Denkt euch nur, der Frosch ist krank,
da liegt er auf der Ofenbank,
quakt nicht mehr, wer weiß wie lang,
denkt euch nur, der Frosch ist krank.

188 Trostverse Wenn etwas weh tut, braucht das Kind besonders viel liebevolle Zuwendung. Auch lindern Streicheln und ein Vers, zu dessen Rhythmus das Kind hin und her gewiegt werden kann, etwa:
Heile, heile Segen,
sieben Tage Regen,
sieben Tage Sonnenschein,
dann wird alles heile sein.

Melodie und Rhythmus

Oder:
>Heile, heile Gänschen,
das Gänschen hat ein Schwänzchen,
heile, heile Katzendreck,
morgen ist alles wieder weg!

Oder:
>Wo tut es weh?
Hol ein bißchen Schnee,
hol ein bißchen kühlen Wind,
dann vergeht es ganz geschwind!

189 **Tierverse** Früh schon hat ein Kind wohl Bilderbücher mit Tierbildern. Schön ist es dann, wenn es die Tiere in der Natur bestaunen kann. Ein kleiner Vers kann da eine Stütze für die Erinnerung sein, weil der Rhythmus besser eingeht als die ungebundene Rede.
Ein paar Beispiele:
>Muh, muh, muh!
So ruft im Stall die Kuh.
Sie gibt uns Milch und Butter.
Wir geben ihr das Futter.
Muh, muh, muh!
So ruft im Stall die Kuh.

Oder:
>Die Frösche, die Frösche,
die sind ein lustig' Chor,
sie haben ja, sie haben ja
kein Schwänzlein und kein Ohr.

Oder:
>Ei, wie langsam, ei, wie langsam
kommt der Schneck im Gras daher!
Potz, da wollt ich anders laufen,
wenn ich so ein Schnecklein wär.

Oder:
>Die Ziege lief den Berg hinauf
und wackelt mit dem Bärtchen,
da sprang ein kleiner Schneider drauf
und meint, es wär ein Pferdchen.

Es gibt unzählige Tierverse mehr, die schon erste Informationen über die Tiere enthalten. Aber sie sollen vor allem so lustig sein, daß man sie auch lachend vortragen kann.

Eigene Rhythmen

Rhythmus, das bedeutet in der Musik die prägende Ordnung der Töne nach Länge und Gewicht (Betonung).

190 Rhythmen klatschen Hier soll ein langer Ton durch einen Strich, ein kurzer durch einen Punkt gekennzeichnet sein. Betonte Töne bekommen einen Betonungsstrich dazu. Beim Singen kann man den Rhythmus mitklatschen. Man kann auch im Rhythmus gehen und klatschen.
Etwa:

— — • • — • • — • • — • •

oder:

— — — • — • — •

oder:

— — • • — — • • — — • •

oder:

— — — • • — • • —

Ein einjähriges Kind kann solche klaren Rhythmen weder nachklatschen noch gar selbst erfinden. Aber es wird sie sehr lieben. Darum klatschen Sie mit, wenn Musik gemacht wird.
Natürlich kann man Rhythmen auch klopfen, summen, nach ihnen gehen und tanzen.
Das Kind kann mit geeigneten Gegenständen zunächst einmal ausprobieren, ganz verschiedene Klänge zu erzeugen. Manchmal kommt dabei fast zufällig auch eine rhythmische Abfolge zustande.

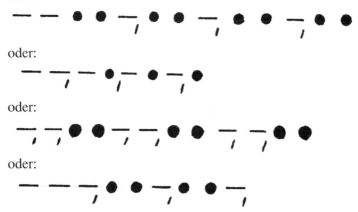

191 Handtrommeln Handtrommeln sind schnell beschafft. Eine Bilderrolle, einfach mit dem dazugehörigen Packdeckel verschlossen, eine Blechdose mit Deckel (keine scharfen Kanten!), eine Pappschachtel, ein Holzkistchen. Noch schöner ist zum Beispiel eine halbe

Eigene Rhythmen

Kokosnuß, die fest mit Folie verschlossen wurde oder sogar mit einem Lederrest. Eine bunte Sammlung sollte es sein. Denn jedes Material klingt anders, wenn es angeschlagen wird, größere Trommeln klingen anders als kleine, dickwandige anders als dünnwandige. Es klingt auch verschieden, je nachdem, wie man die Trommel anschlägt, mit einem Finger, mit der Handkante, mit der Faust, mit einem Holzlöffel oder einem Kunststoffstab.

192 Rasselmarsch Joghurtbecher werden mit ganz unterschiedlichem Rasselmaterial gefüllt, mit Knöpfen, Kieselsteinchen, Murmeln, Holzperlen, Büroklammern, Sand und dergleichen. Sie werden mit einem Stück Folie und einem Gummiring verschlossen. Schon sind eine Menge Rasseln fertig.
Am schönsten ist es natürlich, wenn mehrere Kinder mehr oder weniger im Takt laufen und rasseln. Sie könnten dazu singen und den klaren Takt dazu klatschen oder anschlagen.

193 Riesen-Glockenspiel Sehr zu empfehlen ist es, das Riesen-Glockenspiel im Garten oder in einem Spielgelände (zum Beispiel auf dem Abenteuerspielplatz) herzurichten, denn mit ihm werden die Kleinen einen Höllenlärm erzeugen. Aber wenn der auch noch ganz schön

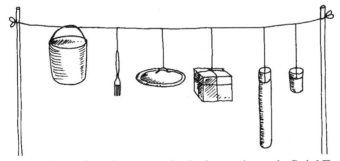

weit von Musik entfernt ist, so weckt doch gerade so ein Spiel Freude an erster Klangerzeugung, am Zusammenspiel, und allmählich auch ein erstes Gefühl für den Rhythmus. Spannen Sie zwischen zwei Bäume oder Pfähle eine Leine, an der Sie allerlei aufhängen, etwa: Glocken, Blechdosen, Topfdeckel, Holzstäbe alter Besteckteile, Plastikbehälter, Pappbehälter, Holzkistchen – alle Sachen, die für die Klangerzeugung geeignet sind. Jedes Kind darf sich einen Schläger aussuchen. Es gibt welche aus Holz, aus Metall, aus Kunststoff. Es darf auch mit den Händen an-

Im zweiten Jahr

schlagen. Und dann kann es losgehen. Eine Anleitung brauchen die Kinder sicher nicht. Einmal kann an einem Gegenstand gezeigt werden, daß geklopft werden soll. Alles andere entwickelt sich von selbst.
Übrigens: Da können sich auch Aggressionen auf ungefährliche Weise lösen.

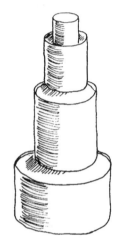

194 Turmgeläut Das Kind baut einen Turm aus Blechdosen (keine scharfen Kanten). Möglichst sollten die Dosen unterschiedlich groß sein und der Größe nach aufgetürmt werden. Mit einem Holzstab wird der Turm von unten her angeschlagen. Das klingt nicht schlecht. Natürlich darf der ganze Turm dann auch zeigen, was an Klängen in ihm steckt, wenn er umgestoßen wird.

195 Musikalische Hausschuhe Heften Sie ein paar kleine Glöckchen an die Schuhe. Dann gibt es beim Tanzen und Laufen sogar musikalische Begleitung.

196 Musikalische Handschuhe Auch ein Handschuh (vielleicht ging ja mal einer von einem Paar verloren, dann hat der zweite nun doch noch einen guten Zweck!) kann mit kleinen Schellen ausgestattet werden. Ebenfalls ein Instrument für die Kleinen.

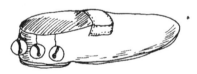

197 Flaschentrompete Mit Glassachen sollte ein so kleines Kind nie allein umgehen. Wenn es aber auf Ihrem Schoß sitzt, lassen Sie es doch ab und zu einmal in eine leere Flasche blasen. Auch das könnten Sie ihm ja mal in einem bestimmten Rhythmus vormachen.

198 Tanzen nach Musik Sie werden bald merken, was für eine Art von Musik Ihr Einjähriges besonders anspricht.
Wenn es ganz für sich ist und Musik aus dem Radio zu hören ist, fängt es bei seinem Lieblingsrhythmus meistens an, sich auch rhythmisch zu be-

wegen. Stören Sie es nicht dabei. Aber bei anderer Gelegenheit tanzen auch Sie einmal zu derartigen Melodien. Sicher hat das Kind auch Spaß daran, mit Ihnen zusammen zu tanzen.

199 Wasserballett Im Planschbecken oder am flachen Strand, da, wo das Wasser nur bis zur Wade reicht, kann man auch herrlich Wasserballett tanzen, wenn man einen Kassettenrekorder bei sich hat. Bei leiser Musik ist es am schönsten.

Kapitel 5

Auf dem Weg zum Sprechen und Verstehen

Der Weg zur Sprache beginnt mit dem Schreien des Babys. In den ersten Lebenswochen schreit das Baby häufig, dies ist seine Art, Lust und Unlust, Freude und Ärger auszudrücken. Womit es unzufrieden ist, muß die Mutter erst einmal herausfinden. Will es trocken gelegt, gestillt oder nur unterhalten werden? Nach etwa zwei Lebensmonaten weiß die erfahrene Mutter dann bereits, was die unterschiedlichen Schreie ihres Babys sagen wollen.
Bald kann es auch Gesten einsetzen, um seine Wünsche auszudrücken. Will es zum Beispiel den roten Frotteebären, schreit es nicht nur, es streckt auch seine Arme aus nach dem Ziel seiner Wünsche.
Obwohl Sie sich meist nun schon prächtig ganz ohne Worte mit Ihrem Kind verstehen, sollten Sie doch mit ihm reden.
Zunächst ist es ganz gleichgültig, worüber Sie sprechen: über das Wetter, über die Tagesnachrichten, über Ihr eigenes Befinden. Verstehen wird es Sie ohnehin nicht. Aber es lauscht lustvoll dem Klang der Sprache, und es nimmt dabei auch schon Melodie und Rhythmus unserer Sprache auf.
Ist das Kind drei oder vier Monate alt, beginnt es meist zu lallen. Den Vokalen – a, e, o vor allem –, die es bereits hervorbringen konnte, gesellen sich nun einige Konsonanten zu, meist zuerst das M, das L, das D. Aus dem „Aaaaa", „Eeeee" oder „Ooooo" wird nun zum Beispiel „lalalala", „dadadada" oder „Mamamamama!" Lallt das Baby zum ersten Mal „Mama!", ist wohl jede Mutter gerührt. Glückstrahlend nimmt sie ihr Kind in den Arm, streichelt es, küßt es. Diese liebevolle Reaktion jedes Mal, wenn ihm das gelang, macht es bald auch für das Kind zu etwas Besonderem. Das Baby merkt, daß dieses „Mama" die Mutter herbeiruft und veranlaßt, sich mit ihm zu beschäftigen. Nun wird das Lall-Produkt zum Wort. Das Kind drückt etwas damit aus. Die meisten ersten Wörter sind Lall-Produkte oder doch ihnen verwandte Lautbildungen: „Dada", „Wauwau", „Papa". Auf jedes dieser ersten „Wörter" reagiert die Mutter oder der Vater immer in bestimmter Weise. So gewin-

Sprechen

nen sie ihren Inhalt. Begleiten Sie jetzt häufiger das, was Sie für das Baby sichtbar tun, vor allem, was Sie mit dem Baby tun, mit den Worten, die das beschreiben.

Sagen Sie jedesmal „Komm, jetzt will ich dich baden!" oder „Schau, hier ist deine Rassel!" oder „Horch, das ist dein Glöckchen", „Jetzt werde ich dich trocken legen", „Jetzt darfst du trinken" – dann begreift das Kind bald schon, was einige der Sätze bedeuten, lange bevor es solche Sätze sprechen kann.

Und es ist wild darauf, immer mehr zu verstehen. Es beginnt zu fragen: „Wawa?" „Dada?" Sagen Sie ihm, wie das Ding heißt, auf das es dabei zeigt. Und wenn Sie Lust haben, erklären Sie ihm gleich auch, was dieses Ding für es bedeuten kann. „Das ist eine Banane. Ich werde sie schälen. Dann kannst du etwas davon essen." Sobald ein Baby ein paar Wörter beherrscht, fällt es meist noch einmal in die Lall-Phase zurück. Erschrecken Sie dann nicht. Das ist ganz normal. Das Kleine setzt gerade zum Sprung an – um dann mit einem Riesensatz ein großes Stück weiterzukommen. Unterstützen Sie es in dieser Zeit von der körperlichen Seite her. Sorgen Sie dafür, daß Ihr Kind ein wenig kauen muß. Geben Sie ihm einen Apfel oder auch ein Stück dunkles Brot zum Knabbern. Auch die Muskeln im Mund sind später für das differenzierte Sprechen wichtig.

Im zweiten Lebensjahr dann können Sie noch eine Menge mehr tun.

200 Bilderbücher Schon zum ersten Geburtstag sollten Sie Ihrem Kind Bilderbücher schenken. Es gibt Bilderbücher aus Stoff, mit denen man auch kuscheln kann. Es gibt Bilderbücher aus Holz, die man aufstellen kann. Es gibt Bilderbücher aus Kunststoff, mit denen man in die Wanne steigen kann. Das alles ist schon etwas für das erste Jahr.

Im zweiten können auch schon Pappbilderbücher dabei sein. Aus stabiler Pappe, vielleicht mit Ringbindung, jedenfalls solche, die sich nur schwer auseinanderreißen lassen. Auch Leporellos aus Karton sind prächtig. Man kann sie aufstellen und wunderbar in bequemer Bauchlage betrachten. Eins darf schon gleich zu Anfang aller Bucherfahrung stehen: Zum Essen, zum Spielen kann man zu viel haben. Bücher können Kinder nie zu viele haben! Anschauen, wozu man gerade Lust hat – hier ist Unersättlichkeit erlaubt!

Es gibt viele Dinge, die man mit Bilderbüchern machen kann.

201 Wörter sammeln Schauen Sie ein Buch immer wieder auch zusammen mit dem Kind an. Am besten ist es, wenn auf jeder Seite zunächst nur ein Gegenstand abgebildet ist, einer, den das Kind auch aus seiner Umgebung kennt. Das können Spielzeuge sein: ein Ball, eine Puppe, ein Teddy, ein Tier: eine Katze, ein Hund, ein Vogel, ein Gebrauchsgegenstand: ein Trinkbecher, eine Haarbürste, ein Waschlappen, ein Kleidungsstück: eine Hose, ein Paar Schuhe, eine Mütze. Benennen Sie, was Sie und Ihr Kind anschauen!
„Das ist ein Ball!" „Schau, ein Teddy!" „Da ist ja eine Haarbürste!" Und wundern Sie sich nicht, wenn Ihr Kind zigmal auf dasselbe Bild zeigt und „Dada?" fragt. Wiederholen Sie das Wort.
Irgendwann spricht es das Kleine dann aus – auf seine Art jedenfalls.

202 Vergleichsspiel Ab und zu sollten Sie mal einen Gegenstand herbeiholen, der im Bilderbuch abgebildet ist.
„Da ist ja ein Ball zu sehen!" könnten Sie sagen und aufstehen, um den Ball Ihres Kindes zu holen. „Und das ist dein Ball!" Legen Sie ihn neben das Bild vom Ball. Das Kind ist zunächst sicher irritiert. Aber Irritation kann ein Lernanstoß sein. Und wenn es ähnliches oft erlebt, dann beginnt es zu ahnen, daß es einen Unterschied gibt zwischen der Puppe und dem Bild einer Puppe.

203 Erstes Erzählen Etwa in der Mitte des zweiten Lebensjahres dürfen es dann auch schon einmal Bücher sein, die auf jeder Seite mehrere Dinge zeigen, die in einer bestimmten Beziehung zueinander stehen: Kinder, die zusammen spielen, eine Stute mit ihrem Fohlen, eine Hündin mit ihren Welpen, ein Vater mit dem Kind auf dem Schoß, ein Auto im Verkehr, eine Eisenbahn in der Landschaft, ein Flugzeug in der Luft oder auf dem Flughafen. Erfinden Sie eine kleine Geschichte dazu. Wer sitzt in dem Flugzeug über den Wolken, und wo will er hin? Will

die Stute ihr Fohlen gerade säugen, spielen Hündin und Welpen miteinander? Der Vater läßt sein Kind auf dem Schoß reiten und sagt: „Hoppe, hoppe, Reiter!" Sie können das eine oder andere dann auch mit Ihrem Kind auf dem Schoß, auf dem Boden spielen. Anschauen, erzählen und spielen gehen in diesem Alter oft ineinander über.

204 Geschichten vorlesen Hin und wieder können Sie auch eine kurze Geschichte vorlesen. Nicht mehr als vier bis fünf kurze Sätze, die aber schon eine Geschichte erzählen.
Sehr oft dieselbe. Und immer sehr langsam und betont, begleitet von regem Mienenspiel. Denn Ihr Mienenspiel hilft dem Kind, den Inhalt zu verstehen.

205 Frage- und Antwortspiel „Das ist meine Hand!" sagen Sie und zeigen ihm die Hand. „Wo ist deine Hand?" Gegen Ende des zweiten Lebensjahres sollte das Kind dann seine auch schon zeigen können. „Wo ist deine Nase?" „Wo ist dein Mund?" „Wo sind deine Augen?" Das Kind kann dann vielleicht schon etwas bringen von dem, was Sie nennen. „Hol doch deinen Ball, dann spielen wir mit ihm!" wird es sicher dazu verlocken, Ihrer Aufforderung nachzukommen. Auch das ist eine Art Frage- und Antwortspiel.
Fasziniert werden Sie feststellen, wieviel Ihr Kind nun schon versteht, obwohl es am Ende des zweiten Lebensjahres meist noch nicht mehr als zehn bis zwanzig Wörter sprechen kann und sie auch nur in Zwei-Wort-Sätzen verwendet, etwa von der Art: „Papa Abeit!" „Mama Auto!" Doch die Geschichten, die Sie ihm erzählen oder vorlesen, die Kinderverse und -lieder, die kleinen Frage- und Antwortspielchen – das alles wird seine Sprach- und Sprechfähigkeit so fördern, daß Sie in den nächsten Monaten aus dem Staunen nicht mehr rauskommen.

Kapitel 6

Erstes Ordnen und Gestalten

„Ich kann etwas verändern". Diese Erfahrung ist für jeden Menschen eine Offenbarung, bringt eine erste Ahnung davon, was Menschsein bedeutet. Die Anfänge dafür liegen meist im zweiten Lebensjahr.
Kakao ist auf den Tisch geschwappt. Das Einjährige taucht versonnen einen Finger in die braune Pfütze, zieht eine Spur.
Ein Bach, der in einen See mündet? Dann wird eher eine Spinne daraus. Oder eine Sonne?
Das Bild interessiert das Kind noch überhaupt nicht.
Fasziniert betrachtet es nur die Spuren, die es da braun auf dem Tisch hinterläßt. Es strahlt. Das habe ich gemacht! Darin liegt viel Stolz. Und es wird lustvoll versuchen, immer wieder Spuren zu hinterlassen, mit Handcreme und Sahne, mit Brei und mit den eigenen Exkrementen, mit Finger- und mit Wachsmalfarben.
Da ruhen die Bausteine in der Tonne. Das Kind schüttet sie polternd auf den Boden. Es ordnet sie neu, schiebt sie zusammen, hin und her, sucht einen heraus, betrachtet ihn genauer, ordnet die Steine zu Haufen, Reihen – und sammelt sie wieder ein. Das Kleine will Puzzleteile zusammenlegen, Baukastenbilder neu zusammensetzen.
Es gibt viele einfache Spiele, die diesen Wunsch, etwas zu verändern, zu ordnen oder zu gestalten, in schönster Weise unterstützen.

Bauen und Legen

206 Holzbausteine Holzbausteine gehören zu den wenigen Spielzeugen, die ich für ein Muß halte, spätestens im zweiten Lebensjahr. Es ist zwar nichts gegen Abfallhölzer zu sagen, mit denen auch gebaut werden kann. Das Kind braucht aber auch eine größere Menge fabrikmäßig hergestellter Klötze. Nur sie sind millimetergenau. Das bedeutet: Jeder Quader ist genauso groß wie die anderen Quader, jeder Würfel ist genauso groß wie die anderen Würfel. Für den Moment mag das noch unwichtig erscheinen, doch später – und die Klötze können für Jahre interessant bleiben! -, wenn die Bauten komplizierter werden, ist es schon

Im zweiten Jahr

wichtig, daß diese Genauigkeit gegeben ist. Und auch das Aufeinander-Bezogensein der verschiedenen Formen, etwa: Der Quader ist genau doppelt so lang wie der Würfel und genauso breit und halb so hoch wie der Würfel. Nur solche Normen ermöglichen mehr Baukunst als Mauern und Türme.

Das Kleinkind liebt natürlich farbige Klötze. Sie geben ihm mehr Möglichkeiten zu ordnen.

Ihr Kind sollte also zunächst ein paar farbige Klötze haben, später sollten mehr Holzbausteine in natur dazukommen. Zunächst legt es sicher lange Reihen oder Mauern. Sein erstes Ordnen ist eine Art Ausrichtung. Mit einem kleinen Turm wagt es sich dann auch schon in die dritte Dimension.

207 Bauen mit Abfall Heben Sie alles auf, was sich zum Bauen verwenden läßt: leere Garn- und Klorollen, verschieden große Schachteln, Streichholzschachteln (Reibflächen ablösen oder abschmirgeln), Joghurtbecher, Konservendosen (wenn sie keine scharfen Kanten haben!), Eierkästen. Alles, was sich stapeln läßt, ist geeignet, Türme zu

bauen. Man kann das alles auch sortieren oder in der Phantasie in die verschiedensten Spielzeuge verwandeln. Wie schnell ist aus einem Schuhkarton zum Beispiel ein Puppenbett gebaut, aus mehreren Joghurtbechern ein Wigwam!

208 Bauen mit Systembauteilen Es gibt verschiedene Bausysteme, die sich auch schon für ein Kind im zweiten Lebensjahr anbieten. Besonders empfehlenswert ist Duplo. Weil bei diesem System garantiert ist, daß das Kind ihm nicht zu schnell entwächst. Erstens läßt schon dieses Kleinkind-Bausystem auch kompliziertere Bauten zu, die erst Vierjähri-

Erstes Ordnen

ge zustande bringen. Zweitens aber – und das ist das Wichtigste – fügt sich Duplo auch problemlos ins Legoland ein, das bis in die späte Kindheit interessant bleiben kann.

Am Ende des zweiten Lebensjahres können die meisten Kinder schon eine Menge aufbauen und tun das oft erstaunlich konzentriert und geduldig. Sie sind vertieft und sehr stolz.

Eine weitere gute Möglichkeit, mit Systembauteilen schon umzugehen, sind die BIG-Bauriesen. Aus diesen ebenfalls genormten Teilen lassen sich schnell Großbauten errichten.

Zuerst ist auch hier das Bauerlebnis weit wichtiger als das Bauergebnis, ihre Langlebigkeit im Kinderzimmer verdanken sie jedoch sicher der Tatsache, daß Kinder sich später wunderbare Großbauspielzeuge bauen können, mit denen sie dann jeweils eine Zeitlang spielen, ehe sie etwas Neues daraus zaubern.

Dann wird aus dem Kaufladen vielleicht ein Kasperletheater oder ein Spielhaus – oder auch ein Regal für Plüschtiere und Bilderbücher.

209 Bildbaukasten Die Liebe zum Bewährten hat sie wieder ganz in Mode gebracht, die alten Bildbaukästen. Sechs Bilder lassen sich zusammenlegen. Früher überwogen die Märchenbilder von „Hänsel und Gretel", „Frau Holle", „Rotkäppchen" und Co. Heute sind meist spielende Kinder abgebildet, manchmal in unterschiedlichen Jahreszeiten. Auf alle Fälle macht das Spaß und ist eine gute Vorstufe fürs Puzzlen.

210 Puzzlen Ein Puzzle zusammenzulegen ist schwieriger als das Zusammensetzen eines Baukastenbildes.

Denn die Puzzleteile sind unterschiedlich geformt, und man muß manchmal länger herumsuchen, welches Teil wohin paßt. Aber die einfachen Holzpuzzles, die nur aus wenigen

Im zweiten Jahr

Teilen bestehen, ziehen die Kinder geradezu an. Mit Feuereifer gehen sie an die Arbeit, und mit stolz geschwellter Brust präsentieren sie ihr Werk. Es ist ein ungeheuer starkes Gefühl, aus der Unordnung, dem Chaos, etwas Sinnvolles gemacht zu haben, nämlich ein „richtiges" Bild.
Puzzles muß man nicht unbedingt kaufen. Ein großes Foto von einem Tier zum Beispiel, das in einer Illustrierten abgebildet wurde, könnte auf Karton geklebt und in ein paar Teile zerschnitten werden. Zerlegen Sie es doch zunächst in drei, vier Teile. Beherrscht Ihr Kind dieses Puzzle, können Sie jedes Teil noch einmal teilen, später noch einmal. Dann wird es immer schwieriger.
Ein Poster, an dem Sie sich an der Wand übergesehen haben, kann auf diese Art zum Riesen-Boden-Puzzle werden.

211 Figuren zusammensetzen Es gibt viele Spielzeuge, die Figuren darstellen, die man in Einzelteile zerlegen und wieder zusammensetzen kann, ein Tier oder ein Clown zum Beispiel. Es gibt auch die sogenannte Erfinderbahn, die aus vielen Einzelteilen besteht und die ganz verschieden zusammengesetzt werden kann. Die hat den Vorteil, daß das Kleine sich schon eigene sinnvolle Ordnungen ausdenken kann, daß es seine Phantasie schon ein wenig entfaltet.

212 Muster bauen Muster legen oder bauen – das werden die meisten sicher erst im dritten Lebensjahr schaffen. Aber führen Sie Ihrem Nachwuchs-Baumeister einmal vor, wie eine Mauer aussieht, in der immer ein blauer mit einem gelben Klotz abwechselt. Blau-gelb-blau-gelb. Und wie sieht eine Schranke aus? Rot-weiß-rot-weiß. Notfalls darf das Gelb das Weiß vertreten. Toll, so ein rot-gelb-grüner Turm aus drei Steinen. Fast wie eine Verkehrsampel! Ist der Spaß am Muster bei Ihrem Kind erwacht, wird es mit großer Begeisterung andere erfinden.

213 Malen mit Fingerfarben Seit Jahren verunsichert die Diskussion über Schadstoffe in den Fingerfarben verantwortungsbewußte Eltern. Einerseits möchten sie ihrem Kind Fingerfarben gönnen, dieses wunderbare Material, mit dem das Kind selbst noch ohne Übermittler (Pinsel, Stift) den Untergrund bearbeiten kann. Andererseits möchten sie es natürlich auch vor Schadstoffen bewahren.
Heute gilt: In den roten, gelben, blauen, weißen und grünen Fingerfarben sind keine nennenswerten Dosen an Schwermetallen mehr enthalten. Probleme machten einigen Herstellern das Schwarz und das Braun.

Ordnen und Gestalten

Aber es ist ja nicht allzu bedauerlich, wenn Ihr Kind auf diese beiden dunklen Farben verzichten muß. Es wird die leuchtenden Farben ohnehin lieber mögen. Auf Orange und Violett sollten Sie aus anderen Gründen verzichten. Diese Farben sollte das Kind doch selbst einmal durchs Mischen entdecken. Und Mischen ist ja gar nicht zu vermeiden, weil ein Kind, das gerade mit Rot gemalt hat, dann den Finger auch ins Gelb steckt. Und – welch ein Staunen! – plötzlich malt es orange! Oder das Kind malte erst mit Rot, dann mit Blau – plötzlich erscheint ein Violett. Grün wäre zwar auch durch Mischen zu erreichen, aber es ist dennoch empfehlenswert, auch die grüne Farbe anzubieten. Bewußt mischt das Kind ja noch nicht. Und grüne Flächen malt es erfahrungsgemäß sehr gerne.

Bieten Sie dem Kind aber anfangs nur eine Farbe an, damit es sich an der Entdeckung des Materials an sich freuen kann. Etwas später sind dann zwei, dann drei oder vier Farben sinnvoll.

Füllen Sie für jede Mal-Veranstaltung immer nur etwas Fingerfarbe in einen Dosendeckel – etwa vom Marmeladenglas.

Denn, wie gesagt: Das Mischen läßt sich nicht vermeiden. Und das Kind möchte das nächste Mal wieder klare leuchtende Farben haben und nicht ein undefinierbares Farbgemisch. Wenn es jedesmal nur wenig von jeder Farbe bekommt, können die Reste dann beseitigt werden.

Lassen Sie mit Fingerfarben stets auf großen Untergründen malen, am besten auf abgerolltem Packpapier, das den ganzen Tisch bedeckt. Es entstehen ja noch lange keine Bilder, sondern Farbkompositionen, die man später noch ein Weilchen auf dem Tisch liegen lassen kann, ehe man sie forträumen wird.

Legen Sie sich doch ein Archiv dieser ersten Kunstwerke Ihres Kindes an. Es macht Spaß, sie später einmal durchzusehen.

214 Malen mit Wachsfarben Fingerfarben leuchten intensiver als Wachsfarben. Dennoch: Auch dieses Material sollte Ihr Kind jetzt schon einmal erproben dürfen. Es gibt Wachsmalblöcke, Wachsmalbirnen und Wachsmalstifte. Für die noch nicht geübte Kinderhand sind die Birnen und Blöcke besser als die Stifte geeignet. Vor allem werden die Stifte noch oft zerbröselt und zerbrochen. Mit Wachsfarben entstehen mehr farbige Linien als Flächen. Und weil hier nicht immer „automatisch" gemischt wird, bleiben stets die klaren Farben erhalten, solange die Linien nicht wild zum Knäuel verschlungen werden, was natürlich auch wieder reizvolle Mischtöne erzeugen kann.

215 Farbiges Kneten Knete begeistert Kinder wie die Fingerfarbe; auch Knete kann man direkt bearbeiten. Sie erinnert an nassen Sand und Matsch, mit dem die Kleinen schließlich auch gern etwas formen. Auch über Schadstoffe in Knete ist viel debattiert worden. Das Ergebnis des jüngsten ÖKO-Tests: Die meisten sind noch heute nicht unbedenklich, weshalb das Bundesgesundheitsamt die Hersteller dazu veranlaßte, einen Warnhinweis aufzudrucken „Kein Kinderspielzeug". Das ist natürlich absurd, weil vorwiegend Kinder mit Knete umgehen.

Wer vorsichtig sein möchte, sollte dabei sein, wenn das Kind knetet, um zu verhindern, daß es sein Material verspeist, und um darauf zu achten, daß die Hände gründlich gewaschen werden nach dem Spiel.

Bei Knete ist sinnvoll: erst eine Farbe, später mehrere Farben anbieten. Auch hier sollten Sie immer nur kleinere Mengen anbieten, sonst vermischt das Kind alle Farben sofort zu einem unansehnlichen Klumpen.

Kapitel 7

Selbstgemachte Sachen zum Spielen und Liebhaben

pätestens im zweiten Lebensjahr hat ein Kind gern ein weiches Püppchen und ein paar anschmiegsame Tiere, eine Kuschelecke, die vielleicht ein einfaches Spielhaus ist, in das sich ein Kind zurückziehen kann, und ein paar kleine witzige Spielzeuge zum Aufstellen und Schieben. Groß ist die Auswahl im Spielzeugladen. Aber vielfältig sind auch die Möglichkeiten, selbst etwas herzustellen, das dem Kleinen große Freude macht. Hier geben wir nur ein paar Beispiele von Dingen, die jeder schnell basteln kann.

216 Tuchpüppchen Sie brauchen ein großes quadratisches Tuch, einen Wattebausch und ein paar kleine Stückchen Bindfaden. Den Wattebausch legen Sie in die Tuchmitte. Als Kopf abbinden. Zwei diagonal gegenüberliegende Ecken leicht hochziehen – das sind die Arme. Die Ecken als Hände abbinden. Die beiden anderen Ecken als Beine nach unten ziehen, Füße abbinden. Ein solches Püppchen kann unter den Augen des Kindes in gut fünf Minuten hergestellt werden. Soll es ein Püppchen bleiben, kann man ins Gesicht mit Textilfarbe Augen, Nase und Mund malen und auf den Kopf ein paar Wollfäden als Haare nähen.

Selbstgemachte Sachen

217 Wollpüppchen Ein paar Wollreste sind das einzig nötige Material. Wie das Wollpüppchen gemacht wird, erläutern die Abildungen 1 bis 4. Eine Menge Fäden werden auf etwa zehn Zentimeter zugeschnitten und gebündelt (Abb.1).

Den oberen Teil eines Bündels binden Sie als Kopf ab, ein zweites Bündel schieben Sie unter dem Kopf durch das erste (Abb. 2).
Sie befestigen die beiden Stränge aneinander durch Überbinden in Form eines Kreuzes (Abb. 3).

Nun binden Sie noch die Hände und die Füße ab. Das Wollpüppchen ist fertig. Sie können natürlich noch Augen, Nase und Mund aufsticken, ein Kopftuch und einen Wikkelrock umlegen, dann sieht die Sache ganz perfekt aus (Abb. 4).

218 Schlauchpüppchen Aus einem Stoffrest nähen Sie zwei Schläuche, beide mit einem Durchmesser von etwa 2 cm, einen etwa 16 cm, den zweiten ca. 22 cm lang. Nähen Sie beide im Mittelpunkt zusammen. Genau an diesem Punkt nähen Sie eine große Holzperle an, die

99

Im zweiten Jahr

zum Kopf wird. Ein Gesicht wird aufgemalt, ein paar Wollhaare werden angeklebt. Stopfen Sie die Schläuche fest aus, mit Watte oder mit Stoffresten. Ehe Sie die Schläuche verschließen, binden Sie noch Füße und Hände ab. Eine kleine Bluse oder ein T-Shirt und einen Rock oder eine Hose nähen und anziehen. Das kann sehr niedlich aussehen. Zum Beispiel wie auf der Zeichnung nebenan.

219 Tütenclown Praktisch ist es, wenn Sie eine spitze Papiertüte dazu verwenden. Hübscher wird Ihr Tütenspaß meist aber, wenn Sie aus einfarbigem Papier selbst eine leuchtende Tüte kleben, die Sie dann auch noch ein bißchen zauberhaft verzieren können, vielleicht mit etwas „Konfetti" aus dem Locher. Schneiden Sie die Spitze unten ab, so daß ein etwa 2 cm breiter Schlitz entsteht. Aus Karton schneiden Sie einen Streifen, der um 2 mm schmaler als der Schlitz ist, damit er sich leicht hochschieben und herunterziehen läßt.

Ans obere Ende kleben Sie ein witziges rundes Clowngesicht.

Das Kind wird fasziniert sein, wenn der Clown auftaucht und wieder verschwindet!

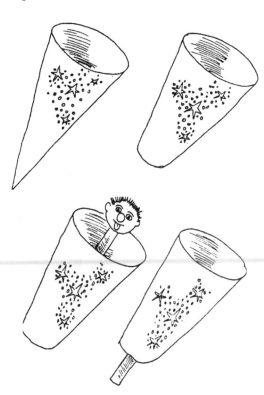

220 Katze Die Katze soll aus bedrucktem Baumwollstoff genäht und mit Schafwolle gestopft werden.

Zunächst pausen Sie unser Muster auf S. 102 durch.

Übertragen Sie das Muster mit Schneiderkreide auf den Stoff. Schneiden Sie es – mit rundherum einem cm Nahtzugabe – aus. Sie brauchen zwei solcher Teile. Legen Sie beide Teile rechts auf rechts und steppen Sie sie zusammen – bis auf einen kleinen Spalt, durch den Sie das Stoff-

Selbstgemachte Sachen

tier ausstopfen wollen. Am besten lassen Sie den an der Stelle, an der Sie später den Schwanz annähen. Wenden Sie Ihr Werk. Stopfen Sie es ganz fest aus. Beginnen Sie mit den Ohren, die Sie mit Hilfe eines Bleistiftes gut ausfüllen können. Nähen Sie dann den Schlitz zu. Nähen Sie einen langen Schlauch, den Sie ebenso stopfen und dann als Schwanz annähen. Ihr Werk könnte etwa so aussehen.

221 Elefant Schön wäre ein Frotteestoff. Gestopft werden kann wieder mit Schafwolle, aber natürlich auch ganz fest mit Wattebäuschchen oder auch mit Stoffresten. Wichtig ist immer nur, daß der Balg prall gefüllt ist.
Pausen Sie das Muster auf S.103 durch.
Übertragen Sie es mit Schneiderkreide auf den Stoff. Wieder brauchen Sie zweimal dieselbe Form. Wieder schneiden Sie mit je einem cm Nahtzugabe rundherum aus. Sie legen rechts auf rechts aufeinander, steppen beide Teile – bis auf den Ausstopf-Schlitz – zusammen, wenden den Elefanten und stopfen ihn aus. Für das feste Ausstopfen des Rüssels brauchen Sie etwas Geduld. Schließlich nähen Sie den Schlitz zu und ein kleines Schwänzchen aus dicker Schnur an, die unten etwas borstig auseinandergedreht werden sollte. Auf jeder Seite könnte nun noch ein Ohr angenäht werden. Ein Prachttier!

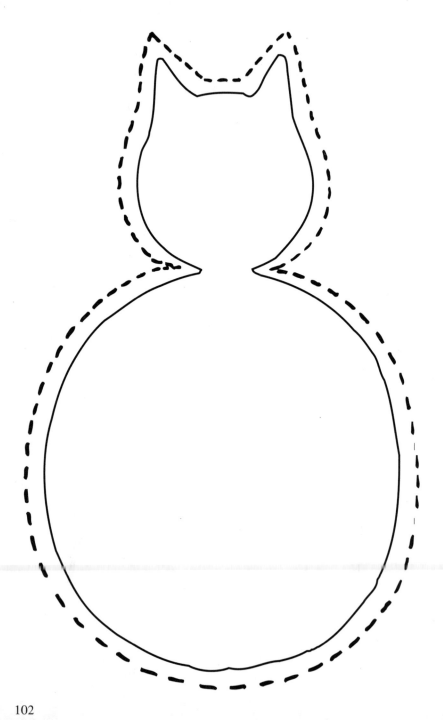

Im zweiten Jahr

222 Hampelmann Einen Hampelmann herzustellen ist nicht mehr ganz so einfach, vor allem dann nicht, wenn Sie die Teile aus Sperrholz sägen wollen. Er läßt sich natürlich leichter aus Karton herstellen nach dem Muster unten. Sie die Muster durch Übertragen Sie die Muster auf Sperrholz oder Karton. Sägen oder schneiden Sie sie aus. Bohren Sie an den angegebenen Stellen Löcher. Malen Sie die Teile nach eigener Phantasie an. Beim Kauf der Farbe verlangen Sie lösungsmittelfreie Lackfarbe. Die Zugfäden bringen Sie nach dem Muster unten an.

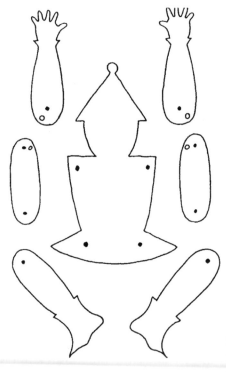

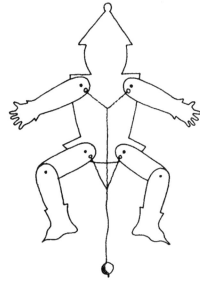

223 Spielhaus aus dem Laufstall Wenn Sie einen ausrangierten Laufstall haben, können Sie auf recht einfache Weise ein wunderbares Spielhaus zaubern.

Nehmen Sie zunächst einfach die Frontseite heraus. Wenn Sie handwerklich nicht ganz ungeschickt sind, können Sie oben eine einfache Dachkonstruktion aus Leisten bauen und dann das Dach wie die drei Wände mit Stoff auskleiden. Unten als „Teppich" wäre eine kleine Matratze gut, notfalls tut es aber auch eine Wolldecke. Ein paar kuschelige

Selbstgemachte Sachen

Kissen sollten die Möbel für das Spielhaus sein. Mit oder ohne Dachkonstruktion könnte Ihr Bauwerk so aussehen wie auf der Abbildung.

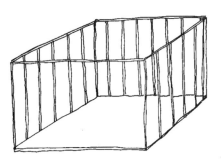

224 Astschlange Wenn Sie auf dem Spaziergang einen möglichst bizarren Ast entdecken, sollten Sie ihn mitnehmen.
Zu Hause wird er mit einem Messer von allen kleinen Zweigen befreit und mit grobem Sandpapier geglättet. Das dickere Ende wird zum Kopf der Schlange erklärt. Es sollte mit einem Messer entsprechend geschnitzt werden. Mit dem Fuchsschwanz sägen Sie den Ast in zwei Zentimeter kurze Stücke, die mit einem Drillbohrer durchbohrt werden. Nun werden die Teile mit einem festen Bindfaden so verbunden, daß immer nur wenig Spielraum zwischen den einzelnen Gliedern bleibt.
Man kann die Schlange natürlich auch anmalen und vielleicht sogar eine Zunge aus Karton ankleben. Man kann sie schieben, überall hinaufklettern oder baumeln lassen. Wenn man auch im Kopf ein Loch durchbohrt, kann man sie auch als Nachziehtier benutzen.

Im zweiten Jahr

225 Steinmännchen Ein Steinmännchen ist blitzschnell hergestellt, wenn man nur einen geeigneten Stein findet. Der kann zum Beispiel kugelrund oder auch eiförmig sein. Glatte Oberfläche und eine abgerundete Form sind nötig.

Dann kann man aus dem Stein mit ein paar Strichen schnell ein Steinmännchen zaubern, etwa solche wie auf der Zeichnung.

226 Rindendrachen Eine knorrige Rinde ist gut als Drachenkörper zu gebrauchen. Mit dem Messer den Kopf und den Schwanz etwas ausarbeiten und giftgrün anstreichen.

227 Eichelmännchen Im Herbst ist es kein Problem, ein paar Eicheln vom Spaziergang mitzubringen. Schneiden Sie eine Kuppe glatt ab und kleben Sie auf die gerade Fläche eine kleine Holzperle. Ein Gesicht anmalen, vom Perlenloch ausgehend, Wollhaare aufkleben oder ein Kopftuch. Fertig. Man kann eine ganze Eichelmännchen-Schar herstellen und viele lustige Geschichten mit ihnen spielen.

Selbstgemachte Sachen

228 Walnußmaus Ein ganzes Nest von Walnußmäusen ist ebenso schnell hergestellt wie die Eichelmännchen-Sippe. Beim Walnuß-Knacken sollte man ganze Schalenhälften produzieren. Schnurrbärte und Schwänze aus Wolle schneiden und ankleben und Augen schwarz anmalen. Dann kann die Stoffkatze auf Jagd gehen!

229 Korkenfloß Ein Spielzeug für die Badewanne. Verbinden Sie möglichst viele gleich große Korken mit grobem Garn und starker Nadel. Ins fertige Floß kann ein Schaschlikstab mit Papiersegel gesteckt werden, damit es interessanter aussieht. Ob der riesige Plastik-Goldfisch in der Wanne die Eichelmännchen auf dem Floß angreift?

 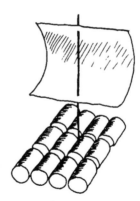

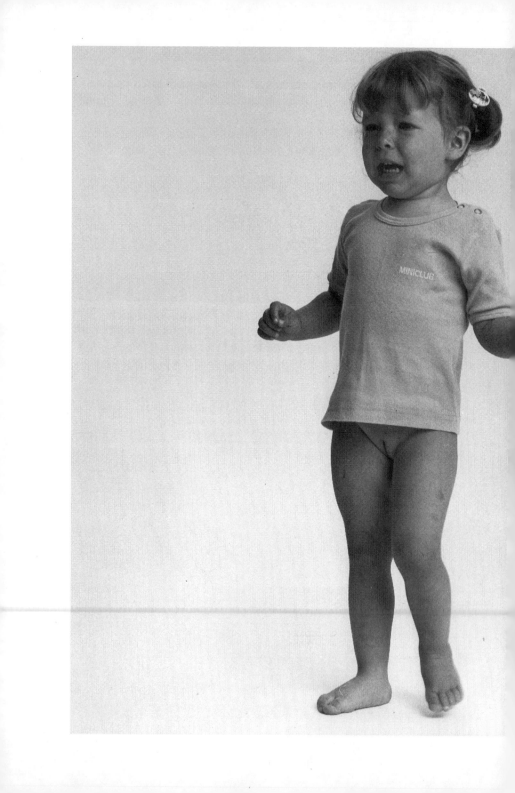

Im dritten Jahr

Kapitel 8

Das Kind entdeckt den eigenen Willen

Etwa mit dem zweiten Geburtstag beginnt eine neue Phase in der menschlichen Entwicklung. Der letzte Milchzahn-Durchbruch markiert die Grenze: Nun ist aus Ihrem Baby endgültig ein Kleinkind geworden.
Das Kauderwelsch, die so reizvolle Sprache des Einjährigen, verschwindet allmählich. Das Kind spricht jetzt immer besser und verständlicher, es beginnt, Sätze zu formen. Im dritten Lebensjahr ist es meist ganz wild darauf, seinen Wortschatz zu mehren. Um seine „Vokabeln" zu üben, führt es fortwährend Selbstgespräche. Beinahe jedes Spiel begleitet es mit der Beschreibung desselben.
Jetzt ist auch die Zeit gekommen, in der die Schließmuskulatur von Darm und Blase vom Kind kontrolliert werden kann.
Das Zweijährige spürt seine bedeutenden Fortschritte und stürmt immer weiter voran, kennt keine eigenen Grenzen, „kann alles alleine".
Jetzt beginnt für die Eltern die Zeit des Aufpassens, damit dem Kind bei seiner Welterkundung nichts passiert.
Hinzu kommt, daß sie meist auch gerade in dieser Zeit versuchen, dem kleinen Menschen die Regeln des Zusammenlebens beizubringen, Rücksichtnahme, Verzichten-Können, Abgeben.
Auch das ist wichtig, denn viele werden im nächsten Jahr in den Kindergarten kommen, und da sollen sie sich anpassen können.
Kein Zweifel – an dieser Stelle tun wir alle meist ein bißchen zu viel. Anpassung sollte kein Erziehungsziel sein. Anpassung vollzieht sich im notwendigen Umfang von selbst im Umgang mit anderen Menschen.
Doch ganz ohne Grenzen geht es eben nicht. Und an diesen Grenzen reibt sich, stößt sich das Kind. Da kommt es immer zu Verletzungen, zu Schmerzen.
Meistens äußert sich diese traurige Erfahrung des Kindes in einem Verhalten, das wir uns weithin angewöhnt haben, Trotz zu nennen.
Die meisten Psychologen vermeiden diesen Begriff lieber. Sie nennen diese für Kinder wie Eltern schwierige Zeit Autonomiealter, die Phase, in der das Kind seinen Willen entwickelt. Das bedeutet: Es ist auf dem Weg zu Selbständigkeit und Selbstbewußtsein. Man kann auch sagen: Es entwickelt sein Selbstwertgefühl.

Eigener Wille

Das kann viel Freude machen. Die Voraussetzung dafür ist, daß man die Suche des Kindes nach seinem Ich von der positiven Seite her unterstützt. Statt ihm ständig die Grenzen seines Vorwärtsstürmens zu zeigen, sollte man ihm helfen, selbständig zu werden, sollte man es für jeden Fortschritt loben und bei Enttäuschungen trösten.

Ihr Kind spürt, daß die Eltern es auf seinem schwierigen Weg begleiten und nicht bloß an den Grenzen Wache stehen wollen.

Das macht Mut und gibt die nötige Sicherheit, stärkt das Vertrauen zu den Eltern und beschwichtigt die Angst. Die kommt immer dann besonders auf, wenn das Kind spürt, daß es mit seinem notwendigen Sturm auf die eigenen Grenzen die Eltern verärgert. Es bekommt dann plötzlich Angst, von ihnen verlassen zu werden.

230 Kann-ich-alleine-Spiele Natürlich wird sich das Kind noch nicht ganz allein anziehen können. Es wird die Knöpfe falsch knöpfen, die Schuhe auf den falschen Fuß, die Handschuhe verkehrt herum anziehen und sich noch weiteres einfallen lassen.

Lassen Sie das Kind dennoch gewähren. Hat es die Schuhe falsch angezogen, tun ihm die Füße weh. Wenn es zu knöttern anfängt, ist die richtige Zeit gekommen, den Fehler zu korrigieren. Und dann sagen Sie nicht: „Ich habe ja gewußt, daß du das noch nicht kannst!", sondern kleben Sie lieber ein Bild an die Stelle auf den Schuh, an die der große Zeh gehört. Der Schmetterling möchte dann eben immer auf dem großen Zeh sitzen, sonst ist er traurig. Was meinen Sie, wie schnell das Kleine lernt, die Schuhe richtig anzuziehen. Der Daumen bekommt in Daumennagel-Höhe ein lustiges Gesicht aufgestickt. Und wenn die Knöpfe falsch geknöpft sind oder anderes nicht so sitzt, wie es sollte, das tut nicht weh.

Wenn das Kind darum bittet, ordnen Sie es. Sonst lassen Sie es so, ohne ein Wort darüber zu verlieren.

Stellen Sie sich aber häufiger vor den Spiegel oder fragen Sie das Kind: „Habe ich alles richtig angezogen? Habe ich meine Knöpfe richtig zugeknöpft?" Machen Sie gelegentlich die Fehler Ihres Kindes. Es wird Sie sicher korrigieren. Je öfter es Sie korrigieren darf, um so einfacher ist es für Sie, dem Kind Ihrerseits einen guten Rat zu geben.

Wenn es allein essen und trinken will – lassen Sie es doch auf die Krümel auf dem Teppich und die Milchlache auf dem Tisch ankommen. Fragen Sie das Kind dann: „Kannst du den Milchsee schon ganz allein wegwischen?" Es wird Ihnen das dann schon beweisen wollen.

Spielen Sie die „Kann-ich-allein-Spiele" also mit. Das wird Sie auf die

Im dritten Jahr

Dauer weniger Nerven kosten, als wenn Sie durch ständiges Warnen, Bremsen und Verbieten Trotzanfälle provozieren!

231 **Freie-Wahl-Spiele** Plötzlich will Ihr Kind seine bisher heißgeliebten Jeans nicht anziehen, sondern den weißen Faltenrock. Warum nicht? Der ist in der Waschmaschine sicher ebenso schnell sauber wie die Jeans. Und: Wenn das Kind später auf dem Spielplatz sieht, daß alle anderen die „blaue" Hose tragen, wird es wahrscheinlich auch selbst wieder zu ihr zurückkommen. Und wenn nicht?
Auch dieses Sich-plötzlich-unterscheiden-Wollen gehört zum Selbstfinde-Programm.
Verständlicherweise möchten Sie widersprechen, wenn Ihr Kind plötzlich auf die „wahnsinnige" Idee kommt, einen blauen und einen weißen Strumpf oder mitten im Sommer einen Schneeanzug anzuziehen.
Solange seine Gesundheit nicht in Gefahr ist (etwa im eiskalten Winter mit Sandalen laufen wollen!), so lange sollten Sie es möglichst gewähren lassen. Sie können ihm natürlich trotzdem sagen, daß Sie selbst das nicht so hübsch, passend oder sogar schrecklich fänden, aber Sie sollten dem Kind zeigen, daß es selbst anders entscheiden kann.
Anders ist das natürlich, wenn es um wichtige Entscheidungen geht, die nicht nach Belieben zu fällen sind. Ist ein Arztbesuch dran, gibt es keine Debatten; wenn das Kind die Masern hat, muß es im Bett bleiben.
Darf ein Kind in weiten Bereichen seinen eigenen Willen verwirklichen, hat es meist kaum Schwierigkeiten, ein paar Ge- und Verbote zu akzeptieren.

232 **Teilen-Spiele** Kinder dieses Alters sortieren gern. Wenn zwei Kinder zusammen bauen, teilt es sich leichter, wenn eines alle grünen, das andere alle roten Steine bekommt. Fragen Sie das Kind, ob es seine Klötze schon so aufteilen kann. Es kann das sicher.
Wenn es eine Banane teilen soll, erkundigen Sie sich, ob das Kind sie schon in der Mitte durchbrechen kann, um dem Freund die Hälfte abzugeben. Stellen Sie also das Sortieren, das Durchbrechen oder -schneiden in den Vordergrund, nicht das Teilen. Selten kommt dann der „Bock" zum Vorschein.

Eigener Wille

233 Wechsel-Spiele Wenn zwei Kinder da sind, aber nur ein Dreirad oder eine Schaukel, machen Sie dem Kind, das nicht gleich fahren oder schaukeln kann, das Warten attraktiv. Beim Schaukeln zum Beispiel zählen Sie laut die Abstöße des anderen. Vielleicht kennen Sie auch noch einen Abzählvers, etwa:
Eins, zwei, drei, vier, fünf, sechs, sieben,
auf dem hohen Berge drüben
steht ein Schloß mit blanken Zinnen,
wohnt ein alter Riese drinnen.
Fällt der Ries' den Berg hinab,
bricht er sich die Beine ab.
Doch er geht auch ohne Bein'
– kann ja zaubern – du sollst sein!
Und dann wird gewechselt.
Das Kind entwickelt jetzt schon durchaus einen Sinn für den Unsinn. Darum macht ihm der Vers Spaß. Zwar ist auch das schon eine Art Ablenkungsmanöver. Aber der Chirurg operiert ja auch mit Narkose. Warum sollte ein Zweijähriges seine Schmerzen stets bei vollem Bewußtsein aushalten?

234 Ablenkungsmanöver Manchmal läßt es sich nicht vermeiden, daß es nach dem elterlichen Willen geht. Fragt das Kind danach, warum es so und nicht anders gemacht werden muß, so erklären Sie ihm das natürlich sachlich und ehrlich. Droht aber einfach nur ein Wutanfall, so ist durchaus zur Schonung der Nerven aller ein Ablenkungsmanöver erlaubt. Sie könnten mal ein Modellauto, mal ein kleines Tier aus Holz, mal ein Biegepüppchen in der Tasche haben, Sie könnten einen Kreisel oder ein paar Murmeln hervorzaubern – und der kleine Kummer ist vergessen. Vermeiden Sie stattdessen, tolle Sachen zu versprechen, wenn das Kleine jetzt gehorcht. Gehorchen sollte nicht belohnt werden. Was sein muß, muß sein. Da gibt es keine Kompromisse. Die Fälle sollten so selten wie möglich sein. Und dann müßten Sie notfalls auch eine heftige Gegenreaktion in Kauf nehmen. Sie bleiben dann konsequent und belohnen nicht für Wohlverhalten.

235 Echo-Spiel Kommt es zu einer wütenden Reaktion, so können Sie dem auch eine humorige Seite abgewinnen. Heult das Kind auf, spielen Sie Echo. Streckt es seine Zunge raus, tun Sie das auch, haut es zu, hauen Sie (sanft) zurück. Wenn das Kind so in den Spiegel schaut,

Im dritten Jahr

muß es meist bald lachen, weil die Eltern schon komisch aussehen, wenn sie sich so kindisch aufführen. Und das Lachen entkrampft.

236 Bock-Spiele Reden Sie nicht beständig auf das Kind ein, wenn es sich in seinen Schmollwinkel zurückgezogen hat. Lassen Sie es doch einfach ausbocken. Es ist für Sie ein Weilchen einfach nicht da – bis Sie merken, daß es die Nase voll hat von diesem „dummen" Spiel. Dann können Sie ganz ruhig sagen: „Ich glaube, wir können unser Böckchen jetzt wieder einsperren, wir haben genug gebockt – oder möchtest du noch bocken?" Reagiert es nicht, lassen Sie es noch eine Zeitlang in Ruhe. Dauert es zu lange, kuscheln Sie sich in die Schmollecke des Kindes mit hinein. „Mir ist das jetzt allein zu langweilig. Wollen wir nicht gemeinsam weiterbocken?" Und ganz allmählich geht das Schmollen in ein versöhnliches Schmusen über.

237 Xanthippe Äußert sich der Trotz bei Ihrem Kind eher in aggressivem Verhalten, können Sie Xanthippe spielen.
Sie sind nicht Echo des Kindes, sondern echter Gegenspieler. Dabei gehen Sie aber auf den „Angriff" des Kleinen ein. Hat es Sie zum Beispiel „blöde Ziege" genannt, meckern Sie wütend wie eine Ziege, stoßen mit dem Kopf das Kind an. Oder Sie sagen: „Ich kann noch viel besser keifen als du!" Und dann legen Sie los! Das Kind spürt, wie Sie es dabei verletzen. Später müssen Sie darüber sprechen.

238 Rückzug Sie können aber auch einfach erklären, daß Sie keine Lust haben auf Streiten. Und dann soll das Kind Sie nur kräftig beschimpfen – es darf das. Aber Sie schimpfen nicht zurück. Das Spiel macht Ihnen keinen Spaß heute – basta. Bald ist der „Anfall" vorbei.

239 Schmollwinkel Auch das Kind braucht jetzt schon eine Möglichkeit, sich zurückzuziehen. Ihm aber gelingt das nur, wenn es dabei aus dem Blickfeld der Eltern verschwinden kann. Es braucht also einen Winkel, in den es fliehen kann, wenn es allein und ungestört sein will oder wenn es bockt, einen Flucht- und Schmollwinkel also.
Er sollte schön kuschelig sein, damit sich das Kind auch allein geborgen fühlen kann, mit einer Matratze ausgelegt und mit mehreren weichen Kissen ausgestattet zum Beispiel. Auch eine Wolldecke oder eine Luftmatratze sind da meist willkommen. Um dem Kind eine Chance zu geben, sich den elterlichen Blicken zu entziehen, sollte der Winkel mit ei-

Eigener Wille

nem Vorhang abgeschlossen sein. Gut eignet sich auch ein Tisch, der an der Wand steht und der an den drei anderen Seiten mit je einer Decke zugehängt wird. Unter einem Tisch ist auch für mehrere Kinder Platz.

240 Versöhnungsspiele Meist kommt das Kleine von selbst: „Bin wieder lieb!" Dann schließen Sie es in die Arme, nehmen es auf den Schoß. Sagen und zeigen Sie ihm, daß Sie seinen Ärger verstehen können, daß Sie aber diesmal Ihren Willen durchsetzen mußten, weil... und es ist wichtig, daß sie da was zu erzählen wissen.

Zeigen Sie auch, wie sehr Sie sich freuen, daß sie jetzt wieder lieb miteinander sein können.

Am wichtigsten ist Versöhnung am Abend. Nie sollte das Kind im Trotz ins Bett gesteckt und dann für die ganze Nacht allein gelassen werden.

Kapitel 9

Die Phantasie kennt keine Grenzen

Es klingt banal: Wer das Zeug zum Spielen hat, braucht wenig Spielzeug. Das „Zeug" zum Spielen hat, wer phantasievoll ist. Denn der kann sich ja vieles ausdenken, was er spielen könnte. Anfangs muß da erst einmal ein Rahmen her, innerhalb dessen das Kleine dann frei agieren kann. Diesen zimmert es sich beim Beobachten der Erwachsenen und der sachlichen Umwelt. Die Imitation wird zur Rahmenhandlung.

Phantasiespiele

Im Phantasiespiel steckt bereits das spätere Rollenspiel. Nur bescheidet sich das Zweijährige noch mit ganz kurzen Episoden, mit kleinen Szenen.

241 Puppenmutter Besonders reizvoll scheint dieses Spiel schon dem Zweijährigen, wenn es gerade in diesem Jahre – und das kommt ja nicht eben selten vor – ein Geschwister bekommen hat.
Es braucht auch eine Babypuppe. Mit ihr imitiert es in Mini-Auftritten die Mutter. Es legt die Puppe an die Brust, als ob es sie stillen wollte, drückt ihr einen Löffel Brei an die Lippen, als wollte es sie füttern, legt sie vielleicht bei anderer Gelegenheit auch schon ins Bett.

242 Wäschewaschen Alles, was mit Wasser und Planschen zu tun hat, ist wunderbar! Spendieren Sie dem Kind eine Plastikschüssel, in der es die Puppenkleidung waschen darf. Der einzig geeignete Ort ist wohl das Badezimmer, denn das Schönste am Wäschewaschen ist der Überfluß des Wassers.

243 Telefonieren Das Kind will immer wieder telefonieren. Wenn es klingelt, ist es wieselflink am Apparat, hebt ab – und schweigt dann meist fasziniert.
Bringen Sie ihm bei, seinen Namen zu nennen. Es wird dann sicher zigmal am Tag den Hörer in die Hand nehmen und seinen Namen sagen.

Phantasie

244 Bäumetanz Am schönsten ist der Bäumetanz natürlich, wenn mehrere Kinder mitmachen. Sie spielen den Wind, der zum Sturm anschwillt und als Orkan dann die Wipfel (Arme) ordentlich in Bewegung bringt. Da kann auch mal einer krachend zu Boden gehen. Die anderen erleben dann noch, wie sich das Wetter wieder beruhigt.

245 Bienentanz Wieder spielen mehrere Kinder mit. Einige sind Blumen, die anderen sind Bienen, die munter von Blüte zu Blüte fliegen, um Nektar zu saugen. Vorher wird verabredet, was als Bienenkorb dient, in den alle Bienen zuletzt fröhlich summend zurückfliegen.

246 Wolf Das Kind darf Wolf sein. Es nähert sich bedrohlich brüllend Vater oder Mutter. Mit wilden Gesten zeigen diese, daß sie eine Riesenangst haben. Wie löst das Kind diese Spannung auf?

247 Zoogeschichten Im Zoo erlebt das Zweijährige oft auch Geschichten, die es erschrecken oder sogar ängstigen. Da zanken sich schreiend zwei Tigerjunge, da schnellt unerwartet der Elefantenrüssel vor – genau zu der Stelle, an der Sie mit dem Kind stehen. Oder der Delphin springt plötzlich meterhoch aus dem Wasser.
Solche Geschichten verdaut das Kind besser, wenn es sie im Spiel noch einmal nacherleben kann. Schmusetiere oder Bauklötze werden dann zu Tigern, Elefanten oder Delphinen.

248 Stuhl-Bahn Ein paar hintereinander aufgereihte Stühle werden zur Eisen-, S- oder U-Bahn erklärt. Auf dem ersten Stuhl sitzt natürlich das Kind, das ja Lokführer ist.
Sie dürfen sicher auch mitreisen.

249 Jakob, der Wächter Eine Puppe oder ein Spieltier wird zu Jakob, dem Wächter, bestimmt. Er paßt auf, daß dem Kind nichts zustößt, beschützt es. Er ist nicht eine Art Talisman. Er warnt nur, wenn sich das Kind zu weit über den Bach lehnt, nach der heißen Teekanne greift oder auf den Stuhl noch die Fußbank stellt, um noch höher hinauf zu kommen. Er achtet darauf, daß das Kleine nichts Verbotenes, nichts Gefährliches tut. Mit diesem spielerischen Kunstgriff können Eltern selbst aus der Rolle des Bremsers hin und wieder heraus. Sie fragen dann und wann nur: „Was sagt denn der Jakob dazu?"
Das Kind wird sich bestimmt für Jakob eine eigene Stimme aussuchen, mit der es dann immer spricht, wenn es für Jakob redet. Das Kind spricht

Im dritten Jahr

so das Verbot selbst aus, was ihm seine Schärfe nimmt. Viele Kinder bauen sich Jakobs Rolle phantasievoll aus und lassen ihn natürlich auch die Eltern warnen, wenn sie etwas tun, was das Kind nicht will. „Du darfst keinen Grießbrei kochen, der schmeckt doch dem Tommy gar nicht!"

250 Phantasiefreund Im Alter zwischen zweieinhalb und vier Jahren schaffen sich viele Jungen und Mädchen einen Phantasiefreund an. Der eingebildete Partner kann wunderbar zuhören, hat keinerlei eigene Interessen, nur den Sinn, dem Kind zu Diensten zu sein.

Die Kinder geben ihm einen Namen, und sie machen ihn oft zum Sündenbock, denn wunderbarerweise kommt von ihm selbst dann kein Widerspruch. Er spricht ihnen Mut zu, wenn sie etwas tun müssen, wovor sie Angst haben, etwa an einem großen Hund vorbeigehen.

Ob der nun Felix, Oskar oder Julius heißt – keiner hat ihn je gesehen, außer dem Kind natürlich, das zuweilen sogar verlangt, daß man ihm ein Gedeck auf den Tisch stellt, wenn gegessen wird.

Sie brauchen sich deshalb keine Sorgen um Ihr Kind zu machen. Meistens verschwindet das Phantom, sobald das Kind leibhaftige Spielkameraden hat. Es erklärt dann eines Tages, Felix – oder wie der Bursche oder das Mädchen nun auch heißen mag – sei fortgefahren, ganz weit weg verreist, oder wurde sogar vom Auto überfahren. Damit ist die Sache mit den „geheimen" Freunden und Freundinnen dann meist ein für allemal vorbei.

Machen Sie dieses zweifellos etwas unheimliche Phantasiespiel mit. Stellen Sie den Teller mit ein paar Happen mit auf den Tisch und bitten Sie Ihr Kind, seinem Freund beim Aufessen zu helfen. Schenken Sie statt einem Luftballon in dieser Zeit zwei, denn der Freund braucht ja auch einen. Nehmen Sie die Sache von der humorigen Seite.

Nur wenn der unsichtbare Gefährte Ihr Kind auch über den vierten Geburtstag hinaus nicht verläßt, dann sollten Sie – vor allem, wenn es keine Kontakte zu anderen Kindern will – doch einmal mit einem Psychologen darüber sprechen.

Phantasievolles Gestalten

Der Umgang mit Farben wird nun immer vielseitiger.
Fingerfarben bleiben Trumpf, Wachsfarben sind weiterhin attraktiv. Kreiden kommen dazu und ab und an schon einmal ein wenig Farbe aus dem Deckfarbenkasten.

Im dritten Jahr

251 **Daumen-Bilder** Man kann die Fingerfarben nicht nur wie Farbstraßen über die Malfläche ziehen. Man kann auch sauber mit dem Daumen drucken. Oder auch mit einzelnen Fingern. Was für eine feine Zeichnung liegt da in dem Farbfleck. Die Linien kann das Kind auch am Daumen und am Finger entdecken!

252 **Händedruck** Man kann die ganze Hand mit Fingerfarbe einstreichen und sie dann vorsichtig aufs Papier drücken. „Da liegt sie, deine Hand!" Da sind feine Linien zu erkennen, im Bild von der Hand wie in der Hand selbst. Auch ein Stückchen Selbsterkenntnis!

253 **Körperumriß** Vielleicht möchte das Kind einmal ganz aufs Bild? Kein Problem: Es soll sich auf ein Riesen-Packpapier legen. Vater oder Mutter malen mit Wachsfarben seinen Umriß drauf.

254 **Pinselstriche** Wenn das Kind nicht nur mit den Fingern, sondern auch mit dem Pinsel malen kann, ist dies eine schöne Beschäftigung. Es setzt Pinselstrich an Pinselstrich und füllt den ganzen Malgrund mit Farben. Oft entstehen dabei schöne Farbkompositionen.

255 **Kreidebilder** Herrlich, wenn das Kind eine Maltafel in seinem Zimmer besitzt. Das ist nicht unbedingt besonders kostspielig. Sie können zum Beispiel die Zimmertür innen oder die Schrankseitenwand einfach mit Tafellack streichen. Und schon ist der Tafeltraum erfüllt.

256 **Fließbild** Ein Klecks dickflüssige Farbe kommt auf ein Blatt Papier. Das wird waagerecht hochgehalten, dann einmal hierhin, einmal dorthin leicht gesenkt. Was hat der Meister Zufall zuletzt aufs Papier gebracht?

257 **Kopffüßler** Wenn das Kind versucht, einen Menschen zu malen, so besteht sein Bild in dieser Zeit bestenfalls aus Kopf und Füßen. Das sind die beiden wichtigsten Teile des Menschen für das Kind. Versuchen Sie, das nicht zu korrigieren. Den Menschen mit Kopf, Hals, Rumpf, Armen, Händen, Fingern, Beinen, Füßen und Zehen – oder mit Schuhen -, solch einen „perfekten" Menschen malt das Kind erst im Schulalter.

Phantasievolles Gestalten

258 Schwarz-Weiß-Bilder Will das Kind etwas Weißes aufs Papier bringen, hat es zunächst Schwierigkeiten. Wie etwa stellt man Schnee dar? Reizvoll ist es, mit weißem Stift auf schwarzen Karton zu malen. Da sieht eine einfache Schneefläche schon wie ein perfektes Bild aus!

259 Wachsbild Mit weißem Wachsstift auf Weiß zu malen, kann ein schöner Trick sein. Die weißen Linien sind so gut wie nicht zu sehen. Malt das Kind nun mit Pinsel und Deckfarben einfach darüber, so erhebt sich aus dieser Farbfläche ein Bild. Denn die Wachslinien nehmen die Wasserfarben nicht an, bleiben also weiß. Dem Kind erscheint es wie eine tolle Zauberei!

260 Collagen Collagen nennen die Experten die Klebebilder. Sie können aus bunten Fetzen oder Schnipseln bestehen, die ganz zufällig oder in bestimmter Ordnung aufgeklebt wurden. Da können auch kleine Bilder teils neben-, teils übereinander zu einem völlig neuen größeren Bild zusammengeklebt werden. Sie können auch Wollfäden, Knöpfe, Körner, Sand mit aufkleben. Bei einer Collage ist fast alles erlaubt, was aufgeklebt werden kann. Zum Aufkleben reicht ein Klebestift (Bio-Klebestift).

261 Kleister machen Kräftigere Klebe läßt sich einfach herstellen: Reiben Sie ein paar rohe Kartoffeln. Den Brei schütten Sie auf ein Leinentuch und drücken ihn aus. Der Saft wird in eine Schüssel gepreßt. Am Boden des Kartoffelsaftes setzt sich Stärke ab. Ein Marmeladenglas voll Wasser mit einem Löffel Stärke verrühren und vorsichtig anwärmen. Bei etwa 50 Grad Celsius quillt der Stärkebrei zu Kleister. Erkaltet verwenden. Damit haben Sie einen absolut ungiftigen Kleister, den das Kind, wenn es mag, auch einmal in den Mund schieben könnte!

262 Kleister-Bilder Der selbstgemachte Stärkekleister bildet auch den Untergrund für die Kleister-Bilder. Sie können aber ebenso normalen Tapetenkleister verwenden. Im Malergeschäft können Sie außer ihm auch Farbpulver kaufen. Das streuen Sie über ein Blatt Papier, das vorher kräftig mit Kleber eingeschmiert wurde (mit den Händen arbeiten!).

263 Blumen-Bilder Bilder mit frischen Blumen sind natürlich für den Tag gemacht. Wenn dem Kind das Spaß macht, können Sie ihm auch ein paar Blumen pressen, die dann im Bild längere Zeit überstehen. Das Kind streicht den Bogen dünn mit Kleister ein und schüttet viele

Im dritten Jahr

kleine Blüten drüber, vom Gänseblümchen, Scharbocks- und Lungenkraut, von der Zaunwikke und was es sonst gefunden hat. Das Bild wirkt fast wie ein sommerliches Stoffmuster. Natürlich kann man unten ins Bild ebenso kurze Grashalme kleben, zwischen die einige Blüten kommen. Und von oben strahlt die Margeriten-Sonne.

264 Korkenbilder Sie schneiden Korken mit dem Teppichmesser in dünne Scheiben. Die sind das Material, aus dem wieder andere interessante Klebebilder entstehen können. Wer Lust hat, kann die Scheiben auch erst mit Fingerfarben kräftig einpinseln.

265 Bildergalerie Bilder aus Kinderhand kann man nicht einfach wegwerfen. Legen Sie eine Mappe an, in der Sie die schönsten aufbewahren. Welche die schönsten sind, bestimmt Ihr Kind – das heißt, Ihre Lieblinge heben Sie natürlich auch auf. Bevor sie aber in der großen Mappe verschwinden, sollten sie zuerst einmal eine Zeitlang an einer Pinnwand im Kinderzimmer präsentiert werden oder an einer Leiste, die an der Wand in Kinderaugenhöhe herumläuft oder an der Wand des Etagenbettes oder im Wechselrahmen an der Wand. Das stärkt das Selbstbewußtsein des Kindes, weil es sieht, daß die Eltern seine Bilder akzeptieren.

266 Marmorsand Das Kind färbt Sand mit Wasserfarben ein, so daß es zumindest fünf verschiedene Sandfarben bekommt. Erst einmal trocknen lassen! Dann eine Schicht in ein Bonbon- oder in ein Weckglas füllen. Eine Holzperle auf einen Faden fädeln, die Perle in diese Sandschicht stecken, die Schnur über den Glasrand hängen. Nun kommt die zweite Sandfarbe auf die erste. Auch in sie wird eine Perle an der Schnur versenkt. Und so füllen Sie mit dem Kind Schicht auf Schicht. Ist die Füllung beendet, werden die Perlen mit einem kräftigen Ruck herausgezogen. Die Farben geraten durcheinander. Entstanden ist schönster Marmorsand!

267 Sandmännchen Aus Sand, der mit viel Wasser zu einer gut formbaren Masse verknetet wurde, wird nach Lust und Laune ein Sandmännchen geformt.

268 Muschelbild Gips wird angerührt und wie Teig mit einer Flasche statt Teigrolle ausgerollt. Ein kleines Rechteck wird ausgeschnit-

Phantasievolles Gestalten

ten. Auf diese Fläche werden die winzigsten Muscheln gesteckt, die Sie mit Ihrem Kind am Strand finden konnten. Sie sollen eng beieinander stehen! Wenn der Gips hart ist, ist das ein schöner Wandschmuck und sogar ein Geschenk für Großeltern, Tanten und andere.

269 Zauberschnee Frisch gefallener Schnee wird mit Lebensmittelfarben eingefärbt und dann zu hübschen bunten Schneebällen verarbeitet. Für die Schneeballschlacht sind die natürlich viel zu schade. Sie eignen sich aber fürs Schnee-Boccia, fürs Schnee-Kegeln oder für Schnee-Golf!

270 Eisfiguren Sandförmchen werden mit Wasser gefüllt und ins Tiefkühlfach gestellt. Wenn Besuch kommt, werfen die Kinder statt Eiswürfel lustige Figuren ins Saftglas!

271 Körperkunst Wenn es draußen warm ist, kann Ihr Kind vielleicht mit Freunden draußen im Garten toben. Wenn Fingerfarben da sind, macht es großen Spaß, die nackten Körper mit Farben kunstvoll zu verzieren!

272 Herbstkostüm Verkleiden macht Laune. Ein schickes Gewand: In einen Müllsack werden in den Boden ein Kopfloch, in die Seiten zwei Armlöcher geschnitten. Der ganze Sack wird eingekleistert und dick mit bunten Herbstblättern beklebt.

273 Wassermann Auch ein tolles Naturkostüm. Der Müllsack wird wie beim Herbstkostüm zurechtgeschnitten und dann mit Strandsand gut beklebt.

274 Waldschrat Noch ein Kostüm. Wieder wird der Müllsack als Grundlage verwendet. Aufgeklebt werden Moos, kleine Zweige, kleine Wurzeln und Blätter.

275 Blumenfee Ein letztes Kostüm, eins für Kinder, die sich gern hübsch anziehen. Diesmal wird das Müllsack-Gewand mit Gras und vielen Blumen beklebt.

276 Ferien-Denkmal Betrachten Sie mit dem Kind zusammen alles, was es sich so im Urlaub zusammengesammelt hat. Suchen Sie einen faustdicken oder auch einen zwei Fäuste dicken Stein. Was von all

Im dritten Jahr

den herrlichen Schätzen läßt sich darauf kleben? Eine Muschel, ein Schneckenhaus, eine Wurzel, ein Zweig von einem Strauch, der hierzulande nicht wächst, und vieles mehr.

277 Knetteig machen Weil die Knete für kleine Kinder, die unbeaufsichtigt spielen, nicht belastet sein darf, ist es am besten, Sie stellen eigenen Knetteig her.
Zwar sollte man im allgemeinen darauf achten, daß mit Lebensmitteln nicht gespielt wird, aber in diesem Fall ist das wohl doch noch das kleinere Übel. Sie stellen Knetteig so her: Zwei Teile Mehl, ein Teil Salz, ein Teelöffel Öl. Zusammen mit dem Wasser können Sie auch flüssige Lebensmittelfarbe zufügen. Kneten Sie das Ganze kräftig durch. Sollten Kinder diesen Knetteig in den Mund stecken wollen. tun sie dies sicher nur einmal, weil er scheußlich salzig schmeckt.

278 Kneten und Formen Große Kunstwerke sind in diesem Alter noch nicht zu erwarten. Das Kind kann einen Ball formen, indem es einen kleinen Klumpen zwischen den Händen dreht und wendet, und es kann mit etwa zweieinhalb Jahren vielleicht auch schon eine Rolle nachformen. Ansonsten knetet es einfach mit Genuß – und manchmal entsteht rein zufällig etwas, was man einen Hund, einen Bären oder eine Schale nennen kann.
Ist ein Kind stolz auf ein bestimmtes Ergebnis, so ist es gelungen. Man kann es an der Luft trocknen lassen oder besser noch bei leichter Hitze im Ofen backen. Nach dem Backen kann das Kind sein Werk bemalen und lakkieren.

279 Weihnachtsbaumschmuck formen Es gibt auch Modelliermasse zu kaufen, die an der Luft trocknet und hart wird. Daraus lassen sich wunderbare Anhänger für den Weihnachtsbaum herstellen. Sie wird wie Teig ausgerollt. Mit normalen Plätzchenformen (Sterne, Herzen, Weihnachtsmänner, Tannenbäume) werden die späteren Anhänger ausgestochen. Nicht vergessen: gleich ein Loch für das Band zum Aufhängen hineinpieken. Dann werden sie zum Trocknen ausgelegt (mehrmals wenden). Sind sie gut durchgetrocknet, werden die Formen noch bemalt. Dies können auch kleine Geschenke des Kindes für die Großeltern, Tanten und andere Verwandte werden.

Phantasievolle Klänge

280 Tintenfische Kreatives Sehen gehört immer zum phantasievollen Gestalten. Man kann in den Wolken Bilder sehen oder in Klecksen, und man kann sich Geschichten dazu ausdenken.
Eine Variation ist die Sache mit den Tintenfischen: Füllen Sie klares Wasser in ein großes Bonbon- oder Einweckglas. Stellen Sie dieses Gefäß möglichst vor eine helle Wand. Geben Sie ein paar Tropfen Tinte oder Tusche dazu. Diese bilden kleine Wolken, die sich laufend verändern, sich hin und her bewegen, bis sie schließlich auf den Boden sinken und sich auflösen.

Phantasievolle Klänge

Singen, tanzen und rhythmische Verse hören, das sind nach wie vor wichtige Punkte auf dem kindlichen Tagesprogramm. Nun können Kinder aber auch schon ein wenig mehr Ordnung in selbst erzeugte Töne bringen. Sie können bereits einfache Rhythmen nachklatschen oder klopfen und im Takt gehen.
Natürlich bleiben die vielleicht früher selbst gebastelten Instrumente (Trommeln, Ratschen, Rasseln, s. S. 82/83) beliebt, aber es kommen wieder neue hinzu. Sie alle bleiben bis zum Schulalter interessant.

281 Strohhalmschalmei Schneiden Sie einen Strohhalm an einem Ende spitz zu einem kleinen Mundstück. Das muß zusammengedrückt werden. Dann bläst man hinein. Ein langer Strohhalm gibt einen tiefen Ton ab, ein kürzerer einen höheren. Es ist schwerer, in einen langen Strohhalm zu blasen als in einen kürzeren.
Haben Kinder schon ein wenig Übung, kann man auch bis zu drei Löcher einpieksen, so daß sich der Halm quasi verkürzen läßt. Und schon kann man mit einem Halm vier verschiedene Töne erzeugen.
Die Strohhalmschalmei sieht dann etwa so aus wieauf der Zeichnung.

282 Gläserorgel Die Gläserorgel hat schon unzählige Generationen begeistert. Ein leeres Glas klingt, wenn man es anschlägt, hell – ein hoher Ton. Ein volles Glas klingt, wenn man es anschlägt, dunkel – ein tiefer Ton. Stellt man nun eine Reihe Gläser auf, so kann man unterschiedliche Töne erzeugen. Ganz links steht das volle Glas, daneben eines, das nicht ganz so gefüllt ist, daneben eines, das noch weniger Flüssigkeit

Im dritten Jahr

enthält usw. bis zu dem, das ganz rechts steht und leer ist. Links sollten die tieferen Töne sein, dann findet das Kind später sogar eine Entsprechung beim Klavier.

283 Kistenzither Am besten eignet sich eine Zigarrenkiste, wenn man eine Kistenzither herstellen will.
Der Deckel wird entfernt. Parallel zur längeren Seite werden nun über die offene Seite Gummis gespannt, kürzere, die man straffer spannen muß, längere, die nicht ganz so angespannt sind, dickere und dünnere. Es soll ganz still sein, wenn das Kind daran zupft, weil die Töne nicht sehr laut sind.
Straffer gespannte und dünnere Gummis geben höhere Töne als weniger straff gespannte und dickere Gummis. Die Gummis entsprechen den Saiten auf Streich- und Zupfinstrumenten.

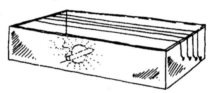

Man kann auch winzige Nägel in die schmalere Kistenwand nageln und echte Saiten über die Kiste spannen, dann werden die Klänge schöner.

284 Bügelfidel In diesem Fall sollten Sie im Musikgeschäft einfache Saiten mit den Tönen g-d-a-e (Eselsbrücke: Geh du alter Esel) kaufen. Auf eine Kleiderbügel-Unterseite kleben Sie ein dickes Holzbrett oder eine kleine Holzkiste, Länge nicht mehr als 10 cm, auf der ein

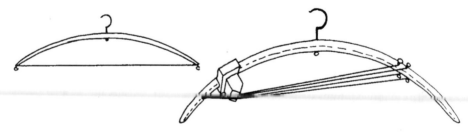

Dachklotz aus Holz klebt. Diesen kerben Sie so ein, daß die vier Saiten später einen sicheren Verlauf haben. An der unteren Seite des Bügels schrauben Sie eine Schraube ein, an der später alle vier Saiten befestigt werden können. An der anderen Seite müssen vier Schrauben angebracht werden. An jeder endet eine Saite. Die Schrauben müssen noch

Phantasievolle Klänge

drehbar sein, damit man die Saiten mehr oder weniger straff spannen (aufwickeln) kann. Wenn Sie ein sicheres Gehör oder aber eine Stimmgabel, ein Klavier oder ein anderes gestimmtes Instrument besitzen, können Sie die Saiten sogar stimmen und einfache Melodien aus vier Tönen spielen.
Nun brauchen Sie aber noch einen Bogen. Der ist schnell hergestellt. Spannen Sie zwischen die Schrauben eines konventionellen Rockbügels eine Schnur. Die muß allerdings vor dem Streichen der Saiten noch mit Kolophonium (Musikalienhandel) eingerieben werden.

285 Drahttriangel Besorgen Sie sich 30 cm langen und 5 mm dikken Draht. Biegen Sie daraus ein an einer Ecke offenes gleichseitiges Dreieck. Bringen Sie ein Band zum Halten an. Das Triangel kann mit einem alten Löffel angeschlagen werden oder mit einem anderen Gegenstand aus Metall.

286 Xylophon Ein Instrument allerdings sollten Sie kaufen: ein wohlklingendes Xylophon. Denn neben all den Klängen, die sich nicht oder nur schwer auf exakte Töne einer Tonleiter festlegen lassen, sollte ein Kind auch ein Instrument besitzen, auf dem es genau gestimmte Töne aus einer Tonleiter oder auch harmonische Intervalle hören und dann auch spielen kann. Zwei einfache Schlaginstrumente bieten sich an: das Xylophon und das Glockenspiel. Die Klangstäbe aus Holz (Xylophon) klingen sanfter als die Klangstäbe aus Metall (Glockenspiel). Außerdem sind die Xylophone fast immer recht gut gestimmt, während es bei den Glockenspielen vor allem in den preiswerten Versionen doch auch eine Menge mit nicht korrekt gestimmten Stäben gibt.
Bekommt das Kind nur eins der beiden Instrumente, wäre wohl das Xylophon vorzuziehen. Das Xylophon bleibt bis weit ins Schulalter interessant.

Kapitel 10
Mut und Kraft verdienen Anerkennung

Zweijährige erfahren bald, daß sie plötzlich etwas können, was sie bislang vergebens versucht haben. Ein stolzes Gefühl. Wird das gebührend anerkannt, versuchen sie, dieselbe Leistung wieder und wieder vorzuführen. Zweijährige beherrschen ihren Körper schon recht gut. Sie laufen sicher vorwärts und sogar rückwärts, im Schlußsprung können sie bis zu 20 cm überspringen, die meisten steigen treppauf und treppab, einige schon ohne anzufassen. In der Mitte des dritten Lebensjahres gelingt es einigen, einen Ball aus kurzer Entfernung aufzufangen. Alles, was sie bisher nicht probiert haben, macht ihnen noch Angst. Sie möchten es tun, trauen sich aber nicht. Wenn es sich um Bewegungen handelt, die von ihrer Entwicklung her möglich sind, dann machen Sie ihnen Mut! Hat es das Kind dann gewagt, loben Sie seinen Mut auch! Es wird auch dieses neue Können mit Ausdauer üben, bis es zur Routine geworden ist. Dabei können Sie ihm helfen, indem Sie immer wieder einmal Spiele mit spielen, die verschiedene Bewegungsabläufe umfassen.

Eltern als Turnpartner

287 **Ziegenreiten** Sie spielen die Ziege, die mekkernd auf allen vieren herumläuft und sagt:
Die Ziege läuft den Berg hinauf
und wackelt mit dem Bärtchen.
Da springt ein kleiner Schneider drauf,
er denkt, es sei ein Pferdchen.
Die Ziege läuft den Berg hinab
und wackelt mit dem Schwänzchen,
sie wirft den kleinen Schneider ab
und macht ein Ziegentänzchen.
Am Ende der ersten Strophe sitzt das Kind, das den Schneider spielt, auf. Sie schaukeln das Kind wie beim Ritt hin und her und werfen es zu-

Mut und Kraft

letzt vorsichtig ab (vielleicht ein paar Kissen bereitlegen). Beim „Ziegentänzchen" drehen Sie sich selbst auf allen vieren um die eigene Achse. Das Kind wird begeistert sein.

288 Schleudersitz Hier müssen beide Eltern mitspielen. Einer von ihnen legt sich auf den Rücken. Sie strecken die Beine, im Knie leicht angewinkelt, nach oben und machen die Fußsohlen gerade. Der andere von Ihnen setzt das Kind auf die Fußsohlen. Mit Schwung wird es nun in die Arme des stehenden Erwachsenen geschleudert. Zuerst muß die Entfernung ganz, ganz klein sein. Allmählich wird sie etwas weiter.

289 Vater- oder Mutterrolle Es gibt zwei Rollen, die am Vater oder an der Mutter ausgeführt werden können.
Einfacher ist die: Das Kind sitzt auf den Hüften des Erwachsenen. Sie fassen es fest an den Handgelenken und lassen es vorsichtig mit dem Oberkörper nach hinten. Das Kind löst seine Beine von Ihnen ab und macht gleichsam eine Luftrolle rückwärts, um auf die Füße zu kommen. Schwieriger ist und mehr Mut erfordert die Rolle vorwärts vor dem Körper eines Elternteils. Das Kind steht mit dem Rücken zu Ihnen und reicht Ihnen durch seine gegrätschten Beine seine Hände. Sie fassen es an den Handgelenken und ziehen es mit Schwung in die Rolle.

290 Hochschleudern Sie heben das Kind auf und werfen es ein kleines Stück hoch.

291 Klatschball Sie spannen ein Seil, das nicht ganz so hoch sein sollte wie das Kind groß ist. Zuerst wirft das Kind Ihnen einen Ball über die Schnur zu. Kann es das gut, soll es versuchen, ihn mit den flachen Händen zu Ihnen zurückzustoßen, wenn Sie ihn ihm zugeworfen haben. Dann darf das Kind werfen, und Sie klatschen den Ball zurück.

292 Tuchbälle Auf ein Handtuch, das Sie und Ihr Kind an den Seiten halten, werden drei kleine Bälle, etwa Tennisbälle, gelegt. Das Tuch vorsichtig rauf- und runterschlagen, ohne daß die Bälle hinunterfallen.

293 Seilspringen Das Zweijährige kann noch nicht seilspringen im üblichen Sinne des Wortes. Selbst das Seil schwingen und über das Seil springen – solche Koordination schafft es noch nicht. Lassen Sie einmal ein Seil langsam kreisen. Das Kind soll versuchen, darüber zu springen, wenn es vor seine Füße kommt. Dann läßt das Kind das Seil kreisen, und Sie springen drüber. Nicht, daß es Ihnen immer gelänge!

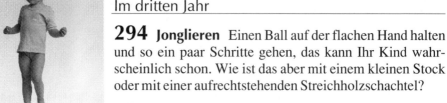

Im dritten Jahr

294 Jonglieren Einen Ball auf der flachen Hand halten und so ein paar Schritte gehen, das kann Ihr Kind wahrscheinlich schon. Wie ist das aber mit einem kleinen Stock oder mit einer aufrechtstehenden Streichholzschachtel?

295 Fliegende Untertassen Ganz einfache weiße Partyteller sind ein wunderbares Spielmaterial. Einer wird auf den Boden gelegt. Das Kind kann versuchen, mit den anderen diesen zu treffen. Aus einem Meter Entfernung, aus zwei Metern Entfernung. Wie weit ist es schon zielsicher?
Dann müssen Sie es versuchen.

296 Kommandant Am schönsten ist, wenn beide Eltern mitspielen. Das Kind ist der Kommandant. Und Sie beide müssen alles machen, was das Kind sagt und zugleich macht. Sich auf den Boden setzen, sich hinlegen, wieder aufstehen, im Schlußsprung oder auf einem Bein hüpfen, in die Hocke gehen und wie ein Hase hoppeln; halt alles was das Kind vormacht.

297 Inselsprünge Alte Autoreifen nie wegwerfen! Sie sind hervorragende Spielgeräte. Für den Anfang eignet sich das Inselspringen. Die Ringe werden auf dem Boden so verteilt, daß das Zweijährige von einem Reifen auf den anderen springen kann. Wenn es sich vom Autoreifen abstößt, kann es weiter springen, als wenn es vom Boden abspringt. Darum macht das besonderen Spaß. Es übt dabei auch ein gezieltes Springen.

298 Blindekuh Eine ganz einfache Form vom altbewährten Blindekuh-Spiel ist jetzt schon möglich. Es sollten wieder beide Eltern mitspielen. Einer von ihnen bekommt die Augenbinde. Die anderen beiden Mitspieler bekommen je eine Glocke in die Hand. Danach muß die Blindekuh die anderen fangen. Das Kind wird erst die Blindekuh, wenn es selbst danach verlangt. Manche Zweijährigen kriegen noch Angst, wenn man ihnen die Augen verbindet. Vielleicht kommt aber der Mut, wenn es die Eltern einige Male beim Spiel beobachten konnte.

299 Spur halten Mit einem Stock ziehen Sie eine Wellenlinie hinter sich her, eine mit weiten Wellen. Das Kind soll auf der Linie laufen. Dann darf das Kind Ihnen natürlich auch einmal die Spur vorgeben.

Spiele ohne Partner

300 **Dreirad- und Vierrad-Fahren** Mit zweieinhalb Jahren können die meisten schon kürzere Strecken mit dem Dreirad oder Vierrad fahren. Haben sie das erst einmal raus, wollen sie kaum noch laufen, so viel Spaß macht ihnen das. Ein solches Gefährt ist ein absolutes Muß.

301 **Fußkran** Das Kind sitzt auf dem Boden und soll mit den Füßen allerlei hochhieven: Bälle, Wolldecken, kleine Kisten und Dosen, das alles wird am besten zwischen den Fußsohlen hochgebracht. Ein Seil, Murmeln und andere kleine Teile hebt man sicherer an, indem man sie unter die Zehen krallt.

302 **Straßenwalze** Eine Kissen- oder Deckenstraße wird ausgelegt. Das Kind legt sich quer dazu hin und wälzt sich über den weichen Weg. Interessant ist ein ähnlicher Versuch auf der Wiese. Da kann das Kind tatsächlich schon etwas flach walzen. Eine interessante Erfahrung vom eigenen Gewicht.

303 **Torwerfen** Sie bauen ein Tor auf. Das Kind kann versuchen, einen Ball oder einen Luftballon hineinzuzielen, mit einem Wurf oder Stoß.

304 **Boxbeutel** Einer, der sich schlagen läßt, wenn sich im Kind Aggressionen aufgestaut haben, die nun raus müssen! Ein alter Kissenbezug wird ausgestopft, mit Stoffresten oder Schaumstoffflocken. Er wird so aufgehängt, daß das Kind immer seine Wut an ihm auslassen kann. Möglichst frei schwingend. Das tut gut!

305 **Bauchtanz in der Badewanne** Vor dem Spiel in der Wanne schminken Sie dem Kind ein Gesicht auf den Bauch. Der Bauchnabel wird zum Mund und kriegt rote Lippen. Es muß nicht Schminke sein, Fingerfarben tun es auch. Augen und Nase fehlen noch. Nun macht das Kind, daß das Gesicht Grimassen zieht: z. B. Bauch einziehen und wieder rund machen oderFalten reinkneifen. Am schönsten ist es, wenn Sie dazu in die Wanne steigen und auch so ein Gesicht auf dem Bauch haben. Das kann das Kind ja besser als das eigene anschauen.

306 **Nachtgespenst** Ein Spiel in der dunklen Wohnung hilft, die nächtlichen Ängste abzubauen. Machen Sie mit dem Kind aus, daß Sie einmal in „dunkler Nacht" Ihren Partner als Nachtgespenster erschrecken wollen. Mit Begeisterung wird sich das Kind ein weißes Tuch um-

Im dritten Jahr

hängen. Der Kopf sollte frei bleiben. Und dann geht es heulend und springend durchs Schlafzimmer. Vaters bzw. Mutters Schreck wird wahrscheinlich sogar echt sein im ersten Moment!

Spiele im Wasser

307 Planschbecken Haben Sie einen größeren Garten, so können Sie Ihrem Kind leicht ein großes Planschbecken bauen. Sie umbauen den zur Verfügung stehenden Platz mit Kisten oder lose aufgecshichteten Mauersteinen. Nun kaufen Sie im Gartengeschäft eine Teichfolie die etwa in jeder Richtung zwei Meter größer ist als der umbaute Plat z. Die befestigen Sie rund um an Ihrer „Mauer". Und nun müssen Sie nur noch mit dem Schlauch das Wasser einfüllen.

308 Regenspiel Für fast alle Kinder ist es ein Problem, Wasser auf den Kopf und ins Gesicht zu bekommen. Beim Regenspiel gewöhnen sie sich langsam daran.
Zuerst darf das Kind die Eltern wie eine Blume begießen, dann dürfen die Eltern es auch einmal mit ihm tun. Wenn Sie selbst stets fröhlich lachen, wenn Ihnen das Wasser aus der Gießkanne ins Antlitz spritzt, wird das Kleine seine Scheu sicher bald überwinden.

309 Wasserzoo Das kann man auch noch im Planschbecken spielen. Jeder spielt ein Tier, das am oder im Wasser lebt.
Da stolziert ein Storch durchs „Feuchtgebiet", Enten schnattern und Möwen schreien, eine Robbe robbt durchs Wasser, und ein Hai nähert sich gefährlich einem Elternteil!

310 Angelspiel Das Kind sitzt im Planschbecken oder auf der Luftmatratze im schulterhohen Wasser. Es kriegt eine Angel. Sie besteht aus einem Stock, an dem – statt Haken – eine Blechdose angebracht ist (auf glatten Rand achten!). Vor ihm schwimmen ein paar Fische. Sie sind aus Papier gefaltet, oder es sind auch nur ein paar kleine Zweigstücke. Sie sollen mit der Büchse geangelt werden.

311 Mutsprung Das Kind sitzt auf der Luftmatratze im (für das Kind) schulterhohen Wasser. Es stellt sich auf die Matratze und springt ins Wasser.

Spiele im Wasser

312 Pusteball Das Kind hat einen Tischtennisball. Er liegt vor ihm auf dem Wasser. Nun spielt es Sturm und bläst kräftig gegen den Ball. Es soll ihn Ihnen zutreiben.

313 Ballhopser Das Kind sitzt auf einem Wasserball. Den drücken Sie tief hinunter. Dann lassen Sie los. Das Kind wird sich das erste Mal sicher erschrecken, wenn es hochgestoßen wird durch den Auftrieb. Aber bald findet es bestimmt Gefallen an der neuen Bewegungsart im Wasser.

314 Fähren-Wettfahrt Hierbei müssen mehrere mitmachen, Erwachsene und Kinder. Die Kleinen sitzen auf Luftmatratzen. Die Großen sollen diese zu einem vereinbarten Ziel bringen. Sie schwimmen und schieben die „Fähren" vor sich her.

315 Duschspiel Auch hier braucht man mehrere Mitspieler, damit es Spaß macht. Jeder soll seine Badermütze voll Wasser holen, indem er unter die Dusche läuft. Da das Duschen gleichsam nur Mittel zum Zweck ist und es also nicht im Mittelpunkt der Aktion steht – es geht ja eigentlich ums Wasserholen -, kommt meist gar nicht so viel Scheu vor dem Wasser auf, das dabei auf den Kopf und ins Gesicht spritzt.

Kapitel 11

Jetzt klappt schon ein Zusammenspiel

Schon Krabbelkinder können etwas miteinander anfangen. Sie nehmen sich wahr. Sie berühren sich. Sie erleben: Wenn ich den anderen kneife oder an den Haaren ziehe, schreit er. Sie werfen sich um. Sie schauen sich zu. Sie lachen sich an. Sie stimmen ein, wenn der andere schreit. Das andere Kind läßt neue Wünsche – nach einem Spielzeug – in ihnen wach werden. Sie horchen, wenn eins trommelt, ratscht und rasselt.
Sie sehen, wenn ein anderes gestillt oder gewickelt wird. Es ist, als schauten sie in einen Spiegel, als lauschten sie dem eigenen Echo. Wenn das Baby spürt, daß es sich von der Umwelt unterscheidet, können Gleichaltrige auch eine Hilfe sein, sich selbst noch besser zu erkennen.
Im zweiten Lebensjahr, wenn die Kleinen zu laufen beginnen, wird das andere Kind noch interessanter. Man kann zu ihm hinlaufen und von ihm weg. Sie bemerken, daß sie eines lieber mögen als das andere.
Es gibt inzwischen eine Menge Untersuchungen, die zeigen, daß und auf welche Weise der so frühe Kontakt zu den Altersgenossen Kinder anregt und fördert. Spaß macht er ihnen ohnehin.
Doch was das Spielen selbst angeht, so kann man immer wieder beobachten: Im ersten und zweiten Lebensjahr spielen die meisten noch nebeneinander her. Hin und wieder gibt es ein erkennbares Gegeneinander, nämlich dann, wenn ein Kind ein Spielzeug hat, das das andere auch reizt. Das eine versucht, es dem anderen zu entreißen, und das andere reagiert – entweder gibt es das Spielzeug einfach her, oder es wehrt sich.
Erst im Laufe des dritten Lebensjahres ist ein Zusammenspiel möglich. Etwa mit zweieinhalb hat es die Regel begriffen: Einmal ich, einmal du, eine Regel, die fast Voraussetzung ist für ein friedliches Miteinander.
Überhaupt: Im Laufe dieses Jahres entwickelt das Kind zunehmend einen Sinn für Spielregeln, ohne die ein Zusammenspiel nicht auskommt.
Wir geben Ihnen hier ein paar Beispiele für Gruppenspiele, die mit einfachen Regeln auskommen, mit Regeln, die die meisten Kinder im Laufe des dritten Lebensjahres zu verstehen und einzuhalten lernen können.

Kreisspiele und andere Spiellieder

316 Ringel, Ringel, Reihe

Rin-gel, Rin-gel Rei - he, sind der Kin-der drei - e,
sit-zen un-term Hol-der-busch, schrei-en al-le: Husch, husch, husch!

Die Mitspieler fassen sich zum Kreis an. Während der ersten Hälfte des Liedes gehen sie im Kreis rechtsherum, dann wenden sie sich in die entgegengesetzte Richtung. Nach dem Lied ruft der Erwachsene: „Setzt euch nieder!" Die genau gleiche Melodie und Regieanweisung gelten für dieses Lied:

317 Ringel, Rangel, Rosen
Zur selben Melodie:
  Ringel, Rangel, Rosen,
  schöne Aprikosen,
  Veilchen und Vergißmeinnicht.
  Alle Kinder setzen sich.
  Gerufen wird: Sitz nieder!

318 Brüderchen, komm tanz mit mir!
Mädchen

1. Brü-der-chen, komm, tanz mit mir! Bei-de Hän-de reich ich dir
Ein-mal hin, ein-mal her, rund-her-um, das ist nicht schwer.

Im dritten Jahr

2. Ei, das hast du gut gemacht!
Ei, das hätt ich nicht gedacht.
Einmal hin, einmal her,
rundherum, das ist nicht schwer.
3. Mit dem Füßchen trab, trab, trab!
Mit den Händen klapp, klapp, klapp!
Einmal hin, einmal her, rundherum,
das ist nicht schwer.
4. Noch einmal das schöne Spiel,
weil es mir so gut gefiel!
Einmal hin, einmal her,
rundherum, das ist nicht schwer.
5. Mit dem Köpfchen nick, nick, nick!
Mit dem Fingerchen tik, tik, tik!
Einmal hin, einmal her,
rundherum, das ist nicht schwer.

Worte: Adelheid Wette Weise: Engelbert Humperdinck(1893)

Die Kinder stehen sich paarweise gegenüber. Während des ersten Teiles der ersten Strophe gehen sie in ihrem kleinen Paar-Kreis herum. Sie tun genau das, was das Lied besingt, wiegen sich etwas hin und her, trampeln mit den Füßen, klatschen mit den Händen, nicken mit dem Kopf.

319 Es geht eine Zipfelmütz

Es geht ei-ne Zip-fel-mütz in un-serm Kreis her-um, wi-de-bum-um. Drei-mal drei ist neu-ne, du weißt ja, wie ich's mei-ne. Drei-mal drei und eins ist zehn, Zip-fel-mütz bleib stehn, bleib stehn, bleib stehn. Sie rüt-teln sich, sie

Kreisspiele und andere Spiellieder

Die Kinder fassen sich im Kreis. Ein Kind steht im Kreisinneren. Es legt die Hände auf dem Kopf wie eine Zipfelmütze aneinander. Geht der Kreis rechtsherum, geht die „Zipfelmütze" links entgegen. Bei „Bleib stehn!" bleiben Kreis und „Zipfelmütze" stehen. Die Zipfelmütze steht nun vor einem Kind im Kreis. Beide Kinder führen nun die Bewegungen aus, von denen im Lied gesungen wird. Zum Schluß, bei „Wir sind verwandt", haken sie sich unter und hüpfen einmal im Kreis herum. Dabei klatschen alle Kinder im Kreis.

Das Lied beginnt, mit einer kleinen Variation, von vorn. Nun heißt es nämlich: „Es gehen zwei Zipfelmützen in unserem Kreis herum."

320 Wir treten auf die Kette

Die Kinder fassen sich an den Händen und gehen im Kreis. Das am Schluß genannte Kind dreht sich mit dem Rücken zum Kreis und faßt dann seine beiden Nachbarn wieder an. Das Spiel endet, wenn sich alle Kinder herumgedreht haben.

Im dritten Jahr

321 Jetzt steigt der Hampelmann

2. |: Jetzt zieht der Hampelmann: | sich seine Strümpfe an.
3. |: Jetzt zieht der Hampelmann:| sich seine Hose an.
4. |: Jetzt zieht der Hampelmann:| sich seine Schuhe an .
5. |: Jetzt zieht der Hampelmann:| sich seine |: Jacke an.
6. |: Jetzt setzt der Hampelmann:| sich seine Mütze auf.
7. |: Jetzt geht der Hampelmann:| mit seiner Frau spaziern.
8. |: Jetzt tanzt der Hampelmann:| mit seiner lieben Frau.

Der Hampelmann steht in der Kreismitte und macht die entsprechenden Bewegungen. Zuletzt holt er sich aus dem Kreis seine Frau, geht eingehakt mit ihr spazieren und macht dann ein Schlußtänzchen.

Worte und Weise : Aus Holstein

322 Froschkonzert

Mit Anmut und Elan tanzen alle im Kreis. Bei der zweiten Strophe hüpfen alle wie die Frösche, also aus der Hocke hoch, sind im Idealfall einen Augenblick gestreckt und fallen wieder in die Hocke. Die ganze Strophe hat nur einen Text: „Quak-quak-quak-quak."

Kreisspiele und andere Spiellieder

1. Heut ist ein Fest bei den Frö-schen am See, Ball und Kon-zert und ein gro-ßes Di-ner. Quak, quak, quak, quak.

323 Butzemann

1. Es tanzt ein Bi-Ba-But-ze-mann in un-serm Haus her-um, wi-de-bum. Es um. Er rüt-telt sich und schüt-telt sich und wirft sein Säck-lein hin-ter sich. Es tanzt ein Bi-Ba-But-ze-mann in un-serm Haus her-um.

2. Es tanzt ein Bi-Ba-Butzemann
in unserm Haus herum, widibum.
Er springt und wirbelt durch das Haus
und lacht dabei die Kinder aus.
Es tanzt ein Bi-Ba-Butzemann
in unserm Haus herum.

Im dritten Jahr

3. Es tanzt ein Bi-Ba-Butzemann
in unserm Haus herum, widibum.
Bald ist er hier, bald ist er dort
und plötzlich ist er wieder fort.
Es tanzt ein Bi-Ba-Butzemann
in unserm Haus herum.

Worte: frei nach der in „Des Knaben Wunderhorn III" veröffentlichten Version.
Weise: aus Hessen und Thüringen

Takt 1-8: Die Kinder gehen, an den Händen gefaßt, im Kreise. Ein Kind, der „Butzemann", tanzt in gebückter Haltung (andeutend, daß er einen Sack auf dem Rücken zu tragen hat) im Innenkreis herum
Takt 9-16: Die Kinder im Kreis bleiben stehen und wenden sich mit dem Gesicht der Kreismitte zu. Der „Butzemann" führt den Worten entsprechende Bewegungen aus. Bei „hinter sich" bleibt er stehen. Dasjenige Kind des Kreises, dem der „Butzemann" den Rücken zukehrt, ist bei der Wiederholung der Butzemann.
Ab Takt 9 klatschen die Kinder des Kreises in die Hände.

324 Rirarutsch

2. Riraritten! Wir fahren in dem Schlitten.
Wir fahren übern tiefen See,
da bricht der Schlitten ein, o weh.
Riraritten! Da liegt im See der Schlitten.
3. Riraromnibus! Wir fahren mit dem Omnibus.
Der Kutscher schläft. Da macht es: bum!
Da fällt der alte Kasten um.
Riraromnibus! Da liegt der dumme Omnibus.

4. Riraruß! Jetzt gehn wir fein zu Fuß.
Da bricht uns auch kein Schimmelbein,
da bricht uns auch kein Schlitten ein.
Riraruß! Fällt um kein Omnibus.
Die Kinder gehen paarweise hintereinander. Dabei fassen sie die Hände über Kreuz. Bei „Rirarutsch", „Riraritten", bei „Riraromnibus" und „Riraruß" bleiben sie jeweils stehen, drehen sich um und gehen in die entgegengesetzte Richtung weiter.

325 Goldene Brücke

Zie-he durch, zie-he durch, durch die gold-ne Brük-ke! Sie ist ent-zwei, sie ist ent-zwei. Wir wolln sie wie-der flik-ken. Der er-ste, der zwei-te, der drit-te muß ge-fan-gen sein.

Zwei Kinder vereinbaren, wer von ihnen „Sonne" und wer „Mond" sein soll. Mit den Armen bilden sie eine Brücke, unter der die anderen Kinder hindurchziehen. Wer bei „der dritte" ankommt, wird durch Herablassen der Arme gefangen und gefragt: „Sonne oder Mond?" Je nach der (geflüsterten) Antwort stellt er sich hinter „Sonne" oder „Mond". Zuletzt haben Sonne und Mond einen Schweif. Dann machen beide Parteien einen Ziehkampf.

Worte und Weise: Aus Brandenburg

326 Ringlein, Ringlein, du mußt wandern

Die Kinder sitzen im Kreis. Sie halten ihre Hände vor sich, die sie zusammengelegt haben, Handfläche auf Handfläche. Ein Kind geht im Kreis von einem Kind zum anderen. Es hält seine Hände genauso, hat aber zwischen den Händen ein Ringlein (Taler) verborgen. Es gleitet bei jedem Kind mit seinen Händen durch dessen Hände. In irgendeiner Hand läßt es das Ringlein liegen. Am Ende des Liedes zählt es ein Kind aus: „Nun rat einmal, mein liebes Kind, wer das Ringlein hat, geschwind!"

Im dritten Jahr

Variante: Taler, Taler, du mußt wandern.

Altes Kinderlied

Errät das Kind, in wessen Händen der Ring jetzt liegt, darf es als nächstes in die Mitte und den Ring wandern lassen. Errät es das nicht, darf das Kind in die Mitte, das den Ring hat. Das Spiel beginnt von vorn.

327 Kranz winden

In die Lücke im Text fügen die singenden Kinder den Namen eines Kindes ein, das im Kreis ist. Das läßt seine Nachbarn los, kreuzt seine Arme und faßt seine Nachbarn so wieder an.
Es wird so lange weiter gesungen, bis alle ihre Arme gekreuzt haben, der Kranz also gewunden ist.
Wenn die Kinder dann noch Lust haben, kann der Kranz auf dieselbe Weise wieder aufgelöst werden. Dazu folgt eine leicht veränderte Strophe, sozusagen als zweite: „Wir wolln den Kranz lösen, so lösen wir den Kranz."

Gruppenspiele am Tisch

328 Lustiger Anfang

Wir spie-len, wir spiel-len und fan-gen lu-stig an. Und wenn der Dau-men nicht mehr kann, dann kommt der Zei-ge-fin-ger dran. Wir spie-len, wir spie-len und fan-gen lu-stig an.

Kinderlied aus Hamburg

Während dieser ersten Strophe trommeln alle zuerst mit dem Daumen, dann mit dem Zeigefinger auf die Tischplatte. Darauf geht es weiter.

2. Wir spielen, wir spielen
und fangen lustig an:
Und wenn der Zeigefinger nicht mehr kann,
dann kommt das flache Händchen dran.
3. Wir spielen, wir spielen
und fangen lustig an:
Und wenn das Händchen nicht mehr kann,
dann kommen die Fäuste kräftig dran.
4. Wir spielen, wir spielen
und fangen lustig an:
Und wenn die Faust dann nicht mehr kann,
dann kommt der Ellenbogen dran.
5. Wir spielen, wir spielen
und fangen lustig an:
Und wenn der Ellenbogen nicht mehr kann,
dann fängt der Fuß zu tippen an.
6. Wir spielen, wir spielen
und fangen lustig an:
Und wenn der Fuß dann nicht mehr kann,
dann fängt der Kopf zu nicken an,
und endlich hören wir auf.

Im dritten Jahr

329 **Fischers Glück** Die Kinder sitzen um den Tisch herum. Sie haben alle ihre Hände – Handflächen nach unten – auf den Tisch gelegt. Der „Fischer" steht und läßt seine rechte Hand über die Hände kreisen. Er sagt dabei: „Ich hab gefischt, ich hab gefischt, ich hab die ganze Nacht gefischt und keinen Fisch erwischt." Beim Wort „erwischt" versuchen die Kinder, ihre Hände vom Tisch zu ziehen. Der „Fischer" dagegen versucht, gerade noch auf eine Hand schlagen zu können. Dazu sagt er: „Nur dich!" Jedes Kind darf einmal Fischer sein.

330 **Taubenhaus** Die Kinder sitzen mit verschränkten Armen. Das Spiel beginnt mit: „Wir öffnen jetzt das Taubenhaus, die Tauben fliegen froh hinaus!" Die Kinder lösen die Arme, breiten sie aus und lassen die Hände flatternde Tauben sein. Dabei geht es weiter: „Sie fliegen übers weite Feld, dorthin, wo es ihnen wohl gefällt.
Und kehren sie heim zur guten Ruh, dann schließen wir wieder das Taubenhaus zu!" Die Kinder holen ihre Arme wieder „herein" und kreuzen sie. Alle gurren: „Gruh, gruh, gruh, gruh!"

331 **Alle Vögel fliegen hoch** Die Kinder sitzen um den Tisch herum und trommeln leise mit ihren Zeigefingern auf die Tischplatte. Dabei sagt der Spielleiter: „Alle Vögel fliegen hoch! Die Schwalben fliegen hoch!" Dabei werfen alle ihre Arme hoch. Dann trommeln sie weiter, und der Spielleiter fährt fort: „Die Tauben fliegen hoch."
Plötzlich läßt er einen Elefanten hoch fliegen. Er darf die Arme hochnehmen, auch wenn er ein Tier nennt, das kein Vogel ist und nicht fliegen kann. Hebt eines der Kinder aber seine Arme auch, hat es also nicht aufgepaßt, muß es ein Pfand abgeben.
Erst wenn die Kinder älter sind, kann man auch Vögel hochfliegen lassen, die nicht fliegen können (Pinguin und Strauß zum Beispiel).
Man kann auch eine Abwandlung benutzen: „Alles, was Flügel hat, fliegt hoch!" Dann kommen auch die Insekten dran und ein paar flugfähige Säugetiere, wie etwa Flughund und Fledermaus. Aber das sind Raffinessen für später.

332 Händeberg Ein Mitspieler legt eine Hand flach auf den Tisch. Ein zweiter legt eine Hand auf diese, ein dritter legt seine Hand auf die des zweiten usw., bis alle je eine Hand auf den Berg gepackt haben; dann darf der erste seine zweite Hand draufpacken, der zweite und dritte bis alle Hände auf dem Berg sind. Und dann geht es los: Die unterste Hand wird weggezogen und obendrauf gepackt, die zweite, dritte und so fort. Das Tempo steigert sich, und zuletzt endet das Spiel in Patschen und Klatschen und mit Lachen.

333 Raketenstart Alle führen die Bewegungen zusammen aus, nachdem der Spielleiter sie einmal vorgeführt hat: 5x mit der flachen Hand auf den Tisch schlagen, 5x in die Hände klatschen, 5x mit den Füßen auf die Erde stampfen.
Dann folgt ein langgezogenes „Tschschschschsch!" Und alle schauen nach oben und rufen „Aaaaaaaaaaa!"

334 Tierkonzert Jedes Kind darf sich ein Tier aussuchen, das es in einer Geschichte sein möchte. Es sollte aber eines sein, dessen Stimme das Kind imitieren kann: der Hund, der bellt, die Katze, die maunzt, die Taube, die gurrt, die Kuh, die muht, die Ziege, die meckert, das Schaf, das blökt, die Maus, die fiept, der Rabe, der krächzt, die Henne, die gakkert, der Hahn, der kräht, die Gans, die schnattert.
Dann erzählt der Spielleiter eine Tiergeschichte, in der alle die ausgesuchten Tiere eine Rolle spielen. Sie sollten möglichst alle mehrmals, müssen aber alle zumindest einmal vorkommen.

Im dritten Jahr

Sobald er den Namen des Tieres nennt, macht das betreffende Kind dessen Stimme nach. Nennt er dann ganz viele schnell auf einmal, bricht ein großes Tierkonzert an.

335 Glücks-Eins Ein ganz einfaches Würfelspiel. Jeder würfelt. Der Spielleiter beginnt, dann geht es im Uhrzeigersinn weiter. Es gewinnt, wer als erster eine Eins gewürfelt hat. Dann fängt es aber gleich wieder von vorne an.

336 Gruppenbild Der ganze Tisch ist mit einem großen Packpapierbogen bedeckt (mit Tesa am oder unter dem Rand befestigen, damit er nicht verrutscht). Jeder hat einen Farbstift oder auch (besser!) mehrere. Und jeder beginnt, auf der Fläche vor sich etwas zu malen. Zuletzt ist es ein ganz tolles großes Bild, das natürlich aufgehängt werden muß.

Weitere Gruppenspiele im Zimmer

337 Uhren-Suchen Die Kinder kommen in einen Raum, in dem vorher bereits eine laut tickende Uhr versteckt ist, ein Wecker zum Beispiel. Alle sollen ganz leise sein und genau hinhorchen. Wer findet den verborgenen Ticker?

338 Kartoffeln lesen In einem längeren Korridor oder auf einer wenigstens zwei m langen Strecke im Zimmer werden zwei parallel verlaufende Reihen mit Kartoffeln ausgelegt. Gleich viele Kartoffeln in jeder Reihe. Nun dürfen zwei Kinder sie um die Wette in je einen Beutel sammeln. Wer diesen dem Spielleiter zuerst gibt, ist Sammelmeister. Eine neue Runde beginnt, wenn die Reihen wieder ausgelegt sind.

339 Kellenspiel Es muß verabredet sein, daß jedes Kind von zu Hause eine Suppenkelle mitbekommt. Die Kinder setzen sich in zwei Reihen. Am Anfang und am Ende der Reihe steht jeweils ein Topf. In dem einen ist Wasser, der andere ist leer. Das erste Kind jeder Reihe schöpft Wasser und gießt dieses vorsichtig in die Kelle des zweiten, das es dann eventuell noch an ein drittes weiter- oder gleich in den Topf gibt. Es ist nicht wichtig, ob daraus ein Wettspiel wird, Hauptsache, es macht Spaß.

Gruppenspiele im Zimmer

340 Jacke an, Jacke aus Wieder sitzen die Kinder in zwei Reihen auf dem Fußboden. Das erste hat jeweils eine Jacke an. Es läuft um seine Reihe herum. Ist es wieder bei seinem Nachbarn angekommen, zieht es die Jakke aus, übergibt sie dem nächsten Kind, das sie zuerst anziehen muß, ehe es ebenfalls um die Reihe herumläuft und die Jacke noch dem dritten Kind übergibt. Das letzte Kind jeder Reihe bringt dem Spielleiter die Jacke zurück.

341 Das Mumienspiel Eine Mumie ist sozusagen ein eingewickelter Mensch. Diesmal soll es ein eingewickeltes Kind sein. Ein zweites bekommt eine Rolle Klopapier und darf das andere, das möglichst still stehen soll, ganz bis zum Hals einwickeln.

342 Zauberei Der Spielleiter steht vor den Mitspielern. Er hält einen Zauberstab (bunt beklebt oder bemalt!) in der Hand und erzählt, daß er zaubern kann. Er verzaubert alle, daß sie dasselbe tun wie er. Und tatsächlich müssen alle mitmachen, wenn er auf einem Bein hüpft oder auf allen vieren krabbelt, einen Vogel zeigt oder wie ein Vogel durchs Zimmer flattert. Aber: sobald er den Zauberstab fallen läßt, braucht keiner mehr weiterzumachen. Alle laufen schnell in eine vorher verabredete Ecke. Wen der Zauberer dabei packen kann, wird dann Zauberer.

343 Gemeinschafts-Bau Nun aber einmal etwas Ruhigeres: Möglichst viele Bausteine werden auf eine Decke geschüttet, die in der Mitte des Zimmers liegt. Jeder kann für sich bauen, aber alle können auch gemeinsam ein Bauwerk errichten. Im dritten Lebensjahr können die meisten nun schon ganz lange Reihen und ganz hohe Türme hinstellen. Und sie können beides bereits im Blockbau kombinieren. Manche bauen auch schon Zäune, mit denen sie Flächen eingrenzen – als Weide, Zoo, Bauernhof, Spielplatz usw. Das gibt allen gleich wieder neue Spielanregungen.

344 Wilder Westen Ein Spiel, so recht für einen glanzvollen Höhepunkt und Abschluß des Spielnachmittags: In die Badewanne werden viele brennende Haushaltskerzen gestellt. Jeder darf versuchen, mit der Wasserpistole eine auszulöschen.

Die Gruppe als Publikum

345 **Puppentheater** Mehrere Erwachsene üben ein kleines Puppenspiel ein und führen es vor. Es sollte nicht länger als höchstens zehn Minuten dauern und eine nacherzähl- und nachspielbare Geschichte erzählen. Es sollte eine Geschichte sein, die einen Bezug zur Kindergruppe hat und die das Publikum durch Fragen und Aufforderungen miteinbezieht.

346 **Handtheater** Mit Schminke oder Fingerfarben, mit kleinen Pflastern und Tüchern werden aus Fingern schlichte Figuren gezaubert, die dann ein paar kleine Episoden aufführen. Ein paar Möglichkeiten sind auf den Zeichnungen hier abgebildet.

347 **Schattenspiele** Schattenspiele verblüffen und begeistern Kinder schon, wenn nur Figuren vorgeführt werden. Gespielte Episoden könnten höchstens dieser Art sein: Fuchs jagt Gans, Habicht jagt Häschen. Der Schwächere sollte aber entwischen können und der Jäger der Gefoppte sein. Auf den Zeichnungen S. 149 sind ein paar mögliche Schattenfiguren dargestellt.

348 **Erwachsene Schauspieler** Die Erwachsenen können kurze komische Geschichten aufführen, sie könnten ein Clown sein, dem alles mißlingt, oder ein Mäuschen, das einen nicht schlafen läßt und dem immer neue Tricks einfallen, den anderen zu wecken.
Natürlich dürfen die Kinder mitspielen, wenn sie wollen.

Gruppenspiele im Freien

349 **Rutschvergnügen** Im Laufe des zweiten Lebensjahres lernen die Kinder, die ganze Rutschbahn hinunterzurutschen. Vorsichtige brauchen ein wenig Hilfe: Setzen Sie das Kind aufs Ende der Rutschbahn (Reichhöhe) und fangen Sie es unten auf. Dafür sind zwei Erwachsene nötig. Dann geht ein Erwachsener mit auf die Höhe, der andere fängt das Kind unten auf. Bald ist die Scheu überwunden, und es rutscht mit Halli und Hallo auf dem Po.

Gruppenspiele im Freien

350 Wippen Zuerst setzen Sie das Kind auf die eine Seite der Wippe und halten es fest. Ein zweiter Erwachsener oder ein größeres Kind drückt den Sitz auf der anderen Seite hinunter. Ganz langsam geht es hinauf und hinunter! Ein wenig später sitzt auf jeder Seite ein noch von einem Erwachsenen gehaltenes Kind. Und dann ist im Nu das erhebende Wippgefühl entdeckt!

351 Schaukeln Am besten setzen Sie sich anfangs selbst auf die Schaukel und sich das Kind auf den Schoß.
Sobald es das mag, darf es, wenn Mutter oder Vater daneben steht, allein schaukeln. Zuerst stößt der Erwachsene ab. Später zeigt er dem Kind, wie es sich auch selbst abstoßen kann. In der Gruppe lernen Kinder gerade beim Schaukeln recht gut die Regel: Erst du, dann ich.

352 Der Rundlauf Der Rundlauf ist ein herrliches Gerät. Aber wenn schon Zweijährige sich anhängen wollen, ist große Vorsicht geboten. Bitten Sie größere Kinder um Rücksicht und bleiben Sie selbst neben dem Gerät stehen.
Anfangs können Sie das Kind auf den Arm nehmen und sich mit einem Arm selbst am Griff halten. Die meisten Kinder werden in diesem Alter da noch nicht ran wollen.

353 Detektivspiel Wenn die Gruppe mal unterwegs ist, kann ein Suchspiel veranstaltet werden, in dem es zum Beispiel heißt: Wir suchen einen schwarzen Hund. Wer den dann zuerst entdeckt, ist der große Entdecker. Es kann ein rotes Auto gesucht werden oder ein Kind mit Nuckel, ein Mann mit Bart oder eine Frau mit Kopftuch.

354 Schatzsuche Noch ein Suchspiel. Jeder darf einsammeln, was er schön findet. Zweige, Blätter, Steine, Muscheln, ein Schneckenhaus – nur tote und lebendige Tiere sind nicht erlaubt. Und beim Pflanzenpflücken achten die Erwachsenen darauf, daß weder geschützte noch giftige genommen werden. Zuletzt werden alle Schätze ausgebreitet und bewundert.

355 Bollerwagenfahrt Wunderbar ist, wenn die ganze Gruppe in einem oder in zwei Bollerwagen Platz nimmt. Ein solches Gefährt ist im Gelände dann auch Spielzeug. Man kann ja mal einen kleinen Hang runterfahren, versuchen, ihn durch den Sand zu ziehen, man kann ihn mit Steinen beladen. Oder was fällt Ihnen ein?

356 Laufspiel mit Musik Dies ist ein Spiel für Eltern und Kinder. Wenn die Musik beginnt, laufen alle Kinder herum, wie sie wollen und solange sie wollen, natürlich auf einer überschaubaren Fläche. Derweil sitzen alle begleitenden Elternteile auf dem Boden (Wiese, Strand). Will ein Kind aufhören, setzt es sich neben Vater oder Mutter. Der Erwachsene läuft los, bis das Kind ihn ruft. Dann sitzen beide beieinander, bis die Musik aufhört. Schaltet der Spielleiter die Musik aus, ehe alle

Gruppenspiele im Freien

Kinder ihre Väter oder Mütter gerufen haben, so darf sich derjenige, der noch nicht gerufen wurde, trotzdem setzen.
Eine Variante: Wieder laufen die Kinder los. Wenn sie aufhören wollen, dürfen sie sich nun hinsetzen, wo sie wollen. Vater oder Mutter müssen das Kind stets im Auge behalten, wenn es sich setzt, muß einer von ihnen loslaufen. Verpaßt er seinen Einsatz, muß er ein Pfand abgeben. Setzen sich die Erwachsenen irgendwohin, muß das Kind noch einmal loslaufen. Dann darf es sich aber wieder zum zugehörigen Elternteil setzen.

357 Kettenkarussell Jeder Erwachsene zwei Kinder an die rechte, zwei andere an die linke Hand. Und nun dreht er sich um sich selbst. Zunächst ganz langsam, denn die Kinder müssen ja größere Kreise laufen (die Kleineren sind immer an der Hand des Erwachsenen, außen sind die größeren, weil deren Wege länger sind!). Dann wird ein wenig beschleunigt. Irgendwann wird eine Kette reißen.

358 Straßenverkehr Nehmen Sie dafür möglichst viele Seile mit. Mit immer zwei Seilen kann man einen Straßenzug legen. Bei der Kreuzung mündet aus allen vier Richtungen je ein Straßenzug. Bei einer Einmündung treffen drei Straßenzüge aufeinander. Sind nicht genug Seile da, können Äste aushelfen. Alle Kinder sind Autos. Mit Gebrumm geht es los.
Wie verhalten sich die Kinder, wenn sie überholen wollen? Wie bei Kreuzung oder Einmündung? Da ergeben sich sicher Konflikte, die gelöst werden müssen. Zur Befriedigung der Gemüter wird zuletzt ein Erwachsener Busfahrer, und alle Kinder steigen in den Bus – hängen sich an. Der Busfahrer stoppt natürlich an Kreuzung und Einmündung und ist überhaupt sehr rücksichtsvoll.

359 Mützen-Greifen Wenn alle Kinder Mützen aufgesetzt haben, beginnt eine wilde Jagd. Jeder versucht, den anderen die Mützen wegzunehmen und die eigene festzuhalten. Man kann das auch mit Musik machen. Setzt sie aus, dürfen die erjagten Mützen in der Luft geschwungen werden. Ebenso die eigenen, die nicht abgejagt wurden!

360 Musikcorps Irgendwann an Regentagen wurden Instrumente gebastelt, die nun alle mit aufs Spielgelände genommen werden. Und da wird dann nach Kräften musiziert und gesungen. Alles darf ausprobiert werden. Auch ein paar Trillerpfeifen sind dabei, vielleicht eine Mundharmonika, eine Blockflöte. Und dann wird marschiert und gespielt. Ein sicher seltenes Fotomotiv.

Im dritten Jahr

werden. Auch ein paar Trillerpfeifen sind dabei, vielleicht eine Mundharmonika, eine Blockflöte. Und dann wird marschiert und gespielt. Ein sicher seltenes Fotomotiv.

361 Faschingszug Schon Zweijährige fangen an, sich zu verkleiden. Alle möglichen alten Klamotten sind die reizvollsten Kostüme. Tücher werden umgebunden, viel zu große Jacken angezogen, eine Servierschürze von einst wird auf den Rücken gebunden, ein einstmals eleganter Damenhut kommt auf den Kopf. Jeder tut so, was er kann. Nur perfekte Kostüme aus dem Spielzeugladen sind hier nicht gern gesehen. Schließlich soll die Phantasie gefordert sein.

362 Laternenumzug Auch beim Laternenumzug sind die improvisierten Leuchten beliebter als die fertig gekauften. Aber da sollten beide Arten erlaubt sein. Die „einfachste" Laterne ist sicher die Tütenleuchte: Eine Papiertüte mit Henkel wird im Boden stabilisiert. Man kann das durch einen Kartondeckel oder einfach mit Pappe erreichen. Mit Doppelkleber wird ein Teelicht darauf befestigt. Ist das weit heruntergebrannt, klebt man in das flüssige Wachs eine halbhohe Haushaltskerze. Die wird dann aber erst für den Umzug angezündet. Die Henkel werden sicher auf einem längeren Stück fixiert, damit die Tütenwände nicht in die Flamme rutschen. Mit Fingerfarben oder durchscheinenden Papieren können auf die triste Tüte noch reizvolle Muster gemalt oder geklebt werden. Die erscheinen dann dunkler – wie ein Schattenriß.

Ein paar Laternenlieder

363 Laterne, Laterne

Laternenlieder

364 Ich geh mit meiner Laterne

1. Ich geh mit meiner Laterne
und meine Laterne mit mir.
Dort oben leuchten die Sterne
und unten, da leuchten wir.
Der Hahn, der kräht, die Katz miaut.
Rabimmel, rabammel, rabumm.

2. Ich geh mit meiner Laterne
und meine Laterne mit mir.
Dort oben leuchten die Sterne
und unten, da leuchten wir.
Laternenlicht, verlösch mir nicht!
Rabimmel, rabammel, rabumm.

Beim Nachhausegehen:

3. Ich geh mit meiner Laterne
und meine Laterne mit mir.
Dort oben leuchten die Sterne
und unten, da leuchten wir.
Mein Licht ist aus, ich geh nach Haus.
Rabimmel, rabammel, rabumm.

Worte und Weise: aus Holstein

Im dritten Jahr

365 St. Martin ist ein frommer Mann

1. Mar - tin, Mar - tin, Mar - tin ist ein from - mer Mann,
zün - det vie - le Lich - ter an, daß er o - ben
se - hen kann, was er un - ten hat ge - tan.

1. Martin, Martin,
Martin ritt durch den dunklen Wald,
Wind, der wehte bitterkalt.
Saß am Weg ein Bettler alt,
wäre gar erfroren bald.
3. Martin, Martin,
Martin hält und unverweilt
seinen Mantel mit ihm teilt.
Ohne Dank er weiter eilt.
Bettlers Not war nun geheilt.

Volksgut

366 Märchenbaum
Den gibt es nur im Winter. An einen kahlen Laubbaum, der möglichst tief verschneit ist, werden ein par Wunderkerzen gehängt und in der Dämmerung angezündet.

367 Leuchtgespenster
Die Leuchtgespenster werden schon am Nachmittag vorbereitet: Ein Luftballon wird so weit aufgeblasen, daß er sich noch über die Birne einer Taschenlampe ziehen und am hinteren Ende, aber über dem Schalter, befestigen läßt. Mit Gummiring verschließen. Dem Ballon wird noch ein grausliches Gesicht aufgemalt. In der Dämmerung können die Gespenster ihr Licht leuchten lassen.

368 Lampentanz
Alle sind mit Taschenlampen ausgerüstet. Wenn es draußen dunkel geworden ist, tanzen alle nach Musik und eigener Phantasie herum. Dies geht auch im verdunkelten Zimmer.

Kapitel 12

Gebastelte Sachen zum Spielen und Lachen

Manche Basteleien wurden schon bei den betreffenden Spielen beschrieben. Hier noch fünf von den bisher genannten Spielen unabhängige Vorschläge.

369 Puppen-Tragetuch Sie brauchen ein rechteckiges Reststück Stoff. An alle vier Ecken nähen Sie Bänder. Zwei werden im Nacken gebunden und zwei auf dem Rücken.
Das sieht so aus wie auf der Zeichnung.

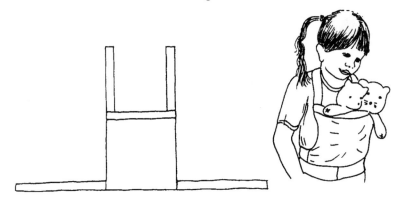

370 Puppenschrank Eine große Windel-Tragebox wird hübsch mit Folie beklebt. Die Türen werden ausgeschnitten und im „Scharnier" eingekerbt. Die schmalere Seite ist die Schrankbreite, die längere ist die Schrankhöhe. Oben wird ein Bambusstab durchgestoßen, der außen mit einem Korken gesichert wird. Er stellt die Kleiderstange dar. Das ist auf der Zeichnung S. 156 dargestellt.

371 Stehaufmännchen Sie brauchen zwei Tischtennisbälle. Einem pieksen Sie ein Loch ein, durch das Sie flüssiges Wachs gießen; etwa ein Drittel des Balles sollte damit ausgefüllt sein. Lassen Sie diesen „Bodensatz" fest werden. Auf das Loch kleben Sie den zweiten Tischtennisball als „Dickkopf". Malen Sie Gesicht und Haare auf. Spendie-

Im dritten Jahr

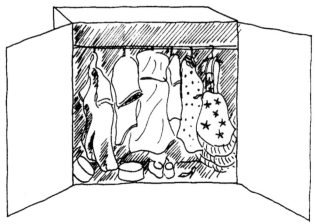

ren Sie dem kleinen Kerl einen Filzumhang. Das reicht. Das Kind wird einen Riesenspaß daran haben, wenn er immer wieder aufsteht, nachdem es ihn umgeworfen hat!

372 Taschentuch-Fallschirm Eine wunderbare Verwendung für umhäkelte Taschentücher, die Sie vielleicht irgendwo noch haben. Sie knoten an alle vier Ecken einen Faden. Die Fäden binden Sie unten zusammen. Daran kann man ein Playmobil-Männchen hängen oder auch eine kleine Rolle mit einer Botschaft, die vielleicht aus dem Fenster in den Garten oder im Flur vom oberen Stockwerk ins unterste befördert werden soll. Als Rolle eignet sich eine unten zugeklebte leere Klorolle. Das sieht dann aus wie auf der Zeichnung.

373 Glückskäfer Etwas für geübtere Bastler. Der Marienkäfer wird aus Sperrholz gesägt. Auf den Rükken bekommt er eine Holzleiste, in die zwei Löcher schräg gebohrt sind. Die Leiste, die für die Aufhängung nötig ist, kriegt zwei gerade Bohrlöcher. Zwei Schnüre werden durchgezogen und mit vier Perlen versehen. Das Ganze sieht von hinten dann so aus wie auf der Zeichnung.

Klar, daß er vorn genau wie ein Marienkäfer angemalt werden sollte (weil er ja sonst kein Glück bringen kann). Wenn man abwechselnd an den beiden Schnüren zieht, steigt er steil auf. Da staunt Ihr Kind!

Die schönsten witzigen Kinderverse

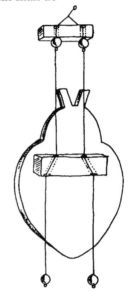

374 Guten Tag, guten Tag
Guten Tag, guten Tag, Frau Hopsassa,
was macht denn Frau von Trallala?

375 Auf einem gelben Butterberg
Auf einem gelben Butterberg,
da saß ein großer dicker Zwerg.
Da kam die Sonne eins zwei drei
und schmolz den Butterberg entzwei.
O weh, o Schreck, da war er weg.

376 Frau von Hagen
Frau von Hagen,
darf ich wagen,
Sie zu fragen,
wieviel Kragen
Sie getragen,
als Sie lagen
krank am Magen
im Spital zu Kopenhagen?

377 Da oben auf dem Berge
Da oben auf dem Berge,
da ist der Teufel los,
da zanken sich zwei Zwerge
um den Kartoffelkloß.
Der eine will ihn haben,
der andere läßt nicht los:
So zanken sich die Zwerge
um den Kartoffelkloß.

Im dritten Jahr

378 Das Oster-Ei
Ich schenke dir ein Osterei.
Wenn es zerbricht, so hast du zwei.

379 Es ging ein Frosch spazieren
Es ging ein Frosch spazieren
an einem schönen Sommertag,
er wollte sich frisieren
in einem Gartenhag.
Da sprach der Herr Frisierer:
Ihr Frösche seid ein dummes Corps,
was wollt ihr euch frisieren,
ihr habt ja gar kein Hoor.

380 Unsere Katz hat Junge
Unsere Katz hat Junge,
sieben an der Zahl,
sechs davon sind Hunde,
das ist ein Skandal.
Doch der Kater spricht:
Die ernähr ich nicht.
Diese zu ernähren,
ist nicht meine Pflicht.

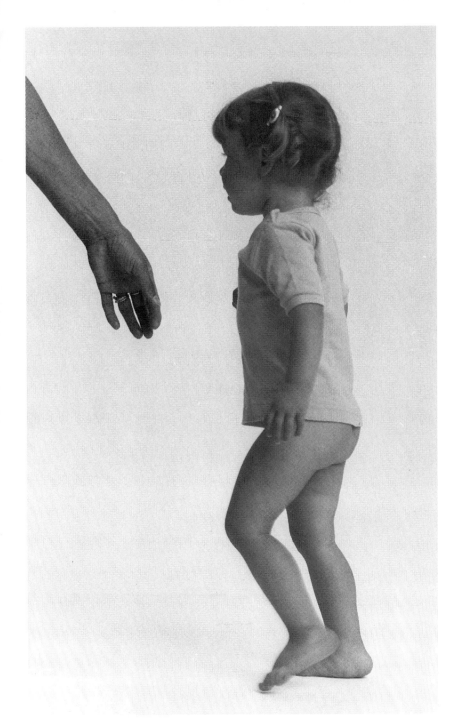

Im vierten und fünften Jahr

Kapitel 13

Wenn Rollenspiele die Hauptrolle kriegen

Wenn das Kind drei Jahre alt geworden ist, beginnt für viele Eltern eine etwas ruhigere Zeit, wenigstens vorübergehend. Nun ist das Kind ziemlich sicher auf den Beinen, eckt nicht mehr so viel an, fällt nicht andauernd hin, die meisten Kinder sind wenigstens tagsüber trocken und können auch schon einsehen, daß dies und das gefährlich ist.

Es läuft gern treppauf und treppab, liebt aber auch Ruhepausen, in denen allerdings Augen und Hände beschäftigt sein wollen, mit Malen, Bauen, Legen, Flechten, Trommeln. Es kann sich weitgehend allein anziehen. Anfangs hapert es noch beim Knöpfen und beim Schließen des Reißverschlusses, beim Gürtelverschluß und beim Schleifen-Binden. Aber im Laufe der nächsten beiden Jahre lernt es auch das.

Übrigens: Das Kind lernt derlei leichter, wenn sich Vater oder Mutter neben und nicht vor es setzen (es sei denn, daß die Trotzphase noch anhält). Sitzt ihm der Erwachsene beim Vorführen gegenüber, gibt es das Spiegel-Problem: die rechte Hand des Erwachsenen auf der linken Seite des Kindes; bewegt er nun das Band rechtsherum, so geschieht das für das Kind scheinbar linksherum. Das Umdenken fällt dem Kind noch schwer. Und so dauert es auf diese Weise viel länger, bis es bestimmte Handgriffe verstanden hat.

Schon das Dreijährige kann ein paar Minuten konzentriert zuhören. Wenn es gleichzeitig etwas zu sehen gibt, reicht der Geduldsfaden schon weiter. Das Vierjährige kann sich oft schon zehn Minuten und länger konzentrieren.

Begierig nehmen die Kinder dieses Alters neue Wörter auf, die ihnen besonders des fremden Klanges wegen reizvoll erscheinen. Sie halten oft Selbstgespräche oder reden mit Puppe oder Teddy und üben so unbewußt zugleich ihr neues Vokabular.

Schon das Dreijährige erfindet kleine Handlungen, die es mit seinem Spielzeug spielt. Oft sind das eigene Erlebnisse, vor allem solche, die dem Kind Angst eingejagt haben, zum Beispiel wenn es im Freigehege des Zoos miterlebte, wie sich zwei junge Tiger fauchend balgten. So recht konnte es vielleicht nicht glauben, daß die bloß spielen und so gar nicht gefährlich sind.

Rollenspiele

Ein Dreijähriges kann schon recht gut mit anderen Kindern spielen, und das Zusammenspiel verbessert sich nun zusehends. Es ist das Alter, in dem Kinder üblicherweise in einen Kindergarten gehen sollten. Da haben sie Gelegenheit, sich aus vielen Altersgenossen ein paar auszusuchen, mit denen sie besonders gern spielen.
Haben Sie für Ihr Kind keinen Kindergartenplatz ergattert, sollten Sie versuchen, das Kind auf anderen Wegen mit möglichst vielen Spielkameraden zusammenzuführen, mit Kindern von Freunden und Bekannten, Verwandten und Nachbarn. Oder Sie suchen ein paar Gleichgesinnte (per Anzeige oder Anschlag im Supermarkt), mit denen zusammen Sie eine Spielgruppe bilden.
Spielkameraden sind immer sehr wichtig, am wichtigsten aber, denke ich, im Alter zwischen drei und sechs Jahren, in dem soziale Verhaltensweisen meist fest vorgeprägt werden. Kompromißbereitschaft, Toleranz, Auch-mal-verzichten-Können, Teilen, Rücksicht-Nehmen, aber auch das Durchsetzen eigener Interessen, das Ausprobieren von Macht und Unterordnung – das alles lernt ein Kind am leichtesten in dieser Phase.
Und einer der besten Wege, solche Eigenschaften zu erwerben, sind Rollenspiele, die Kinder jetzt besonders begeistert spielen.

Das klassische Rollenspiel: Mutter und Kind

Der erste Mensch, mit dem sich ein Kind auseinandersetzen muß, ist meist die Mutter. Spätestens im Trotzalter spürt es, daß seine Interessen nicht immer mit den ihren übereinstimmen. Und es erfährt, daß die Mutter meist die Stärkere ist, die, die ihren Willen durchsetzt.
Es weint und ist traurig darüber. Es schmollt und ist wütend. Doch das alles ändert nichts daran, daß das Kind meist zwangsläufig den schwächeren Part innehat.
Da muß schon im Dreijährigen der Wunsch erwachen, selbst einmal Mutter zu sein und ein Kind zu haben, das tun soll, was ihm gesagt wird. Und so liegt es denn nahe, daß es mit seiner Puppe oder seinem Teddy bewußt Mutter und Kind spielt.
Manchmal kann man das schon bei Zweijährigen beobachten. Das begnügt sich dann aber mit nur kurzen Episoden, etwa: Es drückt sein Kind ans Herz, gibt ihm ein Küßchen, legt es schlafen. Oder es zerrt es irgendwohin mit.

Im vierten und fünften Jahr

Auch Jungen spielen anfangs Mutter und Kind. Selbst wenn sie schon wissen, daß sie nie Mutter werden können, sondern ausschließlich Vater. Von dem, was der Vater unternimmt, sehen sie meist wenig. Und da so kleine Kinder zunächst nur spielen, was sie kennen, also erlebt, miterlebt oder gesehen haben, was liegt da näher als das Mutter-Kind-Spiel.

Anders sieht das aus, wenn der Vater zu Hause eine Werkstatt oder einen Laden hat, wo er auch arbeitet und wo das Kind auch hindarf. In einer solchen Situation werden Jungen und Mädchen auch den Vater imitieren. Wieder anders sieht es bei Kindern aus, die vom Vater betreut werden, während die Mutter berufstätig ist und das Geld verdient. Da spielen meist Jungen wie Mädchen das Vater-Kind-Spiel, was sich vom Mutter-Kind-Spiel allerdings nur durch die andere Rollenbezeichnung, nicht durch den Inhalt unterscheidet.

Wenn ein Junge und ein Mädchen gemeinsam mit einer Puppe Familie spielen, schlüpft der Junge meist selbstverständlich in die Rolle, die sein Vater in der Familie hat und das Mädchen in die der Mutter, die es zu Hause erlebt.

Alle diese Spiele sind für Eltern hochinteressant.

In ihnen kann sich zweierlei spiegeln: ihr eigenes Verhalten und was das Kind sich wünscht. Indem das kindliche Spiel Nacherleben oder Wunscherfüllung zeigt, ist es dem Traum eng verwandt. Da die Eltern die meisten Träume ihrer Kinder nicht kennen, bietet nichts eine so große Chance, ihre Kinder besser kennenzulernen, als die Beobachtung des Rollenspiels. Besonders brisant werden solche Rollenspiele, wenn es in der Familie Veränderungen gab. Beispiel: Ein Drei- oder Vierjähriges bekommt ein Geschwisterchen.

Ein solches Kind sollte dann möglichst eine Babypuppe haben. Da sie für ein Mutter-Kind-Spiel besonders reizvoll ist, kann sie zunächst ein Trost für den Plötzlich-Entthronten sein.

Aber sie ist weit mehr: Wenn die Mutter das Kleine versorgt, kann sie sich gleichzeitig dem „Großen" zuwenden, wenn sie ihm genau zeigt und erklärt, was da gerade mit dem Baby geschieht, wenn sie es badet, wickelt, stillt. Das ist für das Kind vor allem deshalb interessant, weil das Erlebte danach sein neuer Spiel-Stoff werden kann.

Klar, daß ein Kind hierfür eine Badebabypuppe braucht, eine, die auch längere Wannenbäder unbeschadet übersteht, die nach dem Abtrocknen nicht weiter tropft, wie das die meisten tun, bei denen sich das Wasser im Rumpf sammelt. Es gibt Puppen im Handel, die zusätzlich eine Spe-

Im vierten und fünften Jahr

zialfunktion haben: eine Badepuppe von Zapf z. B. kann trinken und die Windel naß machen. Das fasziniert Kinder sehr und kann helfen zu verstehen, daß die Mutter das Baby oft trockenlegen muß.

Ich liebe Funktionspuppen sonst nicht, also solche, die etwas Besonderes „können", die Sprech- und Singpuppen, die Lauf- und Tanzpuppen. Und am wenigsten die, die auf Knopfdruck weinen. Es scheint mir nicht sinnvoll, Kindern auf diese Weise beizubringen, daß es möglich sein soll, jemanden quasi per Knopfdruck zum Lachen oder Weinen zu bringen. Denn eine Puppe ist ja für sie wie ein Mensch.

Aber in diesem einzigen Ausnahmefall liebe ich die Funktionspuppe, dieses Bade-, Trink- und Naß-Mach-Baby. Weil sie auch den Kleinsten die Chance gibt, die Babypflege so ganz realistisch nachzuspielen. Ich habe sie schon mehrfach verschenkt. Nicht, daß mit ihm die Eifersucht des „Großen" wie weggeblasen wäre. Aber als gute Hilfe hat sich dieses Spielzeug bewährt.

Andere Funktionspuppen werden oft wie Automaten, Roboter benutzt. Kinder führen ihren Schulfreunden zwar deren besondere „Begabung" stolz vor. Aber solche Puppen provozieren diese eine Art des Spiels so sehr, daß viele Kinder nur das und nichts anderes mit ihnen spielen. Das aber engt den Spielraum der Phantasie sehr ein.

Kinder können sehr viel mehr mit einer Puppe anfangen als nur vorgegebene Funktionen abzurufen.

Doch zurück zu dem Spiel des Kindes, das gerade eine Schwester oder einen Bruder bekommen hat. In ernsten Fällen beginnt das Kind, sich wieder in seine Baby-Zeit zurückzuversetzen. Es „wird" wieder ein Baby. Genauer gesagt: Ganz unbewußt spielt es das Baby-Spiel. Es sieht: Das Baby bekommt mehr Zuwendung als ich. Also will ich Baby sein.

Im Spiel erfüllt es sich diesen Wunsch. Manchmal ist sein Problem so schwierig, daß es damit nicht mehr spielend fertig wird. Dann braucht es plötzlich wieder ein Fläschchen, will öfter auf den Arm genommen werden oder wieder im Kinderwagen liegen. Manchmal macht es sogar wieder ins Bett, besonders nachts. Dieses Verhalten sollten die Eltern dem Kind bewußt machen, damit zeigen, daß sie den Kummer des Kindes verstehen und ihm einen Weg zeigen, ihn im Spiel zu bewältigen. Sie könnten sagen: „O, du möchtest wieder einmal Baby spielen. Ja, das macht Spaß!". Und dann spielen Sie das Spiel mit. Solange das Kind an diesem Tag Baby spielt, kann es aber nichts tun, was ein Baby auch

Rollenspiele

nicht tun könnte, etwa „Sesamstraße" oder „Die Sendung mit der Maus" sehen oder seine meist ja feste Lieblingspuppe mit ins Bett nehmen (weil sich ein Baby an der Puppe stoßen kann!). In solchen Momenten will das Eben-noch-Baby oft ganz schnell wieder großes Kind sein.
Gestatten Sie ihm dieses Hin und Her! Umso besser kann Ihr Kind diese schwierige Situation bewältigen!
Manche Eltern rufen das Kind lieber „zur Ordnung", kritisieren sein Verhalten, tadeln das Kind oder bestrafen es sogar. Mit einer solchen Reaktion stoßen Eltern ihr Kind nur tiefer in seine oft erste seelische Krise hinein.
Besonders beim Baby-Spiel sollten Sie stets für sanfte Übergänge sorgen. Kann es zum Beispiel gar nicht aufhören, sich an Sie zu klammern, so könnten Sie einen Übergang, eine Rückkehr zur Realität wahrscheinlich recht schnell finden, indem Sie etwa sagen: „Schade, jetzt hatte ich heute mittag gerade Spaghetti mit Tomatensoße (oder was Ihr Großes sonst am liebsten ißt) kochen wollen. Aber für Babys ist das ja nichts. Da werde ich wohl lieber Spinat machen (oder was Ihr Großes nicht gerne ißt)." Sie glauben gar nicht, wie schnell Ihr Möchtegern-Baby wieder große Tochter oder großer Sohn ist!
Einen spielenden Übergang vom Spiel zur Wirklichkeit finden, das ist das Geheimrezept von Müttern, die möchten, daß ihre Kinder das Spielen nicht verlernen. Denn eine Regel dafür heißt: Reiße ein Kind nie aus seinem Spiel. Die Realität, so meinen viele, lasse aber oft gar nichts anderes zu als das. Manchmal ist das sicher richtig. Meistens aber nicht.
Angenommen, Ihr Kind ist vertieft ins traumhaft schöne Spiel mit den Puppen. Sie aber haben das Essen fertig und möchten jetzt zusammen mit Ihrem Kind essen. Vielleicht „klingeln" Sie an der „Tür" der Puppenwohnung, erklären, daß Sie als Puppenoma nun die ganze Familie zum Essen einladen! Dann müssen alle Puppen mit an den Tisch. Und sie müssen vielleicht auch mitessen, gefüttert werden. Ein andermal laden Sie Puppenmutter und -kinder zum Spaziergang ein oder auch zum Einkaufen. Dann muß das Kind aber auch einen Kinder-Einkaufswagen bekommen und ein paar Sachen, die es gern mag (Kakao, Saft, Milch) da selbst hineinlegen dürfen. Und auch die Lieblingspuppe darf sich die Regale anschauen.
Wenn Sie sich als Puppenoma ganz in das kindliche Spiel einfühlen, können Sie das Kind in seiner Mutterrolle bestätigen, und es wird sehr gerne bereit sein, auch Ihre Rolle anzuerkennen. Meistens jedenfalls. Probieren Sie das doch mal aus!

Andere Rollen, die für Spiele interessant sind

Drei- und Vierjährige können nicht nur die Menschen der eigenen Familie beobachten, sondern noch viele Leute mehr. Und dabei sammeln sie unentwegt Stoff für neue Rollenspiele. Besonders interessant sind:

381 Kaufmann Einen perfekten Kaufmannsladen braucht das Kind nicht. Ein kleiner Tisch oder ein umgestülpter Umzugskarton wird zur Theke erklärt. Was aber wirklich gebraucht wird, wenn das Spiel reizvoll sein soll: Waage und Kasse. Denn das sind die Geräte, die das Kind faszinieren. Nehmen Sie aber eine Waage, die noch zwei Waagschalen hat, die ins Gleichgewicht gebracht werden sollen, also eine mit Gewichten. Mit Waagen, die Skalen zeigen, kann ein kleines Kind nichts abwiegen, weil es Zahlen noch nicht lesen kann. Und es versteht auch das Prinzip des Gleichgewichts nicht. Bei der Kasse gilt: Wenn das Schubfach aufspringt, muß es klingeln. Das unterstreicht die wichtige Funktion des Kassierens.

Das Kind braucht zumindest einen etwa gleichaltrigen Spielkameraden, egal ob Junge oder Mädchen. Zur Abwechslung kann es aber auch mal ein Elternteil sein.

382 Busfahrt Auch ein Busfahrer braucht neben einem Bus, der eine große Kiste sein kann, zumindest einen Mitspieler, einen eben, der Bus fahren will. Der muß beim Fahrer den Fahrschein erstehen (alte Fahrscheine von echten Fahrten mit öffentlichen Verkehrsmitteln für diese Zwecke sammeln!). Er muß auch sagen, wohin er fahren will. Dann erst kann er sich setzen. Dann ruft der Fahrer ein paar Stationen aus. Zuletzt das Ziel seines Fahrgastes, und dieser steigt wieder aus.

So ein Spiel bleibt nicht lange attraktiv. Aber der Bus könnte eine Panne haben und darum in die Werkstatt müssen. Dann wird der Fahrgast schnell zum Automechaniker „umfunktioniert".

Solche Spielmöglichkeiten sollten Sie ausschließlich dann vorschlagen, wenn das Spiel stockt und zu befürchten ist, daß es schon allzu schnell wegen Langeweile endet. Dann können Sie ja der Phantasie wieder auf die Sprünge helfen.

Und: Lernen Sie zu akzeptieren, wenn Ihr Kind Ihre Vorschläge mal nicht annimmt.

Rollenspiele

383 Post Man kann eine Kinderpost kaufen. Muß man aber nicht. Es gibt bei der richtigen Post kostenlose Postformulare, die sich im Spiel einsetzen lassen, Paketkarten, Adreßaufkleber, Überweisungsscheine, Einschreibezettel. So lernen die Kinder gleich die richtigen Formulare kennen. Abgestempelte Briefmarken von den Briefen und Karten lösen, auf Löschpapier trocknen und für das Postspiel sammeln. Der Beamte der Spielpost kann sie dann mit Klebestift auf die Kinderbriefe kleben.

Was man außer Kleber unbedingt braucht, ist ein Stempel. Sinnvoll wäre es, schon jetzt einen Stempelkasten zu kaufen, aus dem sich beliebige Stempel zusammenbauen lassen. Noch halten Sie ihn „unter Verschluß" und bauen dem Kind die Stempel, die es braucht. Ein wenig später will es das selbst tun. Das wird dann bei vielen zu einer neuen Lieblingsbeschäftigung. Schnell fangen die Kinder an zu fragen, weil sie die Buchstaben kennen wollen, die sie zusammenstecken.

384 Eisenbahn Da gerade Familien wieder öfter Bahn fahren, weil es viele Sonderangebote gibt, kommt auch dieses Rollenspiel wieder in Mode. Hierfür wäre es schön, wenn es mehrere Umzugskartons gäbe. Einer ist die Lok, die anderen sind Wagen. Es gibt einen Lokführer. Er betätigt Knöpfe, macht das Zuggeräusch (bitte kein „Tschtschsch" vormachen, so klang ein Dampfzug, den Sie vielleicht noch, Ihre Kinder aber ganz sicher nicht mehr kennen), stoppt an Signalen, fährt in Bahnhöfe ein, wobei er bremst. Bremsen, Anfahren, Tempo fahren, das alles macht andere Geräusche. Ob der Lokführer das hinkriegt? Dann gibt es einen Zugführer. Der kontrolliert Fahrkarten, schaut in dicken Büchern

Im vierten und fünften Jahr

nach, welche Verbindung der Reisende hat. Vor allem winkt er auf Bahnsteigen vor der Abfahrt des Zuges mit der Signalkelle (die leicht ein Kochlöffel darstellen kann), und er pfeift schrill auf seiner Trillerpfeife, wenn alles zur Abfahrt bereit ist. Zwei, drei Reisende sollte es auch noch geben. Nach einer Weile können die Rollen getauscht werden.

385 Verkehrspolizist Der Verkehrspolizist regelt den Verkehr. Damit es etwas zu regeln gibt, braucht er auch ein paar Mitspieler, die Leute, die am Verkehr teilnehmen, Auto-, Motorrad- und Radfahrer, Fußgänger vor allem. Für die Auto-, Motorrad- und Radfahrer gilt besonders, wenn sie sich dem Verkehrspolizisten nähern: „Siehst du Bauch und Rücken, mußt du auf die Bremse drücken!"
Bremsen quietschen, Fahrradfahrer klingeln, Autofahrer hupen, Fußgänger schimpfen. Da ist ordentlich was los auf der Straße. Und möglichst viele der Geräusche werden im Spiel imitiert. Und da gibt es dann auch mal einen Verkehrssünder, den der Polizist aufschreibt, den er ernsthaft ermahnt oder auch ausschimpft. Vielleicht passiert auch sogar ein Unfall, mit allem, was dazugehört, dem Streit der Beteiligten bis zum „Tatütata" des Krankenwagens.

386 Tierarzt Der Tierarzt braucht ein Wartezimmer, zu dem eine bestimmte Zimmerecke bestimmt werden kann. Da sitzen Leute mit ihren kranken Tieren. Ohne Plüschtiere geht es hier nicht. Denn der Arzt muß schon seine Hand auf den Kopf legen, um herauszufinden, ob der Hund, das Schaf oder der Elefant Fieber hat. Er muß den Puls der Katze messen und das verletzte Hasenbein angucken. Manchmal wird er auch operieren müssen. Mit Schere, Nadel und Faden sollten Herr oder Frau Doktor aber nur so tun als ob. Vom echten Bauch-Aufschneiden sollten Sie ihn abzubringen versuchen. Eine Phantasiewunde heilt schließlich schneller!
Ist ein Tier behandelt, ruft der Arzt: „Der Nächste bitte!" und öffnet die unsichtbare Tür zum Wartezimmer.

387 Zirkus Ein Zirkus braucht vor allem Akteure. Als Publikum sind auch Puppen oder Spieltiere akzeptabel. Die Tiere, die in der Manege ihre Kunststückchen vorführen – auf die Befehle eines Dompteurs hin, versteht sich – sollten dagegen von den Kindern dargestellt werden. Da balanciert ein Seehund einen Ball auf seinem Kopf, da macht ein Löwe Männchen. Da springt ein Hund durch einen Reifen, und ein Pferd

Rollenspiele

galoppiert im Kreis herum. Da spielt ein trompetender Elefant Fußball, und ein Affe nimmt einen anderen Huckepack.

Der Clown muß verkleidet und geschminkt sein. Man braucht – wie für viele weitere Rollenspiele auch – eine Klamottenkiste, in der alle möglichen Tücher und Bänder, alte Hüte und ausgetretene Latschen, alte Röcke, Hosen und kaputte Jacken zu finden sind. Unmodern gewordenes und von Mutti gespendetes Schminkzeug wäre außerdem wunderbar. Wenn ein Clown komisch wirken will, gelingt das manchmal schon, wenn er bloß solche Sachen falsch herum anzieht, Latschen an die Hände, Jacke mit dem Rücken nach vorn, einen Hut, in dem der ganze Kopf versinkt (kleine Augenschlitze einschneiden).

So ein herrlich turbulentes Zirkusspiel ist für eine Kinderparty gut geeignet. Denn hier kann jeder das vorführen, was er besonders gut kann. Und wirklich klappen muß das auch nicht. Schließlich macht der Clown auch immer alles falsch. Und es gibt Ruhepausen, in denen man sich unter das Publikum mischen kann.

388 Modenschau Hier verkleiden sich alle so witzig wie möglich. Wer gerade nicht vorführt, ist Zuschauer und darf Beifall spenden oder auch Mißfallen äußern.

389 Feuerwehr Eine kleine Gruppe von Kindern verabredet, wo es „brennen" soll. Nun brausen mehrere Feuerwehrwagen (Umzugskisten) mit lautem „Tatütata!" zur Stelle. Ein alter (im Haus besser nicht angeschlossener) Gartenschlauch stellt die Spritze dar. Alle löschen. Es zischt, wenn das Wasser aufs Feuer trifft. Man muß es hören. Plötzlich schreit ein Mensch um Hilfe. Der muß gerettet werden. Eine (nur in der Phantasie existierende) Leiter wird ausgefahren, oder es wird ein Sprungtuch gespannt. Alles schreit durcheinander. Die Gerettete wird gemeinsam in den Krankenwagen gehievt, der vorher gerufen wurde.

Im vierten und fünften Jahr

Ein Arzt kommt. „Nicht schlimm!", sagt der. „Den haben Sie noch rechtzeitig aus den Flammen geborgen!".

Übrigens: Sollte es einmal nötig sein, daß der Rasen kräftig gesprengt werden muß, so ist das ein wunderbares Spiel, in dem diese Arbeit mit größter Begeisterung gleich mit erledigt wird. Denn der Reiz steigt erheblich, wenn auf den Befehl des Kolonnenführers „Wasser marsch!" wirklich Wasser aus dem Schlauch kommt. Ein vielseitiges Spiel. Reicht die kindliche Phantasie noch nicht, es entsprechend auszubauen, spielen Sie doch mal als Kolonnenführer mit! Beim nächsten Mal können die Kinder es schon alleine.

390 Flugreise Nun wird die Kiste zum Flugzeug. Irgendwas muß da sein, das wie ein Mikrophon aussieht. Der Pilot spricht mit der Person im Turm. Darf er starten? Bekommt er eine Starterlaubnis? Ein Kind spielt den Piloten, ein zweites die Person im Turm, die später auch die Landeerlaubnis erteilt. Dies geht sicher nicht immer auf Anhieb. Dann soll der Pilot erst einmal Warteschleifen fliegen. Warum? Vielleicht ist die Landebahn vereist und muß erst aufgetaut werden. Oder es wollen im Moment einfach zu viele Flugzeuge auf einmal landen. Sie selbst könnten Steward oder Stewardeß spielen und weitere Kinder die Passagiere, die sich anschnallen müssen, wenn der Steward oder die Stewardeß das sagt, und denen er oder sie dann zwischendurch zur Erfrischung (echten) Kakao oder Saft bringt.

Es kann auch mal zu einer Notlandung kommen, weil ein Motor oder ein Triebwerk ausgefallen ist. Alle müssen sich anschnallen. Einige haben Angst. Es gibt Getöse. Dann ist es geschafft. Na ja, der Pilot war eben einer der besten seines Fachs!

391 Astronaut Ein Astronaut unterscheidet sich von anderen Menschen zunächst einmal durch seinen Anzug. Ein Skianzug oder ein Overall würde das schon in etwa symbolisieren. Ein Helm wäre auch gut (vielleicht gibt es einen Sturzhelm in der Familie?). Dann begibt sich der Weltraumflieger in seine Rakete auf der Startrampe (Karton hochstellen!). Nun wird gezählt „Zehn, neun, acht, sieben, sechs, fünf, vier, drei, zwei, eins, zero!". Können die Kinder noch nicht sicher und schon gar nicht rückwärts zählen, dürfen sie Zahlen nennen, wie sie wollen. Sie vereinbaren aber, daß ein bestimmter Mitspieler einmal „Zero!" ruft. Dann darf niemand mehr weiterzählen. Die Stimmen werden ja nun auch gebraucht, um das Startgeräusch der Rakete zu machen. Wenn der Astronaut hoch über der Erde kreist, kann er erzählen, was er

Rollenspiele

sieht. Hierbei können Sie die kindliche Phantasie sich austoben lassen. Vielleicht kann seine Rakete auf dem Mond landen oder auf dem Jupiter! Auf irgendeinem Stern. Das finden auch die Kleinen schon toll.
Irgendwann kommt der Astronaut zurück. Er landet im Meer. Und vielleicht wollen ja nun alle, daß sich die Rakete in ein prachtvolles Schiff verwandelt.
Bei allen diesen Spielen – und es gibt unzählige mehr – kann sich das Kind in Rollen versetzen, die es später einmal wirklich übernehmen könnte, einige davon jedenfalls. Alle Rollen können selbstverständlich von Mädchen wie von Jungen übernommen werden. Ich habe hier nur die männlichen Berufsbezeichnungen benutzt, aber ich denke, daß uns die Tatsache, daß Mädchen wie Jungen solche Berufe ausüben können, selbstverständlich sein sollte.
Es gibt darüber hinaus noch viele ganz andersartige Rollenspiele, solche, in denen sich Kinder in Phantasiefiguren „verzaubern" können. Sie werden zu Gespenstern, Hexen oder Monstern, zu Nixen, Feen und Wichteln. Zwei Beispiele:

392 **Gespenster** Große helle Tücher sind nötig, die, locker übergeworfen, aus einem Menschen ein Gespenst machen. Am schönsten ist es, im Dunkeln zu spielen. Vielleicht bekommt dann jeder, der Gespenst spielt, eine Taschenlampe. Oder jeder zieht einen fast aufgeblasenen Luftballon über eine Taschenlampe. Dann erst verschließt er den Luftballon, etwa mit einem festen Gummiring, über dem Taschenlampengriff unterhalb des Schalters.
Das sieht dann wirklich ganz schön gruselig aus!
Aber: Wenn ein Kind wirklich Angst bekommt, sollten Sie das Spiel abbrechen oder das Kind aus dem Spiel woandershin mitnehmen.
Beim Spiel nimmt das Kind unbewußt auf: Gespenster gibt es nicht, die spielt man nur. Und damit kann es sich die Angst vor vorgestellten Geistern ganz gut wegspielen. Wenn eines der Kinder aber noch nicht so weit ist, sollten Sie versuchen, mit ihm darüber zu sprechen, und erklären, daß es Gespenster nur im Spiel gibt.

393 **Monster** Ein Monster zu sein bedeutet, ziemlich gruselig auszusehen. Schminke und Verkleidung können dabei Wunder wirken! Anderen aus Spaß ein bißchen Angst machen und diese Angst dann im Gelächter zu ertränken, ist genauso befreiend wie das Gespensterspiel.

Im vierten und fünften Jahr

394 Märchenspiele Voraussetzung ist, daß alle, die mitspielen, das Märchen kennen. Wahrscheinlich ist es besser, sie erzählen es nochmal. Bei den Drei- und Vierjährigen können Sie allerdings nur eine Kurzfassung erwarten. Wichtig ist nur, daß sie erfahren: Es macht Spaß, eine Geschichte, die man gehört hat, auf diese Weise selbst nachzuerleben. Geeignet sind vor allem Märchen, die höchstens an zwei Orten spielen, wie etwa „Rotkäppchen". Die ersten Szenen spielen im Wald, wo Rotkäppchen Blumen pflückt und später den Wolf trifft, die übrigen im Haus der Großmutter, wo die alte Frau und auch Rotkäppchen vom Wolf gefressen und später vom Jäger wieder aus dem Wolfsbauch befreit werden. Dann ist die Freude groß.

395 Fernsehgeschichten Kinder in diesem noch frühen Alter sollten so wenig wie möglich fernsehen. Als Zuschauer sind sie passiv, bewegen sich kaum, und der Phantasie wird alle Arbeit abgenommen. Und was nicht gefordert wird, wird nicht gefördert.
Aber ganz ohne Fernsehen scheint es heute kaum noch zu gehen. Dann sollten die Eltern kritisch auswählen. Magazinsendungen, etwa „Sesamstraße" oder „Die Sendung mit der Maus", eignen sich noch am ehesten. Schließlich auch Geschichten wie „Meister Eder und sein Pumuckl" oder ein Marionettenstück aus der Augsburger Puppenkiste. Wenn das Kind nun schon fernsieht, benutzen Sie die Mattscheibe doch als Spielanreger. Reizen Sie das Kind doch einmal, zusammen mit einem Freund „Ernie und Bert" zu spielen oder „Meister Eder und sein Pumuckl".

396 Western-Spiele Erzieherinnen können ein Lied davon singen: In jeder Gruppe gibt es Kinder, die irgendwann einmal oder auch häufiger einen Western anschauen durften und die jetzt, tief beeindruckt von den aktionsreichen Geschichten und den stets schußbereiten Cowboys und Sheriffs, auch im Kindergarten unbedingt Western spielen wollen. Da sich die laute Ballerei tiefer einprägt als irgendein Handlungsablauf sonst, ist bei ihren Western-Spielen auch kaum mehr als Schießwut und Schießfreude zu erkennen. Oft weiß man als Zaungast eines solchen wilden Auftritts gar nicht genau, ob hier gerade ein Western oder vielleicht ein Krimi aufgeführt wird. Beim genauen Hinhören erfährt man aber sehr schnell, um welche Szenerie es sich handelt.
Manche Eltern setzen solchem Treiben meist ein energisches, schnelles Ende. Sie fürchten, daß sich die ohnehin vorhandene Aggressivität der

Kinder in solchen Spielen noch steigert. Andere lassen das zu, weil sie hoffen, die Kinder können in so agressiven Spielen einen Teil ihrer Aggressivität abbauen.
Diese Meinung überwiegt zwar, läßt sich aber – streng wissenschaftlich – ebensowenig beweisen wie die erste.
Verbieten aber ist sinnlos. Das beendet das Spiel zwar im Augenblick, macht es aber nur noch reizvoller.
Sinnvoller ist es, auf das kindliche Spiel einzugehen und es als Mitspieler in eine andere Richtung zu führen.
Das ist gar nicht so schwierig.
Etwa: Wenn sich die Revolver – und das tun sie sicher – auch auf Sie richten, so verstehen Sie das doch als Einladung zum Mitspielen. So, Sie wurden getroffen. Fallen Sie also auch um! Stöhnen Sie und verlangen Sie einen Arzt. Nach dem ersten Schrecken, den die Kinder sicher kriegen, wenn Sie umgefallen sind, verlangen Sie nochmal einen Arzt. Dann kommt eins der Kinder sicher drauf, daß das jetzt ein neues Spiel ist. Es rennt zum imaginären Telefon, dreht die Scheibe und ruft so den Arzt. Der kommt dann mit Tatütata angebraust.

Man muß Sie auf die Bahre packen, ins Krankenhaus fahren, vielleicht operieren. Achtung: Vor einer Operation die Hände waschen und den Mundschutz vorbinden, das Käppi aufsetzen!!
(Sie dürfen da getrost soufflieren – die Kinder stören sich selten daran, wenn dadurch Spiel und Wirklichkeit ein bißchen ineinander übergehen). Nach mehreren wichtigen Behandlungen sind Sie wieder bestens hergestellt. Ein Grund zum Feiern.
Schon wieder ein neues Spiel – bei dem Sie die Kinder sich sicher nun wieder selbst überlassen können.

397 Budenzauber Bei vielen Kindern sind vor allem diejenigen Rollenspiele beliebt, die zum Teil in einer „Bude" stattfinden. Beim Vater-Mutter-Kind-Spiel wird sie zur Wohnung, beim Indianerspiel zum Zelt, beim Eskimospiel zum Iglu, bei der Modenschau wird sie zur Umziehkabine, beim Doktorspiel zum Sprechzimmer und so fort.
Es gibt Spielhäuser und Zelte zu kaufen. Noch schöner aber finden die

Im vierten und fünften Jahr

meisten Kinder selbst gebaute Buden und Höhlen, weil die sich leichter verändern, schneller an neue Spielideen anpassen lassen.

Immer noch beliebt ist der Unterschlupf unter dem an den Seiten mit Decken verhangenen Tisch. Gut ist es auch, eine Spielecke durch zwei aufeinander gestapelte Umzugkartons vom Rest des Zimmers abzugrenzen. Man kann auch eine Mauer aus Schuhkartons bauen.

Auch im Garten oder auf dem Spielplatz sollte es eine Möglichkeit geben, eine solche Bude oder Höhle zu bauen. Am einfachsten ist die Grundkonstruktion aus Ästen, Brettern oder Latten. Darüber kann man dann noch eine alte Wolldecke, noch besser eine Folie legen. Denn nichts ist aufregender als eine wasserdichte geheime Höhle, in die man auch bei Regen fliehen kann. Wenn es dann tüchtig auf das Foliendach prasselt, fühlen sich Kinder drinnen wohlig geborgen. Übrigens: Solche Buden und Höhlen sind vor allem dann reizvoll, wenn der Zutritt für Erwachsene verboten ist und wenn sich die Erwachsenen dann auch strikt an dieses Verbot halten.

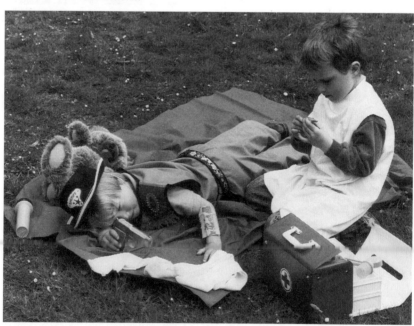

Mehr als ein Rollenspiel: Doktorspiele

Es gibt natürlich auch ein Rollenspiel, bei dem eines der Kinder Arzt spielt und die anderen die Patienten sind. Er fühlt ihren Puls, mißt den Blutdruck, tastet den Bauch ab. Doch das sind nicht die einzigen Bereiche des Körpers, die den Vierjährigen interessieren.

Gerade im vierten Lebensjahr erwacht ein ganz neues Interesse am eigenen Körper und auch am Körper der Altersgenossen, der gleichgeschlechtlichen wie der andersgeschlechtlichen. In dieser Zeit beginnt bei den meisten Kindern die dritte Phase der sexuellen Entwicklung. Nach der „oralen" und der „analen" Phase wachsen sie nun in die „phallische" Phase hinein. Stufe für Stufe erschließen sich die Kinder nämlich verschiedene Möglichkeiten körperlicher Befriedigung, körperlicher Lust. In der oralen Phase ist der Mund(lat. Os) die lustbringende Zone, die beim Saugen und Nuckeln aktiviert wird. In der analen Phase wird der After (lat. anus) zur vorrangigen Quelle körperlicher Lustempfindung (bei der Körper-Entleerung). Jetzt wird der genitale Bereich zur erogenen Zone. Der Junge entdeckt, daß das Spielen am Glied (griech. phallos) Lust bereitet. Beim Mädchen ist es die Klitoris, die die kindliche Lust erregt. Wenn Sie davon ausgehen, daß Kinder irgendwann nach dem dritten oder vierten Geburtstag damit beginnen, gelegentlich zu onanieren, kommt dem Doktorspiel unter diesem Aspekt größere Bedeutung zu.

Die Kinder sind vor allem an der genitalen Zone interessiert und untersuchen sie beim anderen Kind genau. Gerade diese Betätigung nennen wir mittlerweile Doktorspiele. In dieser Ausprägung ist das Doktorspiel natürlich mehr als ein Rollenspiel. Denn es hat mit dem Doktorspielen in des Wortes ursprünglicher Bedeutung, also mit dem reinen Rollenspiel, überhaupt nichts mehr zu tun. Viele Eltern erschrecken, wenn sie Sohn oder Tochter dabei entdecken.

Auch heute gibt es noch manche Eltern, die so etwas rundweg verbieten: „Sowas tut man nicht!". Dahinter steckt die elterliche Angst, das Kind könnte womöglich viel zu früh sexuelle Neigungen verspüren oder gar übermäßig triebhaft veranlagt sein. Aber die Fachleute können Väter und Mütter da völlig beruhigen.

Das Stadium dieser speziellen Neugierde und auch des Erprobens körperlicher Lust gehört zur gesunden Entwicklung eines jeden Kindes. Problematisch wird es oft erst dadurch, daß Eltern mit Peinlichkeit oder gar Verbot reagieren und in Kindern dadurch Schuldgefühle wecken, die ein Leben lang alles Sexuelle belasten können. Versuchen Sie, den

Doktorspiele

Doktorspielen nicht mehr und nicht weniger Beachtung als anderen Spielen auch zu schenken.
Die Kinderanalytikerin Nelly Wolffheim hat in ihrem Privatkindergarten in Berlin gerade auch diesen Bereich erkundet. Sie stellte fest: Doktor spielen Kinder nur mit bevorzugten Freunden. Die meisten Jungen tun es mit ihrer besten Freundin, die meisten Mädchen mit ihrem besten Freund.
Aber auch Jungen kriechen manchmal mit dem Freund unter die Decke, und manchmal kann man auch zwei Mädchen dabei beobachten. Vertrautheit scheint grundsätzlich ebenso dazuzugehören wie der Ausschluß anderer.
Eltern sollten aus der Art der kindlichen sexuellen Begegnung keine falschen Schlüsse auf späteres sexuelles Verhalten ziehen. Sind zwei Jungen oder zwei Mädchen bei einem Doktorspiel, so müssen sie nicht etwa befürchten, daß die Kinder homosexuell oder lesbisch werden. Das gemeinsame Miteinander-Spielen liegt auf einer völlig anderen Ebene.

Autos und Eisenbahnen

Da hat der Herr Sohn oder das Fräulein Tochter nun schon mindestens zwanzig Modellautos – das sollte doch reichen, oder? Nein, was will dieses unersättliche Kind bei jedem Besuch im Kaufhaus wieder haben: ein Modellauto! „Du hast doch schon so viele!" ist überhaupt kein Argument. Denn prompt kommt: „Aber so eins hab ich noch nicht! Und das brauche ich unbedingt!"
Mangelt es da an Bescheidenheit? Das muß nicht der Grund sein. Dem Kind geht es im Grunde nicht um ein Auto, es geht ihm ja um ein Rollenspiel: Verkehr möchte es nachahmen. Und mit wenigen Autos läßt sich das nicht machen.
Denn auf einer Autobahn gibt es in jeder Richtung mindestens zwei Spuren, vielleicht auch noch Schleichspuren, es gibt immer wieder ein Rasthaus und eine Tankstelle, Parkplätze, Abfahrten.
Wenn das alles benutzt werden soll in diesem Spiel, dann braucht man schon eine Menge Wagen. Auch Staus muß es geben, und Unfälle müssen passieren. Dann braucht man dringend ein Polizeifahrzeug, einen Krankenwagen und die Pannenhilfe des ADAC, falls mal eine Reparatur notwendig ist.
Ärgern Sie sich also nicht, wenn Ihr Kind wieder ein neues Auto möch-

Im vierten und fünften Jahr

te. Unmäßigkeit spiegelt sich in diesem Wunsch nicht. Eher Beständigkeit. Denn es geht immer wieder um das gleiche Spiel. Es wird auch nie langweilig, weil es so vielseitig ist. Es gibt Autorennen und Autoreparaturwerkstätten, Parkprobleme, Parkhäuser. Der Phantasie sind keine Grenzen gesetzt. Unmäßigkeit der Wünsche – der Verdacht besteht da eher, wenn ein Kind jedesmal etwas Neues will, einmal Autos, einmal eine Figur aus dem Weltall, ein Monster, dann eine Eisenbahn. Das heißt natürlich nicht, daß jeder Autowunsch auch prompt erfüllt werden muß. Das Kind sollte auch in dieser Beziehung einsehen lernen, daß Ihr Geldbeutel nicht unerschöpflich ist. Wenn Sie Autos kaufen, ohne daß das Kind sich ausdrücklich ein bestimmtes gewünscht hat, wählen Sie Nutzfahrzeuge. Die weiten die Spielmöglichkeiten aus: ein Möbel- oder ein Viehtransporter, ein Autobus oder ein Lastwagen, ein Baufahrzeug.

Warum spielen die Kinder so gern Verkehr?

Erstens weil sie ihn tagtäglich erleben, weil er aufregend ist und weil sie sich die Aufregung vom Leibe spielen müssen.

Zweitens aber ist so eine Autobahn eine Rennstrecke, sind Straßen in der Stadt jeweils eine kleine Welt für sich, eine Welt, in der, wer mit ihr spielt, bestimmen kann, was passiert, ob unvorsichtiges Fahren zu einem Unfall führt oder ob es nochmal gut geht, ob da ein Geisterfahrer von der Polizei gefaßt wird oder ob er entwischt, ob Familie Meier eine Panne hat oder pünktlich zum Flughafen kommt.

Ja, wer da spielt, hat Macht, Macht sogar über Leben und Tod. Und diese Macht zu erleben, das ist ein sehr guter Ausgleich dafür, daß ein Kind im Alltag ja stets mit seiner Ohnmacht konfrontiert wird.

Vieles bleibt ihm noch verwehrt, obwohl es gar nicht einsehen mag, daß es gefährlich sein soll.

Vieles erlebt es als reine Willkür. Und die kann das Kind in der Welt der kleinen Modelle nun selbst anwenden.

Es muß nicht unbedingt eine Welt der Modellautos sein. Dieselbe Funktion hat auch eine Modelleisenbahn. Hier kommt noch ein weiterer Reiz hinzu: Das Kind kann – und dazu muß es eben erst einmal älter werden – seine kleine Welt sogar recht realistisch selbst erschaffen. Es kann Berg und Tal entstehen lassen, Flüsse fließen auf seinen Befehl, Häuser und Brücken werden gebaut.

Wenn eine Modelleisenbahn nur Runden dreht und Kinder dabei nur auf Knöpfchen drücken können, dann ist das Spiel mit ihr wenig kreativ. Doch wenn sie sich diese Welt selbst gestalten können, dann ist es ein

Autos und Eisenbahn

wunderschönes Spiel, eines das meist das mit den Modellautos ablöst, eines, zu dem Jungen wie Mädchen kaum vor dem achten Geburtstag in der Lage sind.

Ganz verschiedene Puppen – aber alle sind für Rollenspiele zu gebrauchen

Nicht jedes Rollenspiel muß mit anderen Kindern gespielt werden. Rollenspiele kann man auch mit Handpuppen, Marionetten, mit Fingerpuppen oder mit kleinen Figuren spielen, die zum Modellspielzeug oder zu anderen Spielzeugen passen. Die Sache macht aber oft mehr und manchmal nur Spaß, wenn es auch Zuschauer gibt.

Zuerst muß das Kind selbst ein paarmal zuschauen, und Vater oder Mutter müssen etwas vorspielen. Mit der Zeit will das Kind selbst aktiv werden, will zu dem werden, der die Handlung bestimmt.

Es ist allerdings gar nicht leicht, eine Handlung zu erfinden und sie dann auch noch vorzuspielen. Wenn die ersten Ansätze gefunden sind, kann sich ein solches Puppenspiel schnell zur Lieblingsbeschäftigung des Kindes entwickeln. Mit den verschiedenen Puppen läßt sich auch auf sehr unterschiedliche Weise spielen.

Ein perfektes Kasperletheater ist etwas besonders Attraktives, weil es auch zum Spiel vor Zuschauern motivieren kann. Aber es engt auch ein. Und oft ist die Bühne recht klein. Am einfachsten ist es, Sie bringen im Türrahmen des Kinderzimmers, ungefähr in Höhe der Körpergröße des Kindes, zwei Haken an und dann zwei Ringe an einer Decke. Wird die Decke in den Türrahmen gehängt, soll das Kind dahinter nicht mehr zu sehen sein. Über der Decke ist die „Spielleiste". Sie eignet sich für Hand- und für Fingerpuppen. Alle diese Puppen kann man kaufen. Es gibt sehr hübsche in jeder Gattung. Wir wollen hier trotzdem zeigen, wie man mit viel Spaß selbst welche herstellen kann. Mit einfachsten Mitteln und kinderleicht.

398 **Handpuppen** Pro Puppe brauchen Sie: eine große Holzkugel (als Kopf), ein Rundholz, das genau in das Loch der Kugel paßt (am besten gleichzeitig im Bastelladen kaufen!), ca. 20 cm lang. Dazu brauchen Sie zwei Holzperlen (Hände) mit einem Durchmesser von etwa 1,5 cm bis 2 cm und 25 cm Blumendraht (Arme).

Schließlich sind Reste von Wolle, Stoffen, Fell und Bändern, dazu Kartonstreifen nötig, um die Puppen aufzuputzen.

Im vierten und fünften Jahr

Plaka-Farben, Pinsel, Nadel, Faden, Schere, Feile und Schneiderkreide – das ist schon alles!
Und so wird's gemacht: Die Kopf-Kugel wird mit Plaka-Farbe fleischfarben angemalt. Fleischfarbe ergibt sich aus einer entsprechenden Mischung von Rot, Weiß und Gelb. Sie können die Kugel darum rundherum anmalen. Stellen Sie sie dann mit dem Stab in eine Büchse zum Trocknen. Ist die Fleischfarbe trocken, kann das Gesicht aufgemalt werden. Ist auch das trocken, werden die „Haare" aufgeklebt. Sie werden aus Wollebüscheln oder aus einem Stück Fell hergestellt.

Etwa einen Zentimeter unterhalb des Kopfes wird mit der Feile eine kleine Rille in den Stab gefeilt. Der Abstand ist später der Hals. In die Rille wird etwas Blumendraht gewickelt, der nach rechts und links gleich weit – 5 bis 6 cm – absteht.

Unten an beide Enden je eine Schlaufe – und nun rein in die Hand-Perle, die auch rundherum fleischfarben angemalt werden sollte. Auch das trocknen lassen.

Inzwischen können Sie ein einfaches Gewand nähen. Drehen Sie ein Stück Stoff oder Filz auf die linke Seite und malen Sie – 40 cm lang und 20 cm breit etwa – diese Form mit Schneiderkreide auf: Genau um die Mitte der Mittellinie zeichnen Sie einen Kreis und schneiden ihn aus. Er muß so groß sein, daß der Kopf durchpaßt. Nun das Gewand zuschneiden. Legt man das Teil in der Mitte zusammen, fehlt nur noch an den Seiten je eine Naht. Die Armlöcher lassen Sie frei. Die Ärmel müssen breit genug sein, daß die Finger den Draht – pardon: die Arme – bewegen können.

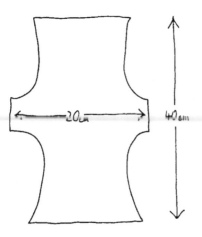

Natürlich kann man dieses Gewand mit Knöpfen, Bändern, Litzen verzieren oder auch mit besonderen Kennzeichen (etwa Flicken beim Räuber) versehen. Diese Grundform reicht. Dem König klebt man dann aufs Haupthaar noch eine Krone aus Karton. Die Königin bekommt, ehe man ihr die Krone aufklebt – die vielleicht etwas kleiner ist als die des Königs – noch einen Schleier, der nach hinten über das Kleid fällt. Einem wird vielleicht ein Bart angeklebt, der anderen eine Schleife ins Wollhaar gebunden. Und Kasperle kriegt eine Tüten-Mütze, an deren Ende bunte

Handpuppen

Bänder hängen. Die Puppen-Grundausstattung könnte vielleicht so aussehen wie auf der Zeichnung oben.
Vielleicht sollte noch ein Tier – etwa ein Krokodil- auftreten. Dafür erfordert es, ebenso wie für einen Wolf, einen Bär oder sonstige tierische Mitspieler, eine andere Technik:

399 Handspieltiere Pro Spieltier brauchen Sie: einen einzelnen alten Sokken oder Kniestrumpf, Wolle, Filz, Knöpfe oder Perlen oder was sich sonst noch für die Augen eignet.
Und so wird's gemacht: Fahren Sie mit der Hand in den Socken. Der Daumen kommt in die Ferse, die Finger dorthin, wo vorher die Zehen saßen.
Bewegen Sie die Finger auf den Daumen zu. Da öffnet und schließt das „werdende" Vieh schon sein Maul. Das wird nun dadurch noch besser markiert, daß Sie ein entsprechendes Oval aus rotem oder rosafarbenem Filz schneiden und in diesen „Rachen" nähen. Soll man die „gefährlichen" Zähne sehen, etwa beim Krokodil, so können an den äußeren Rändern noch weiße Perlen angenäht werden. Die Augen kommen dahin, wo, wenn die Hand im Strumpf ist, die Knöchel der Finger sitzen.
Das Gesicht bekommt einen ganz anderen Ausdruck, je nachdem, ob Sie diese (Knöpfe, Perlen u.ä.)

Im vierten und fünften Jahr

ganz nah zusammen oder weit auseinander annähen. Wenn es ein Krokodil werden soll (grüne Socken), reicht das nun schon. Ein Löwe braucht eine Mähne (eine alte Fransenborte oder Wolle) ums mächtige Maul. Ein Hund kriegt noch einen kleinen Flicken als Nase ins Gesicht. Der Katzen-Schnurrbart wird aus Garnfäden angenäht.
Sie ahnen jetzt sicher schon, wieviele Möglichkeiten es gibt. Ein kleiner Zoo als Anregung:

400 Fingerpuppen
Auch mit Fingerpuppen kann man über einer Spielleiste spielen, etwa über dem Rand der zwischen die Tür gespannten Decke. Aber Fingerpuppen können auch ein wunderbares Spielzeug für unterwegs sein, das im Handschuhfach oder in der Handtasche untergebracht und jederzeit hervorgezaubert werden kann, wenn es droht, langweilig zu werden.
Es gibt viele schöne Versionen zu kaufen. Hier ist ein einfaches Rezept, schnell selbst welche herzustellen. Sie brauchen nur ein Stück leichten Karton, Farbstifte, Buntpapier, Kreppapier und einen Klebestift. Und so wird's gemacht: Aus dem Karton schneiden Sie einen Kreis. Dann schneiden Sie einen Sektor, etwa ein Drittel des Kreises, heraus und kleben die runde, spitze „Tüte" zusammen. Darauf malen Sie ein Gesicht. An die offene Rundung kommt etwas Kreppapier, das die Kleidung oder den Körper andeuten soll.

Fingerpuppen

Mit winzigen Unterschieden heben sich bestimmte Typen hervor: ein paar Kreppapierkügelchen am Hut charakterisieren den Kasper, ein mit einer Augenbinde überklebtes Auge und ein angeklebter winziger Wollbart deuten an, daß es sich um den (See-)Räuber handelt. Wenn Sie einen Fingerpuppenkönig erschaffen wollen, kleben Sie die winzige Goldpapierkrone am Ende der „Tüte" so an, daß die Spitze verdeckt wird. Der Großmutter wird eine Brille aus Papier angeklebt. Der Polizist trägt einen dunklen Rock mit ein paar glitzernden Knöpfen aus Buntpapier. Wie Sie Fingerpuppen herstellen und wie diese dann zum Beispiel aussehen können, zeigen die Zeichnungen auf dieser Seite.

401 Marionetten

Marionetten sind Puppen, die an leichten Fäden geführt werden, die hoch oben in einer Führungsleiste enden. Die, die es zu kaufen gibt, sind durchweg für Dreijährige noch nicht zu empfehlen. Das Hantieren mit den verschiedenen Fäden ist zu schwierig. Vierjährige könnten es mit den einfachsten Marionetten schon einmal versuchen. Aber kaufen Sie erst eine einzige Marionette zum Ausprobieren.

Ansonsten und für die Jüngeren stellen Sie doch ganz einfach eine her – einfach zum Basteln und einfach zum Spielen. Sie brauchen: pro Puppe ein Stück Stoff von mindestens 40 cm x 40 cm und höchstens 70 cm x 70 cm, Watte, Nylonschnur und eine kleine Leiste von etwa 8 cm Länge, einen Bohrer. Und so wird's gemacht: Genau in die Mitte des Tuches kommt eine feste Wattekugel, die aus einigen Wattebäuschchen zusammengeballt wurde, et-

Im vierten und fünften Jahr

wa tennisballgroß bei der kleinen Version. Als Kopf abbinden. An zwei gegenüberliegenden Ecken wird nun je eine kleine feste Wattekugel abgebunden – die Hände. Zwei winzige Perlen reichen, um die Augen anzudeuten. Doch Sie können natürlich auch ein vollständiges Gesicht aufsticken. In der Mitte jeder der drei abgebundenen Wattekugeln wird ein Nylonfaden angebracht, der nach oben führt. Die Länge der Fäden bestimmt sich durch die Länge der Arme des Kindes. Meist werden es so etwa 50 cm sein. Nun wird die Führungsleiste hergestellt. In die etwa 8 cm lange Leiste wird genau in der Mitte ein Loch gebohrt. Dann noch eins an jedem Ende, etwa 0,5 cm von der Kante entfernt – auf der Mittellinie. Durch die Löcher werden die Fäden gezogen, die oben verknotet werden.

Und schon kann das Spiel beginnen, das noch relativ einfach ist, weil wir bei diesen Marionetten ja auf die Beine verzichtet haben.

Und so könnte Ihr erstes Ensemble aussehen:

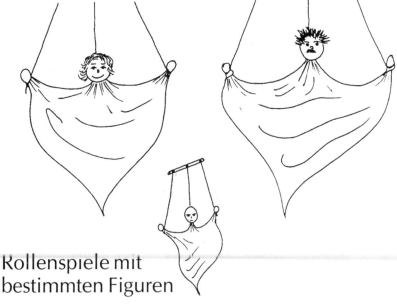

Rollenspiele mit bestimmten Figuren

Es gibt eine Menge Figuren zu kaufen, die entweder das Herz eines ganzen Spielsystems darstellen oder die ein Bausystem bzw. ein Spielsystem anderer Art „beleben". Die beliebtesten Figuren der ersten Art sind sicher die „Leute" von Playmobil. Sie eignen sich ganz hervorragend

Rollenspiele

für unzählige Rollenspiele. Da gibt es Bauleute mit Baufahrzeugen und Skiläufer, Eltern mit Kindern mit dem Spiel- oder Rummelplatz, dem Haus, dem Park, da gibt es Farmer mit ihren Rinderherden und Pferden, Ärzte, Sanitäter mit Krankenwagen, die Eisenbahn mit Personal und Reisenden. Es wäre wohl schwer, sich ein Rollenspiel auszudenken, das nicht auch mit Playmobil zu spielen ist.

Die beliebtesten Figuren, die ein Bausystem ergänzen und beleben, sind sicher die von Lego. Von Duplo oder Fabuland zu Legoland – für jede Altersstufe gibt es die passenden.

Bestechend z. B. das Leben auf der Burg, in der Stadt, am Bahnhof, die zum Legoland gehören, aber auch die Tierfiguren, die das Fabuland ausmachen. Da werden Leo Löwe, Bully Bulldogge, Freddy Fuchs und Kalle Krokodil aktiv oder Maxi Maus, Nessi Nilpferd, Bonnie Kaninchen und Edward Elefant oder Louise Lamm und Wuschi Waschbär. Sie alle wohnen in den Häusern und fahren in den Fahrzeugen, arbeiten im Garten oder in der Mühle, erholen sich auf dem Rummel oder im Park vom Fabuland – und geben Stoff für unzählige Geschichten.

Auch zu anderen Spielzeugen gibt es sehr oft Spielfiguren, die sich für Rollenspiele eignen, etwa die von Fisher-Price: Ob für die Stadt, die Schule, das Fachwerkhaus, den Bauernhof – überall taucht die „Play Family" auf. Auch mit solchen Spielfiguren macht das Spielen meist mehr Spaß, wenn man mit dem Freund oder der Freundin zusammen spielen kann.

Am meisten wird die Phantasie angeregt, wenn die Kinder sich selbst verkleiden und in ausgedachte Rollen schlüpfen können.

Doch das geht nicht immer und nicht überall.

Das Puppenspiel mit Hand- und Fingerpuppen oder mit Marionetten läßt auch noch weiten Raum für Phantasie, weil zwar die Rollen festliegen, aber nicht der Raum, der das Spiel wesentlich mitbestimmt – nämlich ob die Handlung im Wald, am Meer, in der Stadt, auf dem Dorf oder auf dem Mond stattfindet.

Eher engen sicherlich die Spielfiguren ein. Ritter werden kaum auf die Skipiste und Bauleute selten auf den Bauernhof geschickt. Doch man sollte da die Kinder nicht unterschätzen. Ich habe schon Kinder erlebt, die sich gar nichts dabei dachten, einen Lokomotivführer in ein Boot zu setzen. Kinder mit Phantasie lassen sich da selten irritieren. Doch gleichgültig, welche Art Rollenspiel Ihr Kind besonders liebt, es wird sich positiv auf seine Entwicklung auswirken.

Im Rollenspiel können soziale Kontakte geknüpft und vor allem auch

Verständnis für andere Menschen geweckt werden. Die Kinder üben, sich in andere Rollen zu versetzen, andere Standpunkte einzunehmen. Sie wachsen darum leichter aus der egozentrischen Phase heraus. Außerdem empfinden sie den großen Einfluß, den sie selbst auf den Handlungsablauf haben, als erleichternd, weil ja diese Macht die täglich immer wieder erfahrene Ohnmacht ein wenig ausgleicht, das Spiel also entlasten kann.

Bei alledem können diese Spiele wie kaum andere das sprachliche Ausdrucksvermögen des Kindes fördern.

Im Spiel mit Hand- und Fingerpuppen und Marionetten sowie mit den unterschiedlichsten Spielfiguren wird schließlich auch noch die Handgeschicklichkeit geübt.

In dieser Altersstufe und lange über sie hinaus sind und bleiben Rollenspiele die wichtigsten Spiele überhaupt.

Kapitel 14

Weitere spannende und lustige Spiele im Jahreslauf

Im Frühling

402 **Frühlingsblumen entdecken** Was ein Kind von der Natur zuallererst erfahren kann, ist ihre wundervolle Vielfalt. Zeigen Sie ihm darum alle die herrlichen Frühlingsblumen unserer Gärten, Wiesen und Wälder!
Nennen Sie ihm auch alle die Namen. Es muß sie noch nicht behalten. Aber das unterstreicht die Erfahrung einer reichen Natur: Krokusse, Primeln und Schneeglöckchen, Buschwindröschen, die auch Anemonen heißen, Schlüsselblumen, Veilchen und Leberblümchen, Huflattich, Löwenzahn und Scharbockskraut. Nehmen Sie einen Naturführer zu Hilfe, wenn Sie einige der Namen vergessen haben. Welche Blume mag Ihr Kind am liebsten? Vielleicht das Schlüsselblümchen? Dann soll es jetzt mal nur nach Schlüsselblümchen Ausschau halten! Wenn Sie nicht gerade im Naturschutzgebiet (Pflückverbot) sind, darf sich das Kind auch ein paar davon pflücken, ausnahmsweise. Stellen Sie sie nachher in sein Zimmer.
Vielleicht behält es ihren Namen nun sogar schon. Achtung: Maiglöckchen aus dem Weg gehen, weil sie giftig sind!

403 **Wiese anlegen** Eine Wiese im Kinderzimmer! Und Tag für Tag kann das Kind sie wachsen sehen! So wird's gemacht: Sie legen eine kleine, etwa fünf Zentimeter hohe Kiste mit Stanniolpapier aus und füllen sie dann mit Humus. Kaufen Sie ein Tütchen Grassamen. Das Kind darf ihn ausstreuen und ein wenig andrücken. Bedecken Sie das Ganze mit einer feuchten Zeitung und stellen Sie die werdende Wiese aufs Fensterbrett!
Nach spätestens vier Tagen sind die ersten grünen Spitzen zu sehen. Nun weg mit der Zeitung, und Sie können das Gras wachsen sehen!

Im vierten und fünften Jahr

404 **Eierköpfe mit grünen Haaren** Wenn Sie ein Ei aufgeschlagen haben, heben Sie den größeren Teil der Schale auf. Das Kind darf sie mit feuchter Watte füllen, bis zum Rand. Dann kann es ein wenig Kressesamen draufstreuen. Etwas andrücken! Am besten sät man, wenn das „Ei" schon im Eierbecher steht. Mit Stanniolpapier abgedeckt, stellen Sie es so vor das Fenster. Nach wenigen Tagen, wenn sich die ersten grünen Spitzen zeigen, kann das Papier wieder runter, und das Kind kann zuschauen, wie schnell die Kresse wächst.
Malt man auf die Eischale ein Gesicht, wird das Ganze zu einem „Kopf mit grünen Haaren".

405 **Ohrringe aus Gänseblümchen** Auf die Unterseite der Blüte eines Gänseblümchens tropfen Sie ein wenig Saft aus dem Stengel des Löwenzahns. Dann können Sie die Blüte am Ohr festkleben. Lassen Sie das Kind in einen Spiegel schauen. Oder kleben Sie sich selbst eine Blüte ans Ohr, damit das Kind auch sehen kann, wie das aussieht!

406 **Gänseblümchen-Kette** Nur sehr langstielige Gänseblümchen pflücken. Löwenzahnstengel in kleine Abschnitte teilen. Ziehen Sie einen Gänseblümchenstiel durch einen solchen Abschnitt und führen Sie ihn in einer Schlaufe zurück in diesen Abschnitt.
Es entsteht eine Öse. Diese muß so eng sein, daß der Kopf des nächsten Gänseblümchens nicht durchrutscht. Dann ziehen Sie dessen Stiel wieder durch einen Löwenzahn-Stengelabschnitt und in einer Schlaufe zurück. Das sieht dann schließlich so aus wie auf der Zeichnung.

407 **Steinhausen errichten** Etwa handgroße Steine sammeln, aber nur solche, die auf einer Seite fest auf dem Boden stehen können. Mit Fenstern, Türen usw. bemalen (Plaka-Farben). Zwei Zentimeter hohe Steine bekommen auf diese Weise Gesichter und stellen dann die Bewohner von Steinhausen dar. Hier sollten der Phantasie keine Grenzen gesetzt werden. Vielleicht wird ja auch noch ein Fluß angelegt, auf dem Borkenboote fahren, oder Ahornblätter werden mit dem Stiel in den Boden gesteckt und zu Bäumen erklärt.

Spiele im Jahreslauf

408 **Fangen** Ein Spieler wird ausgezählt (s S. 112 u. 216). Wer ausgezählt wurde, ist Fänger. Die anderen Mitspieler laufen weg. Der Fänger versucht, einen zu erreichen und anzutippen. Gelingt das, ist der Angetippte Fänger.

409 **Fangen – Hocken** Eine beliebte Abwandlung ist diese: Wenn der Fänger versucht, einen Mitspieler anzutippen, kann der versuchen, vorher noch in die Hocke zu gehen. Dann ist er fürs erste gerettet. Denn hockend kann er nicht angeschlagen werden.

410 **Schlangen-Fangen** Der Fänger versucht, einen Mitspieler zu fangen. Gelingt ihm das, muß der ihn anfassen. Und nun laufen sie zu zweit den anderen hinterher. Jeder, der angeschlagen wurde, faßt an – so entsteht eine Schlange, die zum Fang ausgeht.

411 **Die Katze versteckt sich** Ein Kind ist das Kätzchen, das sich davonschleicht und versteckt. Die anderen müssen es suchen. Wer es zuerst entdeckt, darf Kätzchen der nächsten Runde sein.

412 **Der Schuhe-Haufen** Hier geht es auch ums Suchen. Alle ziehen die Schuhe aus. Sie werden auf einen Haufen geworfen. Einer soll sie tüchtig „umrühren". Nun fallen alle über den Haufen her. Wer hat seine Schuhe als erster wieder angezogen?

413 **Ball-Kunststücke** Für Dreijährige ist es noch schwierig, einen Ball aufzufangen, aber die Kinder versuchen es unermüdlich immer wieder. Werfen geht schon besser. Beim Zielen hapert es dann wieder etwas. Mal versuchen, den Baumstamm zu treffen. Wem gelingt es? Leicht ist es, wenn er am Boden liegt, schwierig aber, wenn der Baum noch aufrecht steht. Wer kann den Ball auf dem Kopf balancieren? Oder auf der flachen Hand? Bei allen diesen Spielen lernen die Kinder, allmählich immer geschickter mit dem Ball umzugehen, und bereiten sich so schon auf die Ballspiele der nächsten Jahre vor.

414 **Seilspringen** Dreijährige benötigen schon eine Menge Mut, um über ein Seil zu springen, das etwa 20 cm vom Boden entfernt straff gespannt ist. Wenn das noch nicht geht, lassen Sie etwas nach. Fangen Sie eben bei 10 cm an. Zuerst darüber laufen. Dann mal bewußt springen. Es geht auch im Schlußsprung oder auf einem Bein. Vierjährige schaffen es meist auch schon über ein etwas höheres Seil. Es geht dabei

Im vierten und fünften Jahr

nicht um Rekorde. Die Leistungssteigerung bringt aber immer neue Spannung.

415 Tauziehen Das Springseil vom vorigen Spiel reicht vollkommen. Zwei etwa gleich starke Kinder ziehen in entgegengesetzter Richtung am Seil. In der Mitte ist eine Linie gezogen, vielleicht mit einem Absatz in den Sand. Wem gelingt es, den anderen über diese Linie zu ziehen?

416 Topfschlagen Das macht besonders viel Spaß, wenn mehrere Kinder mitmachen. Unter einen Topf wird eine Näscherei gelegt oder sonst etwas, das ein Drei- oder Vierjähriges gewinnen möchte. Ein Kind bekommt die Augen zugebunden und einen Kochlöffel in die Hand. Nun versucht es, den Topf zu finden und darauf zu klopfen. Gelingt ihm das, gehört ihm der Preis.

417 Das Ostereierspiel Wie immer werden die Ostereier versteckt. Nur: Diesmal bekommt jeder, der mitmacht, eine Eiergrundfarbe. Wer das Rot hat, darf zunächst alle Eier mit roter Grundfarbe nehmen. Sie können natürlich gelbe Punkte oder Blümchen oder Streifen oder auch ganz andere Muster draufgemalt haben – nur stets auf rotem Grund. Der andere Mitspieler hat die gelben Eier, wieder ein anderer die blauen zu suchen. Findet ein Mitspieler ein Ei einer Farbe, die einem anderen zugeteilt ist, kann er es mitnehmen und es mit einem anderen tauschen, der eines mit seiner Grundfarbe gefunden hat. So bekommt jeder nur so viele Eier, wie er gefunden hat bzw. ihm zugedacht worden sind.

Spiele im Sommer

418 **Eierlaufen** Das paßt auch gut zu Ostern, weil da genügend gekochte Eier vorhanden sind. Jeder Mitspieler bekommt einen Eßlöffel. Darauf legt er sein Ei. Auf Kommando des Spielleiters laufen nun alle so schnell sie können bis zu einem vereinbarten Ziel – ohne ihr Ei zu verlieren. Wer es doch verliert, hebt es auf, geht zum Start und beginnt die Strecke noch einmal.
Wer kam als erster mit Ei auf dem Löffel ins Ziel?

Im Sommer

419 **Sommerblumen entdecken** Dasselbe Spiel wie im Frühling. Nur: Jetzt ist die Blütenvielfalt noch größer. Feldblumen, vor allem Korn- und Mohnblumen, gibt es nur noch selten. Aber im Wald und auf der Wiese blüht es doch noch reichlich. Weil das Erkennen der Pflanzen manchmal schwierig ist, nehmen Sie wieder den Naturführer zur Hand! Ihr Kind darf bemerken, daß Sie nicht alle Blumen kennen, aber daß Sie nachschlagen, wenn Sie etwas nicht wissen. Am häufigsten blühen bei uns im Sommer: Hahnenfuß (Vorsicht – giftig!), Löwenzahn, Wiesen-, Weiß- und Hornklee, Weidenröschen und Vergißmeinnicht, Kornrade, Kornwicke (Vorsicht – giftig!), Vogelwicke, Ackerwinde und dann die vielen weißblühenden Doldengewächse, die sich so schwer unterscheiden lassen, vor allem Zaungiersch, Sichelmöhre und Kleine Bibernelle.

Das Kind darf wieder eine Lieblingsblume wählen (auf jedem Spaziergang selbstverständlich eine neue). Die darf es, wenn Sie nicht im Naturschutzgebiet sind, auch pflücken. Pflücken, nicht räubern! Aber Vorsicht: Neben den genannten häufigen Sommerblühern sind auch noch ein paar seltenere besonders giftig, vor allem der Blaue Eisenhut, Fingerhut und Wiesenkerbel.

Im vierten und fünften Jahr

420 Pusteblumen-Spaß Manche Löwenzahnblüte hat sich nun schon in die federleichte Pusteblume verwandelt. Erzählen Sie dem Kind, daß am Ende der feinen „Haare" die Frucht mit dem Samen sitzt. Einmal genau anschauen lassen. Der Wind soll den Samen verbreiten, damit überall wieder Löwenzahn wächst. Es macht bestimmt Spaß, Wind zu spielen.

421 Sonnenuhr Es ist gar nicht schwierig, eine Sonnenuhr zu basteln. Ein Rundstab kommt ins Bodenloch eines umgestülpten Blumentopfes. Auf eine glatte Fläche stellen, in die man aber Striche ziehen kann, also kein Steinboden, aber ein Gartenweg ist geeignet. Und sonnig muß der Topf stehen. Nun sieht man den Stabschatten während des Tages rund um den Topf wandern. Am besten ist es, wenn Sie genau zu jeder vollen Stunde den Schatten abzeichnen – auf den Boden jeweils einen Strich machen und die Uhrzeit daneben schreiben. Aber für die Drei- und Vierjährigen reicht es auch schon, wenn sie mit Erstaunen verfolgen können, daß der Schatten „wandert". Machen Sie das Kind darauf aufmerksam, vielleicht hat es noch nie bemerkt, daß die Sonne „wandert". Dies ist eine der interessantesten Gelegenheiten dazu.

422 Fruchteis Sommerzeit ist Eiszeit. Man muß das Eis nicht immer vom Eismann kaufen. Selbstgemachtes wird dem Kind sicher besonders schmecken. Lassen Sie es in jedes Fach des Eiswürfelbehälters eine entsteinte Kirsche legen oder ein anderes Stück einer Sommerfrucht. Mit Fruchtsaft auffüllen.
In jede Kirsche oder ins andere Obst einen Zahnstocher stecken. Nun kommt das werdende Eis ins Gefrierfach.

423 Schattenfangen Fangen kann man zu allen Jahreszeiten spielen, Schattenfangen nur, wenn die Sonne mitspielt. Die Chancen hierfür sind im Sommer am größten. Gefangen wird hierbei nämlich nicht, wer angetippt wird, sondern derjenige, auf dessen Schatten der Fänger getreten ist.

424 Bäumchen wechsel dich Suchen Sie eine Stelle, an der die Bäume nicht zu weit voneinander entfernt, aber auch nicht zu nah beieinander stehen. Eine Gruppe von Bäumen wird ausgesucht, in der ein Baum weniger steht als Kinder mitspielen. Jedes Kind stellt sich vor einen Baum. Auf das Kommando des Spielleiters „Bäumchen wechsel

Spiele im Sommer

dich!" laufen die Kinder los. Jeder muß versuchen, einen anderen Baum zu erreichen, bevor es ein anderes Kind schafft. Ein Baum wird als „Mitspieler" gestrichen. Wer hält sich bis zuletzt?

425 Luftball Die Mitspieler stehen im Kreis. Einer wirft einen aufgeblasenen Luftballon hoch; die anderen sollen ihn so lange wie möglich in der Luft halten – immer wieder nach oben stoßen. Man kann aber auch zwei kleine Mannschaften bilden; welche schafft es über die längere Zeit?

426 Luftballon-Treten Jedes Kind bekommt einen Luftballon ans Fußgelenk gebunden. Dann wird Fangen gespielt. Gefangen ist derjenige, dessen Luftballon vom Fänger getreten und zum Platzen gebracht wurde. Dabei sollten Sie allerdings die zerplatzten Luftballons wieder ersetzen, denn sonst ist die Trauer über den verlorenen Ballon größer als die Freude am Spiel.

427 Ringe werfen Fürs Ringe-Werfen kann man den Zielblock und die Reifen in einer Packung kaufen. Will man das nicht, kann man auch ein paar Pflöcke in den Boden stecken und eine einfache Punktzahl bestimmen. Am besten zählt bei Drei- und Vierjährigen noch jeder gelungene Wurf als ein Punkt. Daß das Treffen verschiedener Pflöcke unterschiedliche Punktzahlen eintragen soll, ist für kleinere Kinder sicher nur schwer einzusehen.
Spielringe sollten Sie kaufen. Es reichen natürlich auch Baderinge, wenn Sie diese schon haben.

428 Sackhüpfen Sackhüpfen macht Kindern vor allem dann besonderen Spaß, wenn die Großen mithüpfen. Fairerweise kämpfen diese dann aber in einer anderen Klasse. Also: Jeder steigt in seinen Sack (eventuell auch ausgediente Bettbezüge sammeln und entsprechend abschneiden oder für die Kleinen auch Kopfkissenbezüge). Von einer Startlinie wird nun um die Wette bis zum vereinbarten Ziel gehopst. So alt das Spiel auch schon ist – es begeistert immer wieder.

429 Tunneljagd
Hat man ein paar ausgediente Autoreifen, läßt sich damit leicht ein Tunnel bauen. Auf dem eigenen Grundstück eine flache, breite Rinne graben, in der die Autoreifen sicher liegen können. Auf fremdem Grundstück: jeden Autoreifen vorn und hinten durch große Steine sichern.

Spiele im Jahreslauf

Trotzdem sollte stets ein Erwachsener den Tunnelwächter spielen, also notfalls rasch zugreifen, wenn ein Reifen zu kippen droht. Ist der Tunnel gebaut, wird Kriech-Fangen gespielt. Man fängt und flieht stets auf allen vieren. Wer angerufen wird, wird dann verfolgt. Er muß zuerst durch den Tunnel.

430 Trudelspaß Trudeln macht an sanften kurzen Hängen besonders viel Spaß, auf einer Wiese ebenso wie im Sand (Düne). Wer trudeln will, legt sich quer zur Trudelrichtung, rollt seitwärts und wird durch den Hang immer mehr beschleunigt.

431 Wasserrutsche Für ein größeres Wasservergnügen sind die Gärten am besten geeignet, die einen Hang haben. Eine Bahn Teichfolie (Gartengeschäft) wird über den Hang gelegt. Vorher müssen allerdings Steine unter der Bahn weggesammelt werden. Auch auf Wurzeln achten! Dann wird die Folie eingeseift. Mit Kernseife, versteht sich. Nun Wasser darüber spritzen oder gießen, eimerweise. Eine herrliche Wasserrutsche. Ab und zu mal wieder Wasser nachschütten.

432 Regenbogen Quietschvergnügt werden die meisten Kinder auch, wenn man sie mit dem Schlauch voll spritzt. Auch, wenn sie andere naßspritzen können. Gut, wenn ohnehin mal gesprengt werden müßte! Scheint die Sonne, entsteht sicher auch ein „Regenbogen". Machen Sie die Kinder darauf aufmerksam.

433 Wassertanz Am Strand sollte der Kassettenrekorder stets rücksichtsvoll leise spielen, wenn er denn überhaupt erlaubt ist. Aber schön ist es, nach unterschiedlichem Rhythmus im höchstens kniehohen Wasser zu tanzen.

434 Balljagd Drei- und Vierjährige können oft noch nicht sicher schwimmen. Darum sollten sie bei diesem Spiel vorsorglich Schwimmflügel tragen oder eine andere Oberarm-Schwimmhilfe. Ein Ball wird ins Wasser geworfen. Nun jagen alle nach ihm. Wer ihn rausholt, darf ihn nun wieder hineinwerfen. Man kann auch jedem, der den Ball einmal erwischt, einen Punkt geben, aber wenn es die Kinder zu sehr frustriert zu verlieren, lassen Sie es.

435 Seeschlange Die Seeschlange besteht aus einer möglichst langen Kinderreihe, die von einem Erwachsenen angeführt wird. Nun schlängelt sich die Seeschlange durchs knie- bis höchstens hüfthohe

Im vierten und fünften Jahr

Wasser – je mehr Kurven genommen werden, um so mehr Spaß macht das!

436 Abschleppen Zu diesem Spiel treten Paare an, die jeweils aus einem Erwachsenen und einem Kind bestehen. Der Erwachsene schwimmt in Brustlage eine vereinbarte Strecke. Das Kind schwimmt huckepack mit und spielt den Antreiber. Auf Kommando des Spielleiters geht es los. Welches Paar ist als erstes am Ziel?

Im Herbst

437 Siegerkranz aus Eichenblättern Zuerst zeigen Sie Ihrem Kind, wie Eichenblätter aussehen. Nun kann es ja mal auf die Suche gehen. Es soll einen Blätterberg zusammensammeln. Nur Eichenblätter, das bedeutet: Es muß diese Form von allen anderen unterscheiden. Eine tolle Leistung. Darum soll es nun auch einen Siegerkranz erhalten.
Jetzt werden kleine feste Zweigstücke gebraucht. Wie mit einer Stecknadel wird nun ein Blatt ans nächste gesteckt, die Spitze nach vorn gerichtet. Wie das aussieht, ist auf der Zeichnung dargestellt:

438 Bunte-Blätter-Bilder Viele bunte Blätter sammeln und mit nach Hause nehmen. Sicher ergibt sich noch heute oder spätestens morgen einmal eine Gelegenheit, Bilder daraus zu kleben. Zuerst werden Formen so gelegt, daß Bilder entstehen. Oft muß hier und da ein Bein angemalt oder ein Auge eingezeichnet werden, wenn es ein Tierbild werden soll. Aber man kann auch einfach hübsche Farben zu einer reinen Blätter-Collage zusammen aufs Papier bringen. So etwas kann so aussehen wie auf der Zeichnung.

439 Früchtekette Knallrote Hagebutten, grüne Erbsen, gelbe Maiskörner eignen sich am besten zu Ketten. Man zieht sie wie Perlen auf eine Nylonschnur oder einen starken Baumwollfaden auf.

Spiele im Herbst

Eine starke Stopfnadel ist dazu nötig. Je nach Geschicklichkeit Ihres Kindes können Sie noch etwas mithelfen oder einfach nur dabeisitzen.

440 Lustige Gestalten aus Herbstfrüchten Wieder muß zuerst einmal gesammelt werden: Eicheln, Kastanien, Tannenzapfen vor allem. Viele Formen sind möglich.
Meist braucht man ein paar Bastelhölzer, auch Streichhölzer, aber ohne Kopf. Hagebutten, Federn und ähnliches kann verwendet werden.
Die Zeichnungen auf dieser Seite zeigen ein paar Beispiele für das, was entstehen könnte.

441 Das Spiel mit der Windmühle Die größten Chancen, einen windreichen Nachmittag zu erleben, bestehen sicherlich im Herbst. Es gibt viele schöne Spiele im Wind. Das erste ist sicher das mit einer Windmühle. Das können Kinder zwar auch schon früher spielen, aber die Drei- und Vierjährigen können schon beim Basteln helfen. Sie brauchen: pro Windmühle ein Stück festes Papier – ein Quadrat von 15 cm Kantenlänge. Außerdem sind nötig: ein Holzstab, eine Stahlstecknadel, eine kleine Holzperle und eine Schere. Ist das Quadrat ausgeschnitten,

Im vierten und fünften Jahr

wird es diagonal gefaltet, dann wieder gerade gelegt. Man schneidet an den Faltlinien entlang bis etwa 1 cm bis zur Mitte. Die Ecken 1-2-3-4 werden auf eine Stecknadel gesteckt, die dann durch den Mittelpunkt und durch die Holzperle an den Holzstab gesteckt wird. Fertig sieht das dann so aus wie die Zeichnung zeigt.

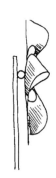

Wenn Sie eine zweifarbige Windmühle haben möchten, müssen Sie zwei verschiedenfarbige Papiere aufeinander kleben.

442 **Flatterbänder** Aus bunten Kreppapieren werden verschiedenfarbige, verschieden breite, aber etwa gleichlange Bänder geschnitten. Einfach an eine Wäscheleine klammern oder mit Stahlstecknadeln an einen Holzstab stecken, der so vor dem Fenster angebracht wird, daß der Wind mit den Bändern schön spielen kann.

443 **Ein einfacher Drachen** Es gibt wunderschöne Drachen zu kaufen, die für einen ungeübten Bastler kaum selbst herzustellen sind. Aber einen einfachen werden sicher alle Eltern fertig bekommen. Das Kind darf helfen oder zumindest zuschauen. Sie brauchen: zwei Leisten aus möglichst leichtem Holz, im Querschnitt 0,6 cm bis 1 cm, etwa 90 cm für die Längsleiste, 60 cm für die Querleiste. Sie werden zu einem Kreuz gelegt: Die beiden Teile der Querleiste sind gleich lang. Die Längsleiste steht oben 22 cm, unten 68 cm über. Einen kurzen dünnen Nagel hineinhauen und dann kreuzweise noch mit Schnur zusammenbinden. Die vier Enden werden leicht eingekerbt – für die Leinenführung. Zuerst kommt die Umspannschnur, die dem Drachenkreuz den festen Halt gibt. Sie läuft von Ecke zu Ecke um das Kreuz herum. (1).

Spiele im Herbst

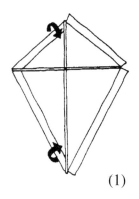
(1)

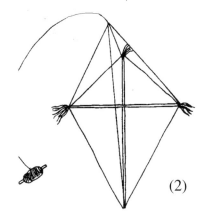
(2)

Das so umspannte Holzkreuz wird nun auf einer Seite mit Drachenpapier aus dem Bastelgeschäft – kleinen "Saum" zugeben – beklebt. (1) Ist der Leim trocken, legt man den Drachen mit der Papierseite auf den Boden. An den vier Ecken des Kreuzes werden Schnüre von jeweils etwa einem Meter angebracht. Sie werden unter dem Kreuzpunkt verknotet. Das bedeutet: Drachen hochheben, Papierseite nach oben. Und dann genau unter dem Kreuzpunkt da knoten, wo alle vier Schnüre straff sind. An diesem Punkt wird die Führungsleine befestigt, die dünn, aber möglichst lang (allerdings nicht länger als 200 m) sein soll. (2)

Nun fehlt nur noch der Schwanz, an den Papierschleifen geklebt werden. Ans Schwanzende kann man noch eine Papiertroddel hängen. Die Schleifen sollten etwa jeweils zehn Zentimeter voneinander entfernt sein. Man kann zusätzlich, ebenfalls aus Drachenpapier, Augen, Nase und Mund aufkleben – oder auch ganz andere Muster. Nun muß nur besagter windiger Nachmittag kommen,

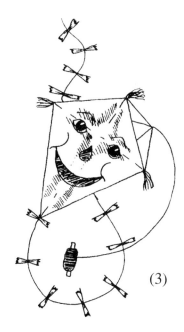
(3)

Im vierten und fünften Jahr

dann kann der Drachen in die Lüfte steigen. Nicht enttäuscht sein, wenn das nicht gleich funktioniert. Vielleicht den Knoten der Schnüre unter dem Holzkreuz nochmal überprüfen! Fertig ist er. (3)

444 Dreiradrennen Da es im Herbst schon etwas kühl ist, sollten die Kinder mehr toben als im Sommer, wenn sie draußen spielen. Beinahe alle fahren nun sicher Dreirad. Also mal ein zünftiges Dreiradrennen veranstalten.

445 Dreirad-Slalom Auch Slalom für Dreiräder ist reizvoll. Mit Stöcken oder Büchsen wird eine Slalomstrecke aufgebaut. Gar nicht so leicht, wenn man schnell um die engen Kurven flitzen will.
Wer einen Stock oder eine Büchse umwirft, muß ihn bzw. sie wieder aufrichten, darf dann aber weiterfahren. Der Spielleiter braucht hier allerdings eine Uhr mit Sekundenanzeiger. Denn die Wettfahrer treten ja hintereinander an. Und die Vierjährigen wollen hinterher schon wissen, wer am schnellsten gefahren ist.

446 Hindernislauf Hier geht es wieder einfach um einen Lauf, aber einen, der über Hindernisse führt. Ein Baumstamm muß überklettert oder übersprungen werden, man muß über ein Brett balancieren, über einen Bach springen oder ihn durchwaten oder Steine reinlegen und von Stein zu Stein gehen – die Hindernisse ergeben sich aus den örtlichen Gegebenheiten und den körperlichen Fähigkeiten der Kinder.

447 Ballonlauf Diesmal bekommt jeder Mitspieler einen aufgeblasenen Luftballon, jeder einen einer anderen Farbe, damit man ihn während des Wettlaufs immer deutlich von den anderen Ballons unterscheiden kann. Es gibt eine Startlinie und ein vereinbartes Ziel. Jeder soll versuchen, den Ballon, leicht tretend, ins Ziel zu bugsieren. Geht ein Ballon kaputt, darf sich der Pechvogel einen neuen holen und muß dann wieder am Start beginnen.
Wer hat seinen Luftballon als erster heil ins Ziel geschubst?

448 Lumpensammler Noch ein aufwärmender Wettlauf.
Diesmal werden auf einer kurzen vereinbarten Strecke auf jede Bahn drei, fünf oder sieben Teile gelegt, die die Mitspieler unterwegs einsammeln sollen: Handschuhe, ein Schal, ein Karton und was sonst noch geeignet erscheint.

Spiele im Herbst

449 Schubkarrenlauf Hier kämpfen immer Paare zusammen. Ein Erwachsener steht hinter dem Kind. Das geht auf alle viere, stützt sich aber vor allem auf die Hände. Der Erwachsene nimmt nun die Beine in die Hand, etwas über dem Knöchel. Und los geht's!. Zuerst etwas üben. Wenn alle Schubkarren klarkommen, kann der Wettlauf beginnen. Wieder wird eine Startlinie gezogen und ein Ziel vereinbart. Welches Schubkarren-Paar erreicht zuerst das Ziel?

450 Neckball Ein Kreis von Kindern umschließt einen Mitspieler. Im Kreis ist ein Ball, den sich die im Kreis Stehenden stets zuwerfen – möglichst flott hintereinander. Der Mitspieler in der Kreismitte versucht, den Ball zu fangen. Gelingt ihm das, darf er aus der Kreismitte in den Kreis der Kinder. In die Mitte geht dann, wer den Ball geworfen hat, den der Spieler in der Mitte abgefangen hat.

451 Wurf-Pyramide Recht bekannt ist die Wurf-Pyramide. Aus leeren Dosen wird eine Pyramide aufgebaut. Die Kinder stehen in drei bis fünf Metern Entfernung. Jeder darf dreimal werfen. Gelingt es, dabei wenigstens die Hälfte der Dosen zu kippen? Wäre toll.

452 Laternen-Basteln aus Papier und Pappe Im Spätherbst ist Laternenzeit. Es macht Spaß, mit dem Kind zusammen eine Laterne zu basteln. Mit Papier und Pappe gibt es viele Möglichkeiten. Für eine ganz einfache brauchen Sie: eine Käseschachtel (Durchmesser 16 cm) für den Boden. Genau in der Mitte wird ein Kerzenhalter (Bastelgeschäft) angebracht. Dann brauchen Sie für die Wand Pergamentpapier, etwa 52 cm x 25 cm. Außerdem ist 30 cm langer Draht nötig.

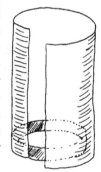

Als Werkzeug brauchen Sie: Schere, Bleistift und Lineal, Klebestift und Stopfnadel.

Abb. 1

Die einzelnen Arbeitsschritte sind auf den Abbildungen 203 u. 204 abgebildet.

Kleben Sie das Papier um den Boden herum. (Abb. 1)
Der innere Schachtelring wird als Begrenzung oben eingeklebt.

Abb. 2

Nun kommt der Kerzenhalter in die Laterne. (Abb. 2)

Im vierten und fünften Jahr

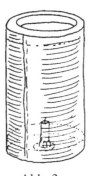

Abb. 3

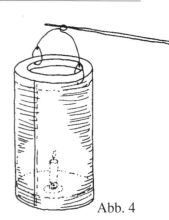

Abb. 4

Schließlich wird der Draht angebracht. (Abb. 3)
Nun braucht nur noch eine Kerze reingesetzt und angezündet zu werden. Mit einem Holzstab läßt sich die Laterne gut tragen. (Abb. 4)
Man kann innen auch Muster aus schwarzem Papier gegenkleben, die dann beim Laterne-Leuchten wie Schatten ausgespart sind. Das muß aber geschehen, bevor die Wand um den Boden geklebt wird.

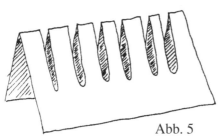

Abb. 5

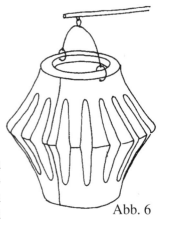

Abb. 6

Eine andere Möglichkeit: Als Wand benutzen Sie einen kräftigen roten Karton, den Sie zunächst in der Mitte falten. Schneiden Sie dann im Abstand von etwa zwei Zentimetern ein Stück so ein wie auf Abb. 5.
Falten Sie den Boden wieder auseinander. Nun verfahren Sie wie nach der vorigen Anleitung. Schließlich sieht das dann so aus wie auf Abb. 6.

453 Laternen-Basteln aus Früchten Am besten eignen sich Kürbis und Rüben. Es geht ganz einfach: Deckel abschneiden. Frucht aushöhlen. Mit einem spitzen Messer Augen, Nase und Mund ausschneiden. Die Frucht innen ganz austrocknen lassen. Kerzenhalter

Spiele im Winter

am Boden befestigen (den Boden begradigen, damit die Laterne notfalls auch einmal stehen kann). Ist die brennende Kerze eingesteckt, kommt der Deckel wieder drauf. Das sieht immer etwas gespenstisch aus, wenn es im Dunkeln leuchtet (siehe Zeichnung S. 204).

Im Winter

454 Eisradtreiben Ein Eisrad entsteht so: Sie legen den Deckel einer Waschmitteltonne (rund) mit Folie aus und füllen ihn mit Wasser. So stellen Sie das werdende Eisrad in den Frost. Für Drei- und Vierjährige ist es schon eine wunderbare Sache, daß das Wasser jetzt hart geworden ist. Wenn Sie es nun aus der Folie befreien, ist das Eisrad schon fertig. Das Kind kann versuchen, es rollen zu lassen, vielleicht auch mit einem Stöckchen anzutreiben.
Vielleicht sollten Sie immer gleich mehrere Eisräder herstellen. Dann gibt es zum Glück nach eventuellen Eisscherben ein neues Rad.

455 Eisrutschbahn An einem frostigen Abend einen Eimer Wasser ausgießen – an einer Stelle, über die kein ahnungsloser Fußgänger geht, versteht sich. Vorsichtshalber könnten Sie ein Schild aufstellen, auf dem „Vorsicht: Eisbahn" steht. Das Kind ist bei diesen abenteuerlichen Vorbereitungen dabei. Am nächsten Tag sieht es: Aus dem Wasser wurde eine Eisbahn. Die ist glatt. Ziehen Sie das Kind, es an beiden Händen haltend, ein paarmal rüber, damit es ein Gefühl für Glätte bekommen kann.
Wenn es die erste Scheu verloren hat, wird es bestimmt begeistert sein.

456 Schneeball werfen Für eine zünftige Schneeballschlacht ist ein Drei- oder Vierjähriges noch zu klein. Aber zeigen Sie ihm, wie man einen Schneeball formt und fest macht. Sie werfen nach ihm, es wirft nach Ihnen. Allmählich gewinnt es Spaß daran.

457 Schneeball-Zielwurf Die nächste spielerische Vorübung für die Schneeballschlachten kommender Jahre ist das Zielen. Stellen Sie doch drei Büchsen zu einer Mini-Pyramide auf. Ob das Kind sie mit einem Schneeball umwerfen kann? Oder es zielt auf einen bestimmten Ast, eine Bank (auf der niemand sitzen sollte), auf einen Fleck an einer Mauer oder auf sonst ein Ziel.

Im vierten und fünften Jahr

458 **Schneemann und Schneefrau bauen** Kann das Kind schon einen Schneeball formen, lernt es auch bald, einen Schneemann zu bauen. Oder auch eine Schneefrau. Die Geschlechter der Schneeleute erkennt man ja erst an der Ausstattung. Drei nach oben kleiner werdende Kugeln, das ist die Grundform. Dann ist alles erlaubt, die konventionelle Möhrennase, der ausrangierte Kochtopf als Hut, dunkle Steine als Augen, ein Stöckchen als Mund, wiederum Steine als Knöpfe. Bis auf die Kohle, die früher ein Muß für Augen und Knöpfe war, ist das dann ein ganz konventioneller Schneemann.

Aber er darf auch ausgediente Kindersachen angezogen kriegen, eine inzwischen zu klein gewordene Mütze, einen löcherigen Schal. Vielleicht bekommt die Schneefrau eine Kette aus Kiefernzapfen, lange blonde Haare aus Stroh – und was noch?

459 **Schneemann und Schneefrau konservieren** Sind Schneefrau und Schneemann klein und handlich, kann man sie in der Gefriertruhe gesund über Frühjahr, Sommer, Herbst bringen, sofern man eine hat. Es ist schon was Besonderes, auch im Sommer einen Schneemann zu haben!

460 **Tiefschnee-Fangen** Liegt tiefer Schnee auf einer größeren Fläche, ist es herrlich, darin mal Fangen zu spielen. Das ist ganz schön anstrengend und macht müde.

461 **Schlitten-Rennen** Zwei Paare mit je einem Schlitten müssen mitmachen. Zu einem Paar gehören ein Erwachsener und ein Kind. Das Kind sitzt auf dem Schlitten. Beide Schlitten stehen knapp an der Startlinie. Die „Pferde" stehen hinter den Schlitten. Auf das Kommando des Spielleiters laufen sie nach vorn, greifen die Leine und rennen los, bis zu einem vereinbarten Ziel – oder um einen verabredeten Punkt herum zur Ziellinie, die mit dem Start identisch ist. Ältere Kinder haben auch Spaß an dem Spiel, allerdings mit der Variante: Jedes Paar besteht aus zwei Kindern – und am Wendepunkt werden die Rollen getauscht, das Pferd wird Kutscher, der Kutscher wird Pferd.

462 **Schlitten-Slalom** Das ist natürlich auch ein Rennen, das wie das vorige ausgetragen wird. Nur hier geht es nicht über eine gerade Strecke, sondern es sind Stöcke in den Schnee gesteckt, um die herum man Slalom fährt.

Spiele im Winter

463 Rodelrennen Toll, wenn es einen Rodelhang gibt! Dann wird einfach auf Kommando abgestoßen – und hinunter geht's! Wer ist als erster angekommen?

464 Fledermaus Alle legen sich einfach lang auf eine vorher unberührte Schneefläche. Auf dem Schnee werden die Arme über den Kopf bewegt – und zurück. Vorsichtig aufstehen. Ein Fledermausmuster.

465 Eis-Vulkane Wie im Sandkasten Berge bauen, nur aus Schnee. Aufhäufen, festklopfen. Dann kommt auf jeden Gipfel ein Krater – denn es sollen ja Vulkanberge werden. In der Dämmerung wird in jeden Krater ein Teelicht oder ein Kerzenstummel gestellt und angezündet. Ein wunderschönes Bild zum Freuen.

466 Weihnachtskarten-Kette Der Höhepunkt des Winters ist Weihnachten. Wie man das wunderschön feiern kann, dazu finden Sie viele Anregungen in dem Buch. A. B. Münchemeier's: Feiern mit Kindern, das Anfang 1990 erscheint. Aber hier ein Spiel, das viel Spaß macht: Alle eingegangenen Weihnachtskarten werden an eine Leine gehängt. So wird jeder Gruß zum Fest auch noch zur Dekoration.

467 Duftendes Nadelkissen Wenn der Baum zu nadeln beginnt, nicht ärgern! Lieber die Nadeln sammeln und aufheben. Sind genug da, werden sie in ein Beutelchen gefüllt, das dann oben mit einer kleinen Naht verschlossen wird.
Mal dran riechen! Ein begehrtes Duftkissen.

468 Weihnachtsbaum für Vögel Ist der Weihnachtsbaum geplündert, kann er noch in den Garten gestellt werden, so man einen hat, oder auch auf den Balkon nahe der Brüstung. In die immer kahler werdenden Zweige werden Meisenknödel eingehängt.

469 Masken aus Papp-Partytellern Ein zweites großes Winterfest vor allem auch für Kinder ist der Fasching, Fastnacht oder Karneval. Das absolute Muß sind Masken. Die kann man sehr schnell und leicht herstellen: Die Unterseite eines Papptellers wird zum Gesicht. Das Wichtigste: Sehschlitze als Augen werden ausgeschnitten. Abgesehen davon, kann sich die Phantasie frei entfalten: rote Bäckchen oder Bart, buschige oder schmale Augenbrauen, Brille oder Augenbinde, zähnezeigendes Lächeln oder bedrohlich verkniffene Lippen, schwarze Haare

Im vierten und fünften Jahr

– den Tellerrand oben schwarz bemalen – oder braune, blonde oder rote.
Man kann auch Fellstücke als Bart und Haare ankleben oder sogar eine Pappnase.
Aus den 1000 Möglichkeiten sind hier ein paar dargestellt.

470 Karneval der Rollenspieler Beim Karneval, Fasching oder in der Fastnacht soll sich mal eine Weile jeder so bewegen, wie es ihm seine Rolle auferlegt. Alle anderen schauen zu und spenden Beifall. Ein Hase hüpft, ein Polizist marschiert, ein Clown macht Faxen.

471 Preisverleih für das originellste Kostüm Nach dem Fest kann ein Preis verliehen werden für ein besonders ausgefallenes Kostüm, das ganz aus kostenlosem Material oder abgelegten Sachen, billigen Haushaltsabfällen und so weiter hergestellt wurde. Vielleicht gewinnt einer, der sich ein Kostüm aus einem Müllsack zusammenkleben ließ, oder einer, der ein Kostüm aus Stoffresten und Tüchern zauberte?

Wenn es draußen regnet, stürmt und hagelt

472 Zauberbilder Den Wachsmalstift kennt das Kind sicher längst. Doch jetzt dies: Ein Blatt wird ganz voll und kunterbunt gemalt. Am besten ist es, Sie nehmen den braunen, den schwarzen und auch den dunkelblauen Stift aus dem Etui. So kommen nur die leuchtenden Farben aufs Papier. Ist das randvoll, wird mit Schwarz alles ganz zugemalt. Und es kommt der Schaber ins Spiel, der jedem Etui beiliegt. Einfach Striche ins Schwarz kratzen, wild drauflos. Da entsteht ein Bild von einem wunderschönen Feuerwerk!
Sie können auch Fische reinkratzen, und es entsteht ein Unterwasserbild. Oder auf den Grund kommt ins obere Drittel nur gelbe Wachsmalfarbe, darunter wieder Kunterbunt. Bei der Deckfarbe wird das obere Drittel dunkelblau, der Rest schwarz. Dann werden oben die Sterne reingekratzt und unten Häuser, Bäume – eine kunterbunte Stadt bei Nacht.

473 Durchreiben Legen Sie auf eine Unterlage eine Münze. Darüber kommt ein Malblatt. Wenn man nun mit einem Wachsmalstift über die Münze streicht, reibt sich die Struktur durch. Nur noch ausschneiden und auf Karton kleben. So einfach kann man Spielgeld herstellen. Oder auf die Unterlage wird ein Wollbild gelegt. Dann reibt man dieses durch. Baumrinden lassen sich auch durchreiben. Es gibt viele Möglichkeiten mehr.

474 Spritzbilder Eine ausgediente Zahnbürste leicht in die Farbe tauchen – am besten Wasserfarbe. Borsten nach unten über ein Malblatt halten. Mit dem Daumen darüber streichen, auf den eigenen Körper zu. Auf dem Papier ist ein Spritzbild entstanden.
Variationen: Die Lage der Bürste verändern. Oder einen Teil des Papiers abdecken mit verschiedenen Formen.

475 Pustebilder Ein Klecks Farbe aus dem Deckfarbenkasten kommt aufs Papier. Nun kräftig pusten. Das Blatt dabei in die Hand nehmen und in Mundhöhe halten – oder, was anfangs leichter ist, auf den Tisch legen und selbst mit dem Mund in Tischhöhe gehen. Die Pustrichtung variieren.

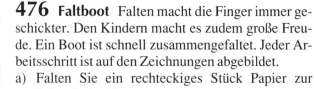

476 Faltboot Falten macht die Finger immer geschickter. Den Kindern macht es zudem große Freude. Ein Boot ist schnell zusammengefaltet. Jeder Arbeitsschritt ist auf den Zeichnungen abgebildet.

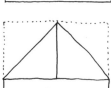
a) Falten Sie ein rechteckiges Stück Papier zur Schmalseite hin um.
b) Die rechte und linke obere Ecke zur Mitte biegen.
c) Die unteren Streifen nach vorn und hinten hochknicken.
d) Die überstehenden Dreiecke nach innen einschlagen.
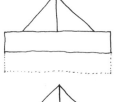
e) Mit dem Daumen in das Dreieck fassen und zum Quadrat falten.
f) Die unteren offenen Spitzen des Quadrates nach oben knicken.
g) Mit dem so entstandenen Dreieck Vorgang wiederholen.
h) Nun beide Teile an der Spitze auseinanderziehen.

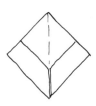 

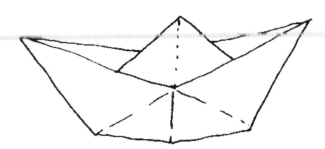

Spiele im Winter

477 Faltbecher
Beachten Sie dazu die Zeichnungen.
a) Ein quadratisches Stück Papier diagonal zum doppelten Dreieck falten..
b) Die rechte Ecke zur Mitte falten.
c) Die linke Ecke zur Mitte falten.
d) Das vordere überstehende Dreieck nach vorn, das hintere nach hinten falten.

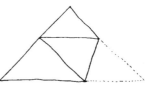
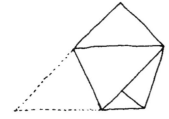

478 Kinderreihe
a) Ein rechteckiges Stück Papier zur Ziehharmonika falten.
b) Auf die letzte Falte die Hälfte einer Kinderfigur zeichnen, deren Hand am Papierrand ausläuft.
c) Auseinanderziehen.

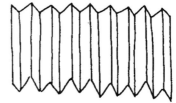

Im vierten und fünften Jahr

479 Ich-Puzzle Sie brauchen einen vergrößerten Abzug (matt) von einem Foto Ihres Kindes. Es soll darauf groß zu sehen sein. Schneiden Sie ihn in sieben bis neun Teile. Das Kind soll sein Ich-Puzzle wieder zum Bild zusammenfügen.

480 Domino „Farben und Formen" Schneiden Sie aus weißem festem Karton 25 kleine Kärtchen, 6 cm x 3 cm groß. Teilen Sie jedes Kärtchen mit einem Filzstift genau in zwei Teile. In jedes Feld kommt eine farbige Form.
Es werden die fünf Grundformen Dreieck, Kreis, Quadrat, Rechteck und Sechseck benutzt und die Farben rot, gelb, grün, blau und orange.

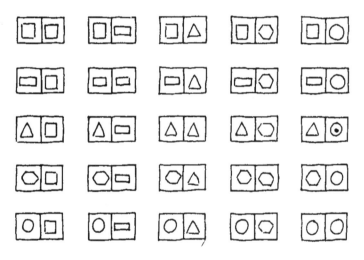

Das Spiel kann allein oder mit mehreren gespielt werden, es geht so: Zuerst die Kärtchen einfach nur so legen, daß die gleichen Formen nebeneinander liegen. Dann etwas schwieriger: Mehrere Personen spielen mit. Die Karten werden gemischt und verteilt. Der jüngste Mitspieler beginnt. Er darf eine beliebige Karte hinlegen. Die anderen dürfen nur anlegen, wenn die Form paßt. Wer hat zuerst keine Karten mehr? Wer die gleiche Form in derselben Farbe anlegen kann, darf übrigens noch eine Karte ablegen, wenn er kann.

481 Domino „Würfel" Diesmal schneiden Sie 36 Karten aus. Wieder mit dem Stift halbieren. In jedes Bild ein Würfelbild. Auf der Zeichnung S. 213 sind diese Karten abgebildet.

Spiele im Winter

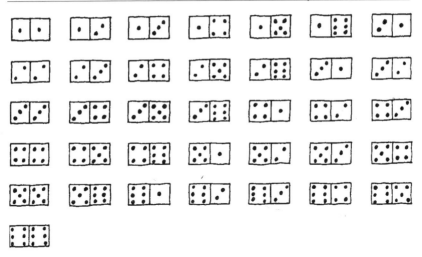

482 Modellieren Mit Knetgummi kann das Kind bereits umgehen. Nun kann es schon eine Modelliermasse bekommen, die an der Luft trocknet und dabei erhärtet. Denn ganz einfache Dinge kann es schon herstellen. Z. B.: Ein einfaches Rechteck (auch wenn es schief wird) – bevor es hart wird, ein Loch zum Aufhängen reinpiken und die Oberfläche verzieren – mit kleinen oder größeren Perlen oder mit kleinen Knöpfen. Ein plastisches Bild zum Verschenken. Oder: eine Kugel zwischen den Händen rollen, so auf eine Zeitung stellen, daß sie unten abgeplattet ist. Nun ein Loch reinbohren, zuerst mit dem Finger, dann vergrößern. Trocknen lassen. Später anmalen (Plaka). Je nachdem – eine Schale oder eine Kugelvase.

483 Wattepusten Ein altes Spiel. Aber immer noch genauso beliebt wie zu Uromas Kindertagen. Mindestens vier Mitspieler, besser noch mehr, sitzen um den Tisch herum. In der Mitte liegt ein Wattebausch. Jeder pustet und versucht dabei zu erreichen, daß die Watte neben einem anderen über den Tischrand fliegt.
Wer links daneben sitzt, muß eigentlich ein Pfand abgeben. Aber Drei- und Vierjährige verstehen das mit den Pfändern meist noch nicht so richtig. Darum ist es hier besser, gleich dem, der links vom Watteflug sitzt, eine bestimmte Aufgabe zu stellen. Man kann sich vorher darauf einigen, ob das „ein Lied singen" bedeutet oder „ein Kunststück wie Purzelbaum vorführen" oder „einmal um den Tisch laufen" oder etwas anderes.

Im vierten und fünften Jahr

484 **Fische fangen** Jeder bekommt einen „Fisch" – bis auf einen Angler, der hat noch keinen. Die Fische sind Korken, die an etwa 80 cm bis 100 cm langen Bindfäden hängen. Sektkorken eignen sich am besten, weil man den Faden an ihnen gut befestigen kann. Sonst die Korken etwas einkerben.
Der Angler steht, mit einem Joghurtbecher bewaffnet, hinter den Fischern, die am Tisch sitzen. Auf Kommando muß jeder seinen Fisch auf den Tisch legen. Der Fischer sagt: „Ich hab gefischt, ich hab gefischt, ich hab die ganze Nacht gefischt, und noch keinen Fisch gefischt!" Beim letzten Wort versucht er nun aber, einen zu fangen, das bedeutet, seinen Becher über einen Korken zu stülpen. Alle versuchen natürlich, ihre Fische im selben Moment wegzuziehen. Aber nicht vor dem letzten Wort! Sonst gilt der Fisch auch als gefangen. Der, dessen Fisch gefangen ist, muß ihn an den bisherigen Angler abgeben und nun in der nächsten Runde versuchen, sich wieder einen zu angeln.

485 **Armer schwarzer Kater** Alle Mitspieler sitzen im Kreis. Einer ist der arme schwarze Kater. Er setzt sich vor einen Mitspieler und miaut ganz kläglich. Dabei zieht er komische Grimassen. Er versucht also, sein Gegenüber zum Lachen zu bringen. Und der darf seinen Mund nicht einmal zu einem schwachen Lächeln verziehen, muß über den Kopf des „armen schwarzen Katers" streichen und „Armer schwarzer Kater" sagen. Kriegt er den gar nicht zum Lachen, versucht der Kater es bei einem anderen. Lacht einer, so wird er zum neuen armen schwarzen Kater.

486 **Mumienspiel** Dies ist das Mumienspiel von S. 147 in der Wettspiel-Form.
Mindestens sechs Mitspieler müssen mit von der Partie sein. Dann gibt es drei Paare. Jedes Paar braucht eine Klopapierrolle.
Auf Kommando beginnt jeweils einer des Paares, den anderen einzuwickeln. Welches Paar besteht zuerst aus einem Menschen und einer Mumie (Klorolle muß voll abgewickelt sein!)?

487 **Luftballon-Körbe** Das ist ein unkonventionelles Korbballspiel. Als Ball dient ein Luftballon, als Korb der Papierkorb. Die Abwurflinie wird markiert, vielleicht indem man einen Schal auf die Erde legt. In einer Entfernung von zwei oder drei Metern steht der Papierkorb. Jeder darf versuchen, seinen aufgeblasenen Luftballon hineinzu-

Spiele im Winter

werfen. Wieviel Versuche jeder hat – und ob die Körbe gezählt werden, muß man natürlich vor dem Spiel verabreden.

488 Äpfelangeln Man braucht eine Schüssel mit Wasser und ein paar Äpfel mit längerem Stiel. Es wird jeweils ein Apfel ins Wasser gelegt. Der Apfel soll schwimmen. Nun darf jeder versuchen, in einer vereinbarten Zeit (nicht mehr als eine Minute, eher weniger) den Apfel mit den Zähnen herauszuholen. Wer das schafft, darf ihn gleich essen oder für später aufheben.

489 Ballonpfeife Ein etwas lauter Spaß. Jeder bekommt einen Ballon zum Aufblasen und eine Trillerpfeife. Der Ballon wird auf Kommando aufgeblasen. Ist er rund und prall, wird er über die Pfeife gezogen. Ein recht anhaltendes Pfeifkonzert! Und jeder kann von sich sagen: Ich bin es nicht gewesen!

490 Verkehrte Welt Zwischen drei und fünf Jahren beginnt der große Spaß an der verkehrten Welt. Gerade haben die Kinder begriffen, daß die Vögel in Nestern sitzen und Kühe auf der Wiese weiden, daß langsam das Gegenteil von schnell, daß es morgens früh und abends spät ist, da kommt einer daher, der das offenbar nicht weiß. Da kann man ja nur lachen. Und dann muß man sich vorstellen, wie das aussieht, wenn die Kühe in den Bäumen wohnen und die Ziegen fliegen: das ist schon sehr komisch. Am bekanntesten ist ja wohl:

Dunkel wars, der Mond schien helle,
als ein Auto blitzesschnelle
langsam um die Ecke fuhr.
Drinnen saßen stehend Gäste,
schweigend ins Gespräch vertieft,
als ein totgeschossener Hase
auf dem Sandberg Schlittschuh lief.
Und wer es ein wenig einfacher möchte:
Eine Kuh die saß im Schwalbennest
mit sieben jungen Ziegen,
die feierten ihr Jubelfest
und fingen an zu fliegen.
Der Esel zog Pantoffeln an,
ist übers Haus geflogen.
Und wenn das nicht die Wahrheit ist,
so habe ich gelogen.

Im vierten und fünften Jahr

Abzählverse

Ich und du, Müllers Kuh,
Müllers Esel der bist du!
Pau Pauline, Apfelsine
Apfelkuchen du mußt suchen.

Eins, zwei, drei,
Butter in den Brei,
Salz auf den Speck,
und du bist weg.

Eins, zwei, drei, vier, fünf, sechs, sieben,
eine alte Frau kocht Rüben.
Eine alte Frau kocht Speck,
und du bist weg.

Ene mene mu,
und raus bist du.
Eene mene daus,
und du bist raus.

Eins, zwei, drei, vier, fünf, sechs, sieben,
ein Tiroler hat geschrieben:
Liebe Mutter sei so gut,
schick mir den Tirolerhut.
Nicht zu groß und nicht zu klein,
nicht zu grob und nicht zu fein,
er soll für die Hochzeit sein.

Henriette, goldene Kette,
goldene Schuh, wie alt bis du?
(Das Kind nennt sein Alter –
die Zahl wird dann noch ausgezählt).

Eine kleine Piepmaus
lief um das Rathaus,
wollte sich was kaufen,
hatte sich verlaufen.
Schillewipp, schillewapp,
und du bist ab!

Wir machen keinen langen Mist,
und du bist!

Im sechsten Jahr

Kapitel 15

Spielen und lernen an der Schwelle zur Schulzeit

Es ist ungeheuer spannend, ein Kind in seinem sechsten Lebensjahr zu beobachten. Manches, was Sie an Ihrem Drei- und Vierjährigen so zauberhaft gefunden haben, ist nun verschwunden. Zum Beispiel das tiefe Versunken-Sein ins Spiel. Und das geradezu bewundernswerte Leben nur im Hier und Jetzt. Das Fünfjährige ist fasziniert vom Fluß der Zeit.
Ein Vierjähriger fragte mich einmal am frühen Morgen: „Was hast du denn heute abend zu Mittag gegessen?" Einem Fünfjährigen kann das nicht mehr passieren. Es weiß schon die Tageszeiten zu unterscheiden, weiß, welche jetzt gerade ist, welche schon verstrichen ist, und welche noch kommen wird.
Ein Fünfjähriges fragte mich einmal: „Sag mal, morgen ist doch heute gestern, nicht?" – Da muß man als Erwachsener ja schon mal kurz nachdenken!
Wochentage, Monatsnamen, Jahreszeiten – alles das interessiert jetzt sehr, alles, was mit Zeit zu tun hat: der Kalender wie die Uhr. Glücklich macht man ein Kind in diesem Alter, wenn man ihm einen Wecker schenkt. Es müht sich darum, die Zahlen zu lesen. Es schreibt sie immer wieder ab und fragt. Am Ende dieses Jahres können die meisten schon so in etwa die Uhr lesen. Es ist, als ahne das Kind, daß die Zeit – wir Erwachsenen sagen: leider! – vom Schulbeginn an eine zunehmend wichtigere Rolle spielen wird.
Weil das Kind nun nicht mehr nur in der Gegenwart lebt, sondern auch an die Zukunft denken kann, verhält es sich bei allem, was es tut, planvoller, also auch beim Spiel. Es malt z. B. nicht irgendetwas. Es weiß vorher, was es malen will.
Es hat eine genaue Vorstellung davon und ist ganz unglücklich darüber, wenn das Ergebnis mit dem Bild im Kopf nachher wenig übereinstimmt. „Ich will ein Flugzeug malen – wie geht das?" kommt es dann vielleicht hilfesuchend zu den Eltern.
Das vierjährige Kind malte dagegen einfach drauflos.
Vielleicht sah das, was dann dabei herauskam, wie ein Auto aus. Dann

An der Schwelle zur Schulzeit

freute es sich über sein Werk, malte aber unbekümmert später Flügel daran und war begeistert, daß es ein Flugzeug geworden war. Dem Vierjährigen war vor allem das Malerlebnis wichtig, das Fünfjährige will ein bestimmtes Malergebnis. Ein gewaltiger Schritt. Pläne werden also jetzt geschmiedet, Ziele werden abgesteckt. Und das tut das Kind, ohne daß es dazu angeleitet wird, jetzt ganz von sich aus.

Darin kann man es nun bestärken, denn im Sinne seiner weiteren Entwicklung ist das ein Fortschritt.

Daraus ergibt sich für Eltern aber auch: Jetzt ist es noch schlimmer als vorher schon, wenn ein Kind ein begonnenes Bauwerk abends wieder einreißen, die Teile eines angefangenen Puzzles wieder zusammenschieben muß, nur weil abends alles schön aufgeräumt aussehen soll. Sicher, es hat Spaß gemacht, am Nachmittag zu bauen oder zu puzzlen. Aber nun ist alles verdorben. Denn der Spaß kommt beim Fünfjährigen vor allem aus der Erwartung des Ergebnisses. Wenn das aus Zeitmangel nicht erzielt werden konnte, ist das schon schlimm genug.

Wenn jedoch alles so bleibt, wie es ist, ist das noch erträglich, weil ja die Hoffnung bleibt, den Plan morgen zu verwirklichen. Wird aber alles wieder zerstört, bleibt ein bitteres Gefühl des Versagt-Habens. Passiert das oft, schwinden so nach und nach das Selbstbewußtsein und der Leistungswille.

Helfen Sie dem Kind darum, seine Zeit einzuteilen. Wenn es spät damit beginnt, ein schwieriges Puzzle zu legen, warnen Sie es vor, daß es das aber heute nicht mehr zu Ende legen können wird. Eröffnen Sie ihm auch die Möglichkeit: „Aber du könntest es ja morgen zu Ende bringen." Wenn das Kind mit anderen zusammen spielt, kommt nun auch immer häufiger der bewußte Wille auf, sich mit dem anderen zu messen, Wettspiele werden darum nun spannend. Das Gute daran: Es will gewinnen. Es hat aber noch so viel Freude auch am Spiel selbst, daß ein Verlieren es meist noch nicht aus der Fassung bringt (das beginnt meist erst um den siebten Geburtstag herum).

Ein Spiel planen zu wollen, das heißt auch, sich an bestimmte Regeln halten zu können. Regelspiele werden interessant, jedenfalls solange die Regeln einfach sind. Das Fünfjährige hält sich dann selbst so gut es kann an die Regeln – und achtet auch streng darauf, daß sich alle anderen daran halten. Nichts macht es so wütend wie wenn einer schummelt! Ein oder zwei Jahre später wird es den Spaß am Mogeln schon selbst entdecken.

Um die Mitte des sechsten Lebensjahres können noch einmal Stürme

losbrechen. Das Kind wirkt dann unbeherrscht, kann keinerlei Kritik vertragen, will plötzlich nicht mehr im Dunkeln allein schlafen, ist mal reizbar, dann wieder ganz sanft und anschmiegsam. Mit fünfeinhalb Jahren wirken viele Kinder beinahe launisch. Dem Kind werden die Veränderungen, die in ihm vorgehen, offenbar bewußt, und es wehrt sich gegen das noch nicht Vertraute in sich selbst, ist unsicher, ängstlich. Aber das dauert meist nur kurze Zeit. Am leichtesten überstehen Eltern und das Kind diese Periode, wenn die Eltern gelassen bleiben, die Sache wie ein natürliches Ereignis hinnehmen, das es ja ist. Das sechste Lebensjahr ist eben eine Zeit des Umbruchs. Äußeres Zeichen ist der Zahnwechsel. Es gibt Parallelen zu einer anderen Zeit des Umbruchs, zur Pubertät. Aber Eltern, die wissen, daß diese Phase schnell vergeht, können vielleicht auch ruhiger damit umgehen. Und genau das hilft dem Kind, bald wieder zu sich selbst und seinem Entwicklungsstand zurückzufinden. Es spürt und akzeptiert dann auch, daß es nun in ein Alter kommt, in dem Arbeit und Pflicht neben das Spiel treten. Ihr Kind kommt ins Schulalter.

Zehn Spiele in und mit der Zeit

491 **Bilderbuch-Kalender** Zuerst geht es darum, den Fluß der Zeit zu beobachten. Auch wenn ein Kind noch keine Zahlen lesen kann, sollte es doch schon einen schönen Bilderbuch-Kalender in seinem Zimmer oder in seiner Spielecke an der Wand hängen haben. Es erlebt, daß es in bestimmten Abständen jeweils ein Blatt abreißen darf, erfährt, daß dann immer ein Tag, eine Woche oder ein Monat vergangen ist. Schon das ist eine wichtige Erfahrung. Sagen Sie ihm dann ruhig: „Das ist das Oktober-Bild, jetzt kommt das Bild vom November." Es wird vielleicht noch bestimmte Bilder bestimmten Monatsnamen zuordnen. Im Januar war das Bild mit der Rodelbahn, im Juli ist das Schwimmbad dran.

Heben Sie auch die abgerissenen Bilder auf. Sie können sie immer einmal wieder – ähnlich wie ein Bilderbuch – zusammen mit dem Kind anschauen.

492 **Bastelkalender** Immer wenn ein Blatt vom Kalender an der Wand abgerissen ist, könnten Sie mit dem Kind überlegen, was denn im vergangenen Monat besonders schön gewesen war – vielleicht ein Besuch auf der Kirmes oder im Zoo oder ein Ausflug mit der Kindergartengruppe? Das Kind könnte ein Bild malen von diesem Ereignis. Sie schreiben später den Monat darauf, auf den sich das bezieht. Auch diese Blätter werden gesammelt. Im Dezember muß das Bild dann schon eine Weile vor Weihnachten entstehen.

Sie kleben die Blätter gemeinsam jeweils auf einen großen Bogen, auf den neben dem Bild noch ein Kalendarium paßt, das Sie draufschreiben müssen. Ein herrliches Weihnachtsgeschenk für liebe Freunde oder die Großeltern! Und wenn der Kalender dann so ganz fertig ist, wird Ihr Kind sicher ganz stolz sein auf dieses Werk. Es gibt auch Bastelkalender, die den Vorteil haben, neben einem Platz für ein Bild auch das Kalendarium zu bieten, so daß die Sache sehr viel weniger Arbeit macht. Aber leider ist die Malfläche damit eng begrenzt. Trotzdem: Auch das ist eine gute Idee. Dann wird gleich in diesen Kalender hineingemalt oder besser: auf ein passendes Blatt Papier, das später eingeklebt werden kann.

493 **Wetterkalender** Besonderen Spaß macht auch ein Wetterkalender. Fangen Sie an, zusammen mit dem Kind das Wetter genauer zu beobachten und Ihre Beobachtungen zu notieren. Da wird natürlich nichts geschrieben, sondern gemalt. Anregungen hierzu finden Sie in den Abbildungen auf Seite 224.

Im sechsten Jahr

Zuerst fertigen Sie einen Bogen an, der in etwa so aussieht wie auf Abb. 1.

Am Montag beginnen Sie gleich nach dem Aufstehen mit den Beobachtungen: Es ist grau – ganz wolkenverhangen. Das Kind kann eine dunkle Wolke zeichnen in die Linie vom Montag.
Mittags ist die Bewölkung aufgerissen, die Wolken jagen über den Himmel, ab und zu lassen sie die Sonne durchgucken. Das Kind malt dann vielleicht eine Wolke, hinter der die Sonne ein wenig hervorguckt. Abends regnet es dann Bindfäden. Alles wird registriert (Abb. 2).

Der Dienstag beginnt mit strahlender Sonne am blauen Himmel – und es bleibt auch so den ganzen Tag.
Auch der Mittwoch beginnt mit Sonne, doch mittags schon sind Wolken aufgezogen, und am Nachmittag gibt es ein Gewitter, das bis zum Abend dauert (Abb. 3).

Das können Sie zusammen mit dem Kind die ganze Woche über fortsetzen. Vielleicht hat Ihr Kind später einmal Lust, für eine andere Woche einmal ganz allein das Wetter zu registrieren. Die Wochentage prägen sich ganz nebenbei ein. Und das Kind wird vertraut mit meteorologischen Veränderungen. Sicher wird es seinen Wetterdienst sehr wichtig finden. Es kann ja am Samstag seinen Vater, seine Großeltern oder jemand anderen, der vielleicht gerade zu Besuch ist, einmal fragen, wie am Montag oder Dienstag das Wetter gewesen war. Niemand wird das auf Anhieb genau wissen.
Dann kann das Kind seinen Wetterkalender vorzeigen, und alle werden angemessen staunen!

Spiele mit der Zeit

494 **Schweige-Spiel** Die objektiv immer gleich lange Zeit vergeht manchmal schnell, manchmal schleppend. Das wird bei diesem Spiel bewußt: Mehrere Mitspieler sitzen um einen Tisch herum und spielen – zum Beispiel Wattepusten. Der Spielleiter braucht eine Uhr mit Sekundenzeiger. An einer Stelle, an der ohnehin gerade ein Pfand abgegeben worden ist, also eine kurze Spielunterbrechung entstand, fordert er auf, einmal eine Minute lang zu schweigen. Wer meint, daß die Minute um ist, sagt „Stop!". Hat er recht, bekommt er eine kleine Belohnung. Hatte er nicht recht – waren noch mehr als fünf Sekunden übrig –, muß er ein Pfand abgeben, das später mit denen vom Wattepusten verteilt wird. Das Schweige-Spiel kann immer mal wieder in ein anderes Spiel eingeschoben werden.

495 **Zeit stoppen** Auch wenn die Kinder noch keine Zeit ablesen können, wird mit der Stoppuhr gespielt. Jeder darf einmal eine bestimmte Strecke laufen. Man läuft aber nicht gleichzeitig um die Wette, sondern „gegen die Zeit". Wer gerade nicht läuft, darf mit auf die Stoppuhr schauen. Für jeden, der gelaufen ist, für den also eine Zeit gestoppt wurde, wird ein Markierungspunkt auf die Stoppuhr geklebt oder gemalt. Jeder bekommt den Punkt in einer anderen Farbe. Sind alle gelaufen, soll jeder raten, wer am schnellsten und wer am langsamsten gelaufen ist. Wie sieht das auf der Stoppuhr aus?

496 **Uhren-Puzzle** Ein interessantes Uhren-Puzzle aus Holz gibt es von Fisher-Price. Vom Inhalt her ist es jetzt besonders beliebt, obwohl sicher auch jüngere Kinder schon damit spielen können.
Gepuzzelt wird in einem Rahmen auf einem Boden, auf dem ein Bild abgedruckt ist. Die verschiedenen Uhrenteile werden auf Bildteile gelegt, die Tätigkeiten zeigen, die meist zu den betreffenden Zeiten ausgeführt werden.

497 **Uhren-Domino** Fertigen Sie aus Karton rechteckige Domino-Karten.
Diesmal kommt auf jedes Feld einer Karte je eine Uhr, die eine bestimmte Zeit anzeigt. Beginnen Sie anfangs nur mit vollen Stunden, etwa so, wie die Zeichnung zeigt.
Jede Uhrzeit muß mindestens zweimal vorkommen, einmal auf dem rechten, einmal auf dem linken Feld. Sie brauchen also mindestens zwölf solcher Karten: Wenn Sie mehr machen, wird das Spiel interessanter. Es sollten

Im sechsten Jahr

stets dieselben Uhrzeiten aneinandergelegt werden. Spielen Sie zunächst mit dem Kind allein, bis es die vollen Zeiten richtig erkennt. Benennen Sie jeweils die Uhrzeit, etwa: „Hier liegt links die Uhr mit neun Uhr, rechts ist es elf Uhr. Hast du eine Karte, die links oder rechts paßt?" Oder: „Jetzt liegt hier die Karte mit der Uhr, die drei Uhr zeigt. Mal sehen, ob ich eine Drei-Uhr-Karte habe". Beherrscht das Kind die vollen Stunden, spielen Sie nach normalen Regeln mit mehreren Spielern Domino mit diesen Karten.

498 Spieluhr Eine Spieluhr braucht wohl jedes Kind, eine aus Pappe genügt für den Hausgebrauch (im Kindergarten, wo viele Generationen von Kindern damit spielen sollen und wollen, da sollte sie aus Holz und damit stabiler sein). Sie können sie leicht herstellen. Malen Sie um einen Teller mit geradem Rand auf ein Stück Karton einen Kreis. Schneiden Sie ihn aus. Suchen Sie den Mittelpunkt. Pieksen Sie da ein kleines Loch hinein.

Malen Sie auf den äußeren Rand die Zahlen eins bis zwölf, in gleichmäßigen Abständen. Mit dem Winkelmesser geht es am besten – jeder Abschnitt hat 30 Grad. Sonst schätzen Sie mit Augenmaß. Schneiden Sie zwei Zeiger aus dem gleichen Karton, einen etwas kürzer als den anderen. Befestigen Sie die Enden übereinander – den kürzeren unten – mit Klebstoff. Die beiden Zeiger, in die Sie ebenfalls am hinteren Ende ein Loch hineingepiekst haben, befestigen Sie auf der Kartonuhr mit einer Musterbeutelklammer. Nehmen Sie eine Klammer in Form eines „Männchens". Fertig. Die Zeiger müssen locker genug sein, daß sie sich verstellen lassen, aber fest genug, daß die Zeit „stehen bleibt".

499 Kurzzeitwecker Der Kurzzeitwecker, den Sie beim Kochen einsetzen, ist für Kinder besonders faszinierend, wenn sie gerade raushaben, wie sich die Zeiger der „normalen Uhr" bewegen. Denn der Zeiger des Kurzzeitweckers bewegt sich ja gegen den „Uhrzeigersinn". Er mißt immer „verbleibende Zeit". Hin und wieder können Sie dem Kind einmal sagen: „Wir gehen in einer halben Stunde. Schau, ich stelle sie hier ein. Wenn es klingelt, gehen wir!". Das Kind wird wahrscheinlich immer mal wieder nachsehen, wieviel Zeit noch ist bis zum Weggehen. Aber tun Sie das auch nicht zu oft. Das Kind soll sich nicht etwa jetzt schon von der Zeit getrieben fühlen.

Planspiele

500 Sonnenuhr Wie eine einfache Sonnenuhr entsteht, lesen Sie auf S. 194. Jetzt sind die Ziffern auf dem Zifferblatt der Erde ein Muß. Sie werden mit einem Stöckchen in die Erde eingeritzt, aufs Pflaster oder auf die Steine gemalt. Man kann auch Steine hinlegen, auf die die Ziffern geschrieben sind. An einem sonnigen Tag im Sommer beginnen Sie morgens Punkt acht. Wohin zeigt der Schatten des Stabes? Dorthin kommt die Ziffer acht. So verfahren Sie heute einmal den ganzen Tag. Bis abends um acht Uhr. Falls Sie zwischendurch mehr als eine Stunde weggehen, brauchen Sie einen Vertreter. Am nächsten Tag kann das Kind die Zeit schon von der Sonnenuhr ablesen.

Plan-Spiele

501 Theater spielen Jetzt wird aus manchem Rollenspiel schon ein kleines Theaterstück. Die Handlung wird vorher überlegt, dann erst gespielt. Kostüme werden ausgedacht, vielleicht ein schlichtes Bühnenbild arrangiert. Ob Sie gelegentlich auch einmal Zuschauer sind? Beifall begeistert den Schauspieler-Nachwuchs schon ebenso wie die Profis.

502 Städtebau Wenn mehrere Kinder gemeinsam bauen wollen, wird es reizvoller, wenn sie zwar jeder für sich etwas errichten, aber dann alle Bauwerke zusammen etwas ergeben. Da bietet sich zum Beispiel eine Stadt an. Zuerst baut jeder zumindest ein Wohnhaus. Was gehört noch dazu? Wer baut die Kirche, den Zoo, den Spielplatz, den Kindergarten die Schule, die Feuerwehr und wer das Krankenhaus?

503 Baumhaus Fast jedes Kind träumt von dieser Villa in den Wipfeln. Zur Sicherheit sollten hier die Eltern oder andere Erwachsene „mitarbeiten". Die Plan-Phase sollte gemeinsam bestritten werden!

504 Zelten Ebenfalls ein Kindertraum: Einmal eine Nacht im Freien schlafen, im Zelt. Am schönsten ist das Zelt im eigenen Garten. Notfalls kann man aber auch auf dem Balkon campieren. Vorher sollte genau überlegt werden, was alles mit muß auf den „Campingplatz". Noch mehr Spaß macht das, wenn mehrere Geschwister oder Freunde mitcampen. Jedenfalls sollte eine erwachsene Person zur Aufsicht dabeisein.

505 Picknick Gegen Ende des fünften Lebensjahres könnte das Kind mal mit Geschwistern oder Freunden ein Familien-Picknick planen. Steht die Einkaufsliste fest, wird auch gemeinsam eingekauft. Achten Sie möglichst auf eine ausgewogene Speiseliste, also keinen halben Zentner Schokolade oder Ähnliches.

Kapitel 16

Wettspiele im Jahreslauf

506 Ostereier-Werfen Am unteren Ast eines Baumes hängen ausgeblasene Eier. Jeder hat drei Würfe mit dem Tennisball. Wer trifft und zerschlägt die meisten? Man kann auch selbst angemalte Plastik-Eier (Bastelgeschäft) anhängen. Dann geht es nur ums Treffen, und man kann die österlichen Wurfziele wieder verwenden.

507 Eiertanz Das ist, wie sich vielleicht denken läßt, ein erschwertes Eierlaufen. Aus dem Kassettenrekorder ertönt möglichst rhythmische Musik. Im Takt dazu muß gehüpft und sich gedreht werden. Wer kommt dennoch mit dem Ei (ausgeblasen oder eines aus Kunststoff) auf dem Löffel ans vereinbarte Ziel?

508 Ostereier-Dotzen Gebraucht werden zwei Besenstiele. An der einen Seite werden sie – eng beieinander – in die Erde gesteckt, mit dem anderen Ende auf eine Kiste gelegt, so daß eine zwei Besenstiele breite Rutschbahn entsteht. Über sie sollen nacheinander ein paar Ostereier herunterrollen und im Gras liegenbleiben. Dort beginnt erst das „Dotzen", wie das Eierstoßen hier genannt wird. Berührt ein Ei nach dem Hinunterrollen eines, das schon unten liegt, so bekommt der, der dieses Ei rollen ließ, nun beide Eier.

509 Stelzen-Rennen Jeder Mitspieler bekommt ein Paar Stelzen. Nicht jeder wird eigene Stelzen aus Holz besitzen. Nicht schlimm. Stelzen sind schnell selbstgemacht: Zwei Konservendosen braucht man dazu und zwei feste Kordelstücke, von denen jedes doppelt so lang sein muß wie die Entfernung der Hand des Stelzenläufers bis zum Boden. Mit einem dicken Nagel werden in den Rand jeder Dose zwei Löcher geschlagen, die sich möglichst genau gegenüber liegen. Die beiden Enden der Kordel werden durch die Löcher gezogen und in der Dose verknotet. Fertig. Nun werden die Hände durch die Schlaufen oben gesteckt, die Füße kommen auf die Dosen. Und los geht das Rennen.

510 Hinkepaar Zwei Mitspieler bilden ein Paar. Mit einem Schal wird das rechte Bein des einen mit dem linken des anderen zusammengebunden. Zumindest zwei, besser mehrere Paare treten so zum Wettlauf an. Jeweils zwei Wettkämpfer treten gegeneinander an. Sie sollen die Arme auf der Brust verschränken und auf einem Bein hüpfen. So

Im sechsten Jahr

versucht jeder den anderen zu rammen und aus dem Gleichgewicht zu bringen. Wer mit dem zweiten Bein auch nur auf den Boden tippt, hat verloren.

511 Purzelbaum-Rennen Das läßt sich nur auf einer Wiese oder auf Decken ausführen. Ein Ziel wird vereinbart. Jeder versucht, Purzelbaum schlagend, als erster dort zu sein.

512 Fahrrad-Slalom Mit leeren Konservendosen wird eine Slalomstrecke aufgebaut. Mal weitere, mal engere Kurven. Nun soll jeder mit dem Rad die Strecke abfahren. Jedes Tor muß genommen werden. Wer eins ausläßt oder aber eine Dose verschiebt, scheidet aus. Immer wiederholen, bis ein Sieger übrig bleibt.

513 Kibbel-Kabbel Für dieses Spiel braucht man einen kurzen Holzstab mit spitz zulaufenden Enden und einen längeren Schlagstock. Als „Abschußrampe" dient eine Vertiefung im Sand. Über ihr liegt der kürzere Stab. Mit dem Schlagstock wird er weggeschleudert. Liegt er wieder am Boden, muß man versuchen, ihn durch Schlagen auf die Spitze hochzubringen und dann mit dem Schlagstock noch einmal möglichst weit zu schlagen. Wer kommt am weitesten? Die Strecke kann vermessen oder der Aufschlagpunkt markiert werden.

514 Pflöckeln Fünf daumendicke Pflöcke werden in den Boden gesteckt, sodaß sie aussehen wie eine Fünf auf dem Würfel. Obenauf kommt jeweils ein eingepacktes Fruchtbonbon (ohne Zucker!). Jeder Mitspieler bekommt einen Stein, etwa so groß wie eine Walnuß ist. Jeder versucht, pro Runde drei Wurf, Bonbons zu treffen. Fällt eines herunter, bekommt es der Werfer. Die gewonnenen Bonbons werden auf den Pflöcken ersetzt.

515 Hahnenkampf Jeweils zwei Wettkämpfer treten gegeneinander an. Sie sollen die Arme auf der Brust verschränken und auf einem Bein hüpfen. So versucht jeder den anderen zu rammen und aus dem Gleichgewicht zu bringen. Wer mit dem zweiten Bein auch nur auf den Boden tippt, hat verloren.

Wettspiele für den Sommer

516 Alle Stühle fliegen hoch Alle Mitspieler sitzen um den Tisch herum und trommeln mit den Fingern auf die Tischplatte. „Alle Vögel fliegen hoch!" ruft der Spielleiter, und alle werfen ihre Arme hoch. Es wird weiter getrommelt. „Alle Möwen fliegen hoch!" kommt vom Spielleiter. „Alle Tauben fliegen hoch!" und so weiter.
Immer werfen die Kinder ihre Arme in die Luft. Plötzlich aber sagt er: „Alle Stühle fliegen hoch!" Sicher fliegen fast automatisch wieder einige Arme hoch. Und schon heißt es: Pfänder abgeben. Wer die Arme nicht erhebt, wenn etwas genannt wird, das fliegen kann, und wer die Hände nicht unten hält, wenn etwas nicht fliegen kann, muß ein Pfand abgeben.

517 Schwapp-Staffel Im knöchel- oder knietiefen Wasser treten zwei Mannschaften an. Die Läufer jeder Mannschaft stellen sich hintereinander auf. Der erste bekommt ein Sandeimerchen, bis zum Rand mit Wasser gefüllt. Es wird eine Wendemarke verabredet, bis zu der und um die herum die Startläufer der beiden Staffeln rennen, den Eimer in der Hand. Zurück! Der Eimer wird dem zweiten Läufer übergeben. So geht das weiter, bis alle Läufer zurück sind. Allerdings: Es wird auch noch der Wasserstand überprüft. Hat der Renn-Sieger mehr als das Doppelte des Wassers verloren, das die zweite Mannschaft ausgeschwappt hat, dann steht es unentschieden. Die nächste Runde muß dann die Entscheidung bringen.

518 Rattenfänger Ein Mitspieler gilt als Rattenfänger. Die anderen spielen die Wasserratten. Im brusthohen Wasser jagt der Fänger die Tiere. Er darf sie aber nur dann abschlagen, wenn ihr Kopf über Wasser ist. Wer untertaucht, ist sicher. Der Jäger muß weiter, er darf also nicht einfach stehen bleiben und abwarten, bis die Ratte auftaucht. Wer gefangen wurde, wird neuer Rattenfänger. Sieger sind alle, die sich in drei Runden nicht haben fangen lassen.

519 Umweltschutz Ein Umweltsünder ist einer, der giftige Abfälle ins Meer leitet. Ihm auf den Fersen ist der Umweltschützer. Zuerst kämpft er allein. Hat er einen gefangen, muß der ihm helfen, weitere Umweltsünder zu fangen. Doch die kennen auch ihre Tricks. Sie können untertauchen und unter Wasser schwimmen.
Dann sind sie für diesmal entkommen. Doch die Jagd geht weiter, bis schließlich doch alle Umweltsünder auf die Seite der Umweltschützer geholt sind.

Wettspiele draußen

520 Beutezug Das ist ein Spiel für Schwimmer. Wer noch nicht sicher ist, kriegt Schwimmflügel. Jeder legt einen Tauchring um sein Handgelenk, durch den er ein Tuch zieht. Nicht verknoten! Im Wasser kämpft dann jeder gegen jeden. Wer erbeutet die meisten Tücher?

521 Ballonhatz Ein Schwimmer bindet sich einen Ballon auf den Rükken. Er kriegt einen kurzen Vorsprung. Die anderen jagen ihn. Wem es gelingt, den Luftballon zum Platzen zu bringen, der wird der „Ausreißer" der nächsten Runde.

522 Zapfenstreich Zuerst muß eine einfache Zapfenboje gebastelt werden. Dazu braucht man ein großes Eier-Tablett oder einen Eierkarton. Hat man ein Tablett, so steckt man in jede Ecke einen Stab oder einen Stock hinein. In einen Eierkarton kann man sicher nur zwei solche Stäbe drücken. Die Bojen schwimmen auf dem Wasser. Nun wird vom Ufer oder vom Strand aus geworfen. Jeder bekommt zwei Tauchringe und soll versuchen, beide durch Werfen um die Zapfen zu legen. Wem es nicht gelingt, der scheidet aus. Die anderen kämpfen weiter, bis der Sieger übrigbleibt.

523 Feuerwehr Es wird am Strand, am Ufer oder auch im Garten gespielt.
Jeder hat eine Bademütze und am besten auch Badekleidung an.
Alle stehen am Rand eines Kreises, der etwa sechs Meter Durchmesser hat. In der Kreismitte steht eine große Plastikwanne mit Wasser. Auf ein Kommando rennen alle zur Schüssel, füllen ihre Mützen voll Wasser, laufen aus dem Kreis und versuchen dort, einen anderen zu jagen, um ihm ihr Wasser über den Rücken zu kippen. Wer sein Wasser auf diese Weise als erster los wurde, hat gewonnen. Wer begossen wurde, scheidet aus. Die anderen setzen ihren Lösch-Versuch fort. Es wird noch der zweite, dritte und vierte Sieger ermittelt.

524 Sitz-Fußball Zwei Mannschaften treten gegeneinander an. Jede hat vier Mitspieler. Jede baut sich ein Tor, z. B. aus zwei Schuhen.
Einen Torwart gibt es nicht. Die Spieler dürfen sich nur auf allen vieren bewegen, und geschossen werden darf nur im Sitzen. Niemand darf den Ball mit der Hand berühren. Wer schießt unter diesen Bedingungen in einer vorher vereinbarten Zeit die meisten Tore?

Im sechsten Jahr

525 **Hasenjagd** Es gibt zwei Parteien, die Jäger und die Hasen. Die Jäger stehen auf einer Kreislinie, – Kreisdurchmesser ca. 6 m –, die in den Boden geritzt oder gemalt wurde. Die Hasen tummeln sich im Kreis. Die Jäger werfen sich den Ball zu – bis einer versucht, einen Hasen zu treffen. Die Hasen können den Ball mit der Faust abwehren. Wer aber getroffen wurde, scheidet aus. Haben die Jäger innerhalb einer vereinbarten Zeit mehr als die Hälfte der Hasen erlegt, sind sie Sieger. Sonst haben die Hasen gewonnen.

526 **Burgball** Aus mehreren Stangen oder Ästen wird eine Pyramide gebaut.
Sie stellt die Burg dar. Es muß einen Burgwächter geben, der in der Burg sitzt. Die anderen stehen außen am Rand eines Kreises, der etwa fünf Meter Durchmesser hat. Von der Kreislinie aus versucht jeder, mit einem Tennisball die Burg einzuwerfen. Insgesamt sind aber nur zwei Bälle im Spiel. So gibt es auf der Linie auch noch einen Kampf um den Ball. Wer es schafft, die Burg einzuwerfen, der ist Sieger und Burgwächter der nächsten Runde.

Wettspiele im Herbst

527 **Wett-Sammeln** Eine der herbstlichen Fruchtarten wird zum Sammelobjekt bestimmt, Kastanien z. B., Eicheln oder Bucheckern. Der erwachsene Spielleiter muß sich vor dem Spiel-Spaziergang vergewissern, ob da, wohin man gehen will, auch Kastanien, Eichen oder Buchen wachsen. Dann geht die Gruppe gemeinsam los. Und auf Kommando des Spielleiters beginnen alle mit dem Suchen. Pfeift der Spielleiter, kommen alle wieder zu ihm.
Wer hat die meisten Früchte der gesuchten Art gefunden?

Wettspiele

528 Windrad-Rennen Zuerst stellt sich jeder ein Windrad her. Das geht so: Auf einen Karton wird ein Kreis mit 20 cm Durchmesser aufgezeichnet. In den hinein wird vom Mittelpunkt aus noch ein Kreis mit 14 cm Durchmesser gezeichnet, der in acht gleiche „Tortenstücke" geteilt wird. Die Innenlinien werden aufgeschnitten, so daß die „Tortenstücke" nur an der Innenkreislinie fest bleiben. Jedes zweite wird als Zacke nach vorn geklappt, die anderen nach hinten. Das sieht dann so aus wie auf der Zeichnung.
Auf Kommando läuft jeder mit seinem Rad auf der vorher festgelegten Rennstrecke. Wer ist mit seinem Rad zuerst am Ziel?

529 Hüpf-Männchen Der Herbst ist auch die hohe Zeit für Hüpf-Kästen aller Art.
Hier ist z. B. ein Hüpf-Männchen, das in den Sand gekratzt oder aufs Pflaster gemalt wird.
Gehüpft wird so: Mit beiden Beinen zugleich in beide Schuhe.
Dann mit beiden Beinen zusammen zuerst ins linke, dann ins rechte Hosenbein, auch im Rumpf mit beiden Beinen zuerst nach links, dann nach rechts, in den linken Ärmel, in den rechten, dann in den Hals und ins Gesicht. Mit beiden Beinen gleichzeitig aber in beide Ohren, mit beiden zusammmen in den Hut – also genau in der Reihenfolge der Zahlen in den Feldern. Wer einen Fehler macht, scheidet aus. Wer es fehlerlos schaffte, darf noch eine Runde weitermachen, bis ein Sieger übrig bleibt. Ein Fehler ist es übrigens auch, auf den Rand eines Feldes zu hüpfen.

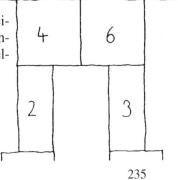

Im sechsten Jahr

530 Paradies-Hüpfen Der Weg ins Paradies wird wie auf der Zeichnung aufgezeichnet.
In der ersten Runde muß ein Steinchen ins erste Feld geworfen werden. Dann springt einer auf dem rechten Bein nach, kickt ihn aus dem Spielfeld und hüpft dann weiter auf einem Bein von Feld zu Feld, wie es die Zahlen angeben. Nach Feld zwölf hüpft er ins Paradies, darf dort ein wenig ausruhen – und dann geht es rückwärts zurück. Bei diesem Spiel scheidet aus, wer die Felder in der falschen Reihenfolge anspringt, wer auf eine Linie tritt und wer den Stein beim Kicken nicht mit einem Stoß aus dem Spielfeld stößt.

531 Geschiebe Nun wird die einfache Hüpf-Figur von der Zeichnung unten aufgezeichnet:
Der erste Mitspieler wirft einen Kieselstein in Feld eins, hüpft wieder auf dem rechten Bein nach und muß den Stein nun jeweils mit nur einem Anstoß mit dem rechten Fuß ins nächste Feld schieben. In Feld fünf darf man sich ein wenig ausruhen.

532 Raupenrennen Mindestens vier Spieler legen sich bäuchlings nebeneinander, mit der Seite jeweils zur Renn-Richtung. Der letzte rollt in dieser Haltung über die anderen, schließt sich als vorderstes Glied wieder an, dann folgt der nächste.
Wenn wenigstens acht Mitspieler dabei sind, kann man auch um die Wette vorwärts kriechen wie eine Raupe.

533 Kreis-Seilspringen Alle Mitspieler stellen sich im Kreis auf. Nur einer steht, mit einen Springseil ausgerüstet, in der Mitte. Er läßt das Seil ganz lang und kreist es langsam im Uhrzeigersinn, indem er sich um sich selbst dreht. Die, die im Kreis stehen, müssen aufpassen. Denn kommt das Seil zu ihnen, sollen sie drüberspringen. Wer nicht achtgibt, wer das Seil berührt, der ist ausgeschieden.
So geht das einem nach dem anderen, bis zuletzt der Sieger übrig bleibt. Sollten über einen längeren

Wettspiele draußen

Zeitraum immer alle gut drüberkommen, sollte man das Seil langsam etwas höher kreisen lassen.

534 Dritten abschlagen Zuerst werden ein Läufer und ein Schläger ausgewählt. Alle anderen Mitspieler stellen sich paarweise (die Paare stehen hintereinander) im Kreis auf. Alle schauen in die Kreismitte.
Vom Schläger verfolgt, rennt der Läufer um den Kreis herum.
Plötzlich läuft er ein Stück in den Kreis, stellt sich vor den Vordermann eines Paares. Damit wird der vorher zweite im Paar zum nun überflüssigen Dritten. Er muß so schnell wie möglich loslaufen, um nicht vom Schläger erwischt zu werden.
Auch er kann – wie der Läufer am Anfang – wieder Zuflucht vor einem Paar suchen und damit den nun im Paar überzähligen Dritten wegschikken. Auch der rennt wieder vor dem Schläger weg. Gelingt es dem Schläger, einen Läufer abzuschlagen, wird der zum Schläger, der Vorgänger sucht Zuflucht und schickt damit wieder einen anderen auf die Flucht vor dem neuen Schläger. Verboten ist es, quer durch den Kreis zu laufen.
Das Spiel ist zu Ende, wenn die Mitspieler keine Lust oder keine Puste mehr haben.

535 Chinesische Mauer Zuerst wird ein 20 m x 20 m großes Spielfeld aufgezeichnet.
Statt einer Mittellinie wird in der Mitte ein 2 m breiter Streifen markiert. Der stellt die Chinesische Mauer dar.
Einer bewacht sie. Alle anderen Mitspieler versammeln sich auf einer der Spielfeldseiten. Auf Kommando des Mauer-Wächters laufen die anderen los. Sie versuchen, die Mauer zu überwinden, ohne vom Wächter gefangen zu werden. Das Spielfeld dürfen sie nicht verlassen. Wird einer gefangen, wird er Mauer-Wächter-Gehilfe. Der Mauer-Wächter und seine Gehilfen dürfen die Mauer nicht verlassen. Wer die Mauer einmal überwunden hat, ist für diese Runde sicher. Niemand darf aber einfach in der Ausgangs-Spielhälfte stehen bleiben.
Zögert einer zu lange, wird er vom Mauer-Wächter angerufen.
Zögert er trotz zweier Anrufe, gilt er als gefangen. Gefangen ist auch, wer das Spielfeld verläßt. Wer rettet sich am längsten vor den Wächtern? Der wird Mauer-Wächter der nächsten Runde.

Wettspiele im Winter

536 Schneeballschlacht Es werden zwei Parteien bestimmt und ein Wurffeld, das etwa 20 m lang ist. An beiden Seiten wird eine Abwurflinie gezogen, hinter der die jeweilige Mannschaft stets bleiben muß. Auf Kommando des Spielleiters beginnen beide Parteien damit, die Gegner mit Schneebällen zu bewerfen. Wer getroffen wurde, muß ausscheiden. Es gewinnt die Mannschaft, die zuerst alle Werfer der anderen Partei getroffen hat.

Übrigens: Es ist nicht erlaubt, sich vor dem Spiel schon einen Vorrat an Schneebällen anzulegen. Das hat seinen guten Grund: Liegen Schneebälle eine Weile, können sie zu harten Eisbällen werden. Dann tut es weh, wenn man getroffen wird.

537 Schneeball-Kegeln Drei Schneekegel werden errichtet, auf deren Spitze je ein Schneeball sitzt, wie auf der Zeichnung unten zu sehen ist.

Jeder darf sich hierbei einen Vorrat von fünf Schneebällen anlegen. Dann beginnt der erste, von einer Abwurflinie aus zu werfen. Schafft er es, alle drei Schneebälle abzuwerfen?

Schaffen das mehrere, so ist derjenige Sieger, der dazu weniger Würfe benötigte. Notfalls wird ein Stechen ausgetragen. Das heißt, die Mitspieler, die mit derselben Anzahl von Würfen alle drei Bälle abgeworfen haben, treten zu einer Ausscheidung an. Hierzu wird die Abwurflinie weiter nach hinten verlegt.

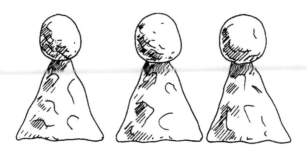

Wettspiele draußen

538 Slalom-Rodeln Auf einer möglichst sanften und breiten Rodelbahn werden ein paar Hindernisse aufgebaut – wie Slalomtore. Man kann dafür Stöcke oder Äste in die Bahn stekken, Dosen in den Schnee rammen oder auch leere Papp-Milchtüten. Diese Tore müssen bei der Abfahrt mit dem Schlitten durchquert werden. Wer eins der Hindernisse berührt, scheidet aus. Ist mehr als ein Rodler fehlerlos geblieben, so wird ein Stechen veranstaltet, bei dem noch ein paar zusätzliche Slalom-Tore aufgebaut werden.

539 Ring-Rodeln Das Spiel ist nur möglich bei einer schmalen Rodelbahn, bei der rechts und links Bäume stehen. Dann wird zwischen den Ästen gegenüberliegender Bäume eine Leine gespannt, an der Ringe an dünnen Fäden hängen. Die Leine muß so tief hängen, daß man die Ringe beim Runterrodeln ergreifen kann, aber nicht so tief, daß man nicht auch drunterdurch rodeln könnte.
Vier Ringe werden aufgehängt. Auf jedem Schlitten fahren zwei Rodler. Los geht es. Welches Paar erwischt die meisten Ringe?
Haben mehrere gleich viele Ringe, so kann die Sache für ein eventuelles Stechen noch erschwert werden. Erschwerend ist es z. B., wenn die Ringe etwas höher hängen, so daß die Wettstreiter den Po ein wenig vom Schlitten abheben müssen, um die Ringe zu ergreifen.

540 Tüten-Rodeln Man kann alle Rodelspiele auch improvisieren und auf Plastiktüten ausführen. Dabei müssen jeweils der Po und die Fußsohlen ganz auf der Einkaufstüte sein.

541 Spuren-Raten Überall kann ein Fährtenleser Spuren entdecken: Männer-Spuren, Frauen-Spuren, Kinder-Spuren, Hunde-Spuren, Vogel-Spuren. Kann jemand einmal Pferde-Spuren oder Reh-Spuren, Kaninchen- oder Eichhörnchen-Spuren entdecken?
Wer entdeckt eine Art zuerst?

542 Spuren-Jagd Zwei Jäger jagen die übrigen Spieler. Die laufen über ein weitgehend von Menschenspuren freies Schneefeld. Die Gejagten dürfen sich auch irgendwo verstecken. Sie dürfen versuchen, ihre Spuren zu verwischen, sie tarnen sich, indem sie z. B. nur auf den Zehen oder auf allen vieren gehen. Die Gejagten kriegen einen Zwei-Minuten-Vorsprung, aber sie dürfen sich nur im Umkreis von etwa hundert Metern bewegen.

Im sechsten Jahr

543 **Augen-Werfen** In den Schnee wird ein Mondgesicht gemalt, das aber keine Augen besitzt. Die sollen jetzt dadurch entstehen, daß jeder versucht, einen Schneeball genau an die Stelle zu werfen, an der ein Auge sitzen müßte. Dazu stellen sich alle der Größe nach auf. Der kleinste Mitspieler beginnt, sein Glück zu versuchen. Die Abwurflinie ist etwa fünf Meter vom Mondgesicht entfernt. Hat er kein oder nur ein Auge geworfen, kommt der Zweitkleinste an die Reihe. Es wird so lange geworfen, bis im Gesicht zwei Augen sitzen – und zwar an ungefähr der richtigen Stelle.

544 **Schneeburg** Zwei Mannschaften bauen sich jede eine Schneeburg. Das geht so: Wie beim Schneemann-Bauen werden große Rollen hergestellt (nicht Kugeln). Zuerst die Grundmauer. Darauf türmt man die nächste Mauer-Schicht. Jede Burg muß so groß sein, daß die ganze Mannschaft Platz darin findet. Ein Eingang muß offen gelassen werden. Für einen Anfänger ist der Dachbau zu schwierig. Die Burg darf also unbedeckt sein. Welche Mannschaft hat ihre Burg zuerst fertig?

545 **Bildhauer-Wettstreit** Hier sind die Künstler gefragt. Jeder gestaltet ein Werk aus Schnee. Es sollte allerdings etwas Erkennbares darstellen, einen Menschen, ein Tier zum Beispiel. Man baut entweder, indem man aus Rollen oder Kugeln die Gestalt nach und nach aufbaut. Oder man formt ein großes Stück, aus dem dann die Figur herausgearbeitet wird. Es ist erlaubt, Wasser hinzuzufügen, damit das Werk eine bessere Festigkeit bekommt.
Hinterher werden Eltern, die nicht anwesend waren, als die Kunstwerke gestaltet wurden, als Schiedsrichter eingeladen.
Sie wissen nicht, wer was gestaltet hat. Jeder, der Schiedsrichter spielt, darf drei kleine Kärtchen, die er für die Wertung bekommt, auf die drei Werke stecken, die ihm am besten gefallen. Wer die meisten Kärtchen erhielt, wird als Bildhauer-Meister ausgerufen. Der zweite, der dritte – überhaupt alle bekommen noch einen kleinen Preis für ihre Arbeit und für ihre Phantasie.

Wettspiele für drinnen

546 **Geräusche raten** Ein erwachsener Spielleiter hat schon vor dem Spielnachmittag einige Geräusche auf Band aufgenommen. Ein Auto fährt an, braust über eine leere Straße, stoppt bei Rot, die Bremsen quietschen; es wird gehupt, Fahrräder klingeln, ein Motorrad wird angelassen. Oder: Ein Staubsauger summt, die Kaffeemühle brummt, ein Tuch wird ausgewrungen. Oder: Ein Hund bellt, eine Katze maunzt, ein Elefant trompetet, ein Löwe brüllt, ein Frosch quakt.
Ein Stück des Bandes wird abgespielt. Wer hat ein Geräusch erkannt? Wer etwas als erster richtig nennt, bekommt eine kleine Belohnung, eine Erdnuß zum Beispiel, ein Stück Apfel.
Wer sich jedoch irrt, muß ein Pfand abgeben.

547 **Tast-Kim** Ein Mitspieler bekommt die Augen verbunden. Er kann also nichts sehen. Der Spielleiter gibt ihm einen kleinen Gegenstand in die rechte Hand. Kann er erfühlen, ertasten, was das für ein Gegenstand ist? Ein Bleistiftanspitzer, eine Münze oder eine Büroklammer, ein Taschenkamm, eine Zahnbürste oder eine Seidenblume? Wer es herausbekommt, kriegt einen Punkt. Wer bei einer bestimmten Anzahl von Tastaufgaben dann die meisten Punkte gehamstert hat, ist Sieger.

548 **Guck-Kim** Es liegen ein paar Gegenstände auf dem Tisch, einige Farbstifte, ein paar Spielfiguren und Modellautos vielleicht, etwas Knete. Alle dürfen sich das genau anschauen. Der älteste Mitspieler wird hinausgeschickt. Während er draußen ist, nimmt man einen kleinen Gegenstand weg oder fügt einen hinzu. Rät er, was verändert wurde, wenn er nun wieder hereinkommt? Dann hat er wieder einen Pluspunkt auf seinem Spielkonto. Der zweitälteste wird rausgeschickt. Wieder wird etwas weggenommen oder hinzugefügt. Dann kommt er rein.
Zuletzt ist der jüngste dran. Das sollte so sein, damit er das Spiel besser verstehen kann.

549 **Gerüche raten** Mindestens drei pedantisch gereinigte Joghurtbecher werden mit duftenden Stoffen gefüllt, von denen aber nur der Spielleiter weiß, was es ist. Nun gehen alle raus. Der erste kommt und darf – mit Augenbinde, versteht sich – am ersten Becher schnuppern, dann am zweiten, schließlich am dritten.
Dann soll er sagen, was das sein könnte, was er da gerochen hat. Für jeden Stoff, den er errät, bekommt er einen Punkt.

Im sechsten Jahr

Danach kommt der nächste rein. Hat jemand am Ende alle drei Dinge richtig gerochen? Das kann nur eine gute Spürnase sein!
Übrigens: Besonders gut eignen sich Senf, Zwiebeln, Majoran, Pfefferminze, Knete, Seife, Parfüm u.ä.

550 Nasenkette Die Mitspieler sitzen im Kreis oder um den Tisch herum. Der Spielleiter steckt sich die Hülse einer Streichholzschachtel auf die Nase. Er versucht, diese dem linken Nachbarn weiterzugeben. Der muß sie allerdings mit der Nase annehmen.
Dann gibt er sie an seinen linken Nachbarn weiter. Fällt die Hülse, müssen Geber und Nehmer je ein Pfand abliefern.

551 Kleiderständer Zwei Mannschaften werden gebildet. Sie sitzen sich in jeweils einer Reihe auf Stühlen oder auf dem Boden gegenüber. Der erste Spieler jeder Mannschaft bekommt eine Mütze, einen Schal und ein Paar Handschuhe zugeworfen. Das muß er alles ordentlich anziehen, dann muß er aufstehen und um die Reihe seiner eigenen Mannschaft herumlaufen. Schließlich zieht er alles wieder aus und übergibt es an den nächsten seiner Reihe. Welche Mannschaft ist zuerst fertig?

552 Gegensätze raten Am besten sitzen bei diesem Spiel alle Mitspieler in einem Kreis. Einer hat ein Tuch. Das wirft er einem beliebigen Spielkameraden zu. Dabei nennt er eine Eigenschaft, etwa: „warm". Der, der fängt, muß blitzschnell mit dem Gegensatz kontern: „kalt". Er wirft einem anderen das Tuch zu und nennt wieder eine Eigenschaft: „weit". Der, der fängt, könnte hier sowohl „eng" als auch „nah" sagen. Meist aber sind die Gegensätze ganz eindeutig, etwa klein – groß, kurz – lang, breit – schmal, dick – dünn, reich – arm, hoch – niedrig oder tief, rund – eckig, weich – hart.

553 Koffer packen Einer beginnt, seinen Koffer zu packen. Er erklärt: „Ich will in die Sonne fahren und nehme meine Sonnenbrille mit!" Sein linker Nachbar muß das wiederholen und einen Gegenstand sozusagen dazupacken. Er verkündet also: „Ich fahre in die Sonne und nehme meine Sonnenbrille und meinen Badeanzug mit!" Nach und nach werden Sonnenschirm und Sonnenöl dazugepackt, aber auch eine kurze Hose oder ein leichtes Kleid, ein Sommerpulli. Wer einen bereits im Koffer befindlichen Gegenstand in seiner Aufzählung vergißt, muß ein Pfand abgeben.
Der Spielleiter erzählt eine Geschichte. Sie könnte auf dem Bauernhof

Wettspiele drinnen

oder im Zoo, im Zirkus oder in der Tierhandlung stattfinden. Auf alle Fälle müssen genauso viele Tiere eine Rolle spielen wie Kinder mitspielen. Wird das erste Tier genannt, so ahmt der linke Nachbar des Erzählers dessen Stimme nach, dann geht es weiter in der Geschichte. Beim zweiten Tier darf der linke Nachbar des Erzählers seine Stimme wiederholen, und sein linker Nachbar stimmt mit seiner ein. War das erste Tier also zum Beispiel ein Elefant, trompetet der, der links vom Erzähler sitzt. Er trompetet auch wieder, wenn das zweite Tier genannt wird, das dann in das Konzert einstimmt. Von Tier zu Tier wird also das Tierkonzert mehrstimmiger und lauter. Aber es macht einen unglaublichen Spaß.

555 Pfänder einlösen Im Laufe eines Spielnachmittags können sich eine ganze Menge Pfänder ansammeln. Zwar werden heute nicht mehr so viele Pfänderspiele gespielt wie früher, aber immerhin, es gibt doch noch eine Menge Liebhaber davon. Nun zum Einlösen der Pfänder: „Was soll derjenige tun, dessen Pfand ich hab in meiner Hand?" fragt der Spielleiter beim ersten Mal seinen linken Nachbarn, und von ihm aus geht es in den nächsten Runden im Uhrzeigersinn weiter.
Wer dran ist, darf das Pfand nicht sehen. Er könnte sagen:
- ein Lied singen,
- ein Gedicht aufsagen,
- ein Rätsel lösen, das ein anderer aufgibt,
- auf einen Stuhl steigen und bellen (oder krähen, gackern und dgl.),
- unter dem Tisch durchkrabbeln und weinen wie ein Baby,
- dem nächsten, der ein Pfand einlösen wird, einen Kuß geben,
- sich vor jedem Mitspieler ehrerbietig verbeugen und „Ganz zu ihren Diensten!" sagen,
- auf einem unsichtbaren Musikinstrument eine Melodie spielen (also die nötigen Bewegungen ausführen und dabei entsprechend summen oder brummen),
- jedem Mitspieler eine höfliche Schmeichelei sagen (z. B.„ Du hast heute einen entzückenden Pulli an."),
- ein lustiges Erlebnis erzählen,
- etwas sagen, was unmöglich ist („Im Sommer laufe ich in unserem Garten täglich Ski"),
- einmal um den Tisch stelzen wie ein Storch,
- einmal um den Tisch hüpfen wie ein Känguruh,
- einmal um den Tisch galoppieren wie ein Pferd,

Im sechsten Jahr

- einen Purzelbaum schlagen,
- auf einem Bein stehen, bis die nächsten zwei Pfänder eingelöst sind,
- von allen Mitspielern eine Sache nennen, die er ganz schön findet (muß nicht hier sein),
- jedem Mitspieler sagen, warum er ihn gern hat,
- jeden Mitspieler einmal in den Arm nehmen,
- jedem Mitspieler einen guten Rat geben,
- zwei Minuten lang den Clown spielen,
- ein sauberes Taschentuch nur mit dem Mund vom Boden aufheben,
- einen kleinen Tanz vorführen,
- einen Vers auf den eigenen Vor- oder Nachnamen dichten,
- sich vom Boden erheben, ohne die Hände zu benutzen,
- mit einer Apfelsine (oder einem etwa gleich großen Ball) zwischen den Knien bis zur Tür gehen, ohne die Frucht oder den Ball fallen zu lassen,
- dirigieren, wenn alle ein Lied singen,
- einen Liegestütz machen,
- mit einer Augenbinde ein Haus mit Tür und Fenstern malen,
- drei Kerzen auf einmal ausblasen,
- einen Luftballon zum Musikmachen bringen,
- rücklings auf dem Stuhl sitzen und so durchs Zimmer „reiten",
- mit der linken Hand einen Baum zeichnen (Linkshänder müssen das mit der rechten tun),
- einen Marktschreier spielen, der verfaulte Bananen verkaufen will,
- einem Mitspieler 20 Sekunden lang in die Augen sehen, ohne zu lachen,
- ein Lied pfeifen,
- einen bestimmten Erwachsenen imitieren,
- einen Ball bis zur Tür auf dem Kopf balancieren,
- 20 Sekunden lang die Augen schließen, ohne zu blinzeln,
- fünf Murmeln auf der flachen Hand balancieren – bis zur Tür,
- 30 Sekunden lang in einer bestimmten vorgegebenen Haltung (etwa: wie ein Hund ein Bein heben oder etwas anderes, das komisch wirkt) verharren.

Kapitel 17

Soll man Kinder eigens auf die Schule vorbereiten ?

Die Spiele in diesem Buch sind ausgesucht unter dem Gesichtspunkt, die Entfaltung des Kindes zu unterstützen und zu fördern.
Viele stärken die Muskeln oder machen geschickter, viele regen zum Denken, zum Sprechen und zum Gestalten an. In fast allen bleibt ein breiter Raum für die kindliche Phantasie offen. Vor allem aber: Spiele sind meist Anlaß dafür, mit anderen in Kontakt zu kommen. Es gibt wenige Spiele, die nur allein Spaß machen. Fast alle verlangen nach Spielpartnern.
Für das Baby sind das die Eltern. Für das Krabbelkind sind das manchmal, für das Kindergartenkind sehr oft andere Kinder.
Das alles ist bereits eine gute Vorbereitung auf das, was in der Schule erwartet wird. Es ist aber sicher nicht alles.
Das Kind sollte außerdem schon vom zweiten Lebensjahr an nach Herzenslust in Büchern „schmökern", das heißt immer wieder ganz viele Bilderbücher anschauen dürfen. Das müssen nicht nur die künstlerisch wertvollen sein, für die sich Kinder meist nicht ganz so erwärmen können wie die Erwachsenen.
Sicher, davon sollte es auch möglichst viele haben. Aber daneben darf es auch ein paar besitzen, die Erwachsene so richtig kitschig finden. Denn das Kind liebt meistens gerade diese. Die allerwichtigste Vorbereitung auf die Schule ist: Vermitteln Sie dem Kind Freude am Buch. Es muß zunächst die Bücher haben, die ihm Spaß machen. Das ist letztlich entscheidend. Die Bücher brauchen nicht alle gekauft werden.
Einen Teil kann man aus der Bücherei leihen. Die einzige konkrete Vorbereitung auf die Schule, die unvermeidbar ist: Das Kind muß lernen, sich im Straßenverkehr den Regeln entsprechend zu verhalten. Es muß also Verkehrsregeln lernen.
Und es soll erfahren, daß sich jeder verantwortungsbewußt verhalten muß. Das ist das einzige Gebiet, wo man nicht ganz ums „Predigen" herumkommt. Hier geht es nicht um Erziehungsstile, sondern um die Sicherheit des Kindes, um sein Leben und um seine Unversehrtheit.
Ansonsten jede Vorbereitung besonders. Das muß der nicht lesen, kön-

Schulvorbereitung

nen. Im Gegenteil: Es kann sogar hinderlich sein, wenn es das schon kann. Nicht nur für den Lehrer. Es erkennt schnell, daß es mehr kann als die anderen, daß es da was erklärt bekommt, was es längst weiß. Da gibt es sich doch lieber seinen schönen Träumen hin! Und dann kommt doch was Neues im Unterricht, das es dann jedoch nicht mitbekommt. Und ehe man sich versieht, sind gerade brillant vorbereitete Kinder gar nicht mehr bei den guten Schülern zu finden.

Außerdem wird sich bei allen besonders gut vorbereiteten Kindern die Erkenntnis festsetzen: Schule ist langweilig.

Das sollten Sie dem Kind ersparen. Denn die Voraussetzung dafür, gut zu lernen, ist es, gern zu lernen. Allerdings muß ich da doch eine Einschränkung machen: Neugier ist der Motor des Lernens. Jedes Kind ist von Natur aus neugierig. Es gibt Eltern, die das stört. Sie antworten nicht auf die vielen und manchmal sicher anstrengenden Fragen, sie verbieten dem Kind, alles, was ihm noch unbekannt ist, allein auszuprobieren. Aber dadurch wird der kindliche Wissensdurst sogar bestraft. Das ist die allerschlechteste Vorbereitung auf die Schule. Denn wer sich die Neugier – und das heißt das Interesse an allem, was er nicht weiß – abgewöhnt hat, weiß nie, warum er dieses oder jenes überhaupt wissen muß.

Und nun kann es eben sein, daß so ein besonders neugieriges Kind an jedem Straßenschild, an jedem Schaufenster, an jeder Litfaßsäule stehen bleibt und fragt: „Was steht da drauf?" Und dann sind verantwortungsbewußte Eltern in einer Zwickmühle. Fragen gehören beantwortet, aber lesen soll das Kind noch nicht lernen! Da sollten Sie sich für das Antworten entscheiden. Wenn das Kind auf diese Art zu lesen lernt, wird das seinen Lernhunger in der Schule nicht besonders beeinflussen. Denn das alles sind Wortbilder, die ein Kind niemals in den ersten Lese-Lektionen wiederfinden wird. Wenn es so etwas schon lesen kann, macht das nichts. Nur nicht systematisch lesen lernen. Leselernspiele sind prima für Kinder, denen in den Grundschuljahren das Lesen schwerfällt. Für Vorschulkinder wären sie nur dann sinnvoll, wenn alle Kinder, die später in die erste Klasse gehen, auf diese Weise vorbereitet würden.

Wenn Ihr Kind neugierig ist, also viel fragt und ausprobiert, wenn es oft und begeistert mit anderen Kindern spielt, wenn es sich eine Weile ins Spiel versenken kann, wenn es im sechsten Lebensjahr dann auch schon spielend gelernt hat, bestimmte Aktivitäten zu planen, wenn es Freude am Bücher-Begucken hat, gern malt, bastelt oder modelliert, dann brauchen Sie sich um die Schule sicher keine Sorgen zu machen.

Checkliste I

Ist Ihre Wohnung kindersicher?

Die meisten Kinderunfälle passieren in den eigenen vier Wänden. Und fast immer hätten sie sich vermeiden lassen. Aber es ist eine ganze Menge, woran man eigentlich ständig denken muß. Wer kann das schon?

Um Ihnen dabei zu helfen, haben wir für Sie eine Checkliste gemacht. Beantworten Sie sich ehrlich die folgenden Fragen in zwei Gruppen. Dann wissen Sie, wo bei Ihnen noch Gefahrenquellen sprudeln, die schleunigst verstopft werden sollten.

I. Sicherungen durch kindgerechte Einrichtung

1. Haben Sie in allen Räumen alle Steckdosen kindergesichert?
   ja ❏   nein ❏
2. Haben wirklich alle Fenster Fenstersicherungen?
   ja ❏   nein ❏
3. Besitzen Sie einen Herdschutz?
   ja ❏   nein ❏
4. Sind Vorhangschienen absolut sicher an der Wand befestigt (Kinder ziehen sich gerne an Vorhängen hoch!)?
   ja ❏   nein ❏
5. Haben Sie – zumindest im Kinderzimmer und wo die Kleinen sonst noch gelegentlich unbeaufsichtigt spielen – Schutzgitter vor den Heizkörpern?
   ja ❏   nein ❏
6. Haben Sie für das Kinderbad eine Kunststoffmatte als Rutschbremse für die Wanne und/oder die Dusche?
   ja ❏   nein ❏

Checkliste

I. Sicherung durch wohlbedachtes Verhalten

1. Stellen Sie alle Elektrogeräte stets sofort nach Gebrauch ab und nehmen den Stecker aus der Steckdose?
ja ❏   nein ❏
2. Räumen Sie alle spitzen und scharfen Gegenstände nach Gebrauch sofort – für das Kind unerreichbar – fort?
ja ❏   nein ❏
3. Lassen Sie Töpfe mit heißem Wasser, mit heißer Suppe o. ä. wirklich immer nur auf der gesicherten Herdplatte stehen?
ja ❏   nein ❏
4. Bewahren Sie Putzmittel, Kosmetika, Medikamente, Alkohol und Plastikbeutel ausnahmslos für Kinder unerreichbar auf?
ja ❏   nein ❏
5. Verzichten Sie beim Essen auf die Tischdecke? Oder wenn Sie das nicht mögen: Fixieren Sie die Decke stets mit Deckenklemmen?
ja ❏   nein ❏
6. Wenn Wasser oder fett auf den Boden gespritzt ist: Beseitigen Sie sofort die rutschigen Spuren?
ja ❏   nein ❏
7. Haben Sie alle Türen „entschlüsselt" (kleine Kinder spielen für ihr Leben gern mit Schlüsseln, und da könnte es passieren, daß sie sich oder ihre Eltern einschließen)?
ja ❏   nein ❏

Wenn Sie alle diese Fragen mit „Ja" beantwortet haben, liegt die Vermutung nahe, daß Sie sich doch ein bißchen was vorgeflunkert haben. Oder Sie sind ein unübertrefflicher Sicherheitsfanatiker.
Wenn Sie unter der Gruppe I eine Frage mit „Nein" beantworten mußten, holen Sie bitte gleich das bisher Versäumte nach!

Checkliste II

Ist Ihr Spielplatz kindersicher?

Die Spielplätze sind heute schon besser als ihr Ruf. Dank der unermüdlichen Bemühungen von Eltern und Gemeinden sind sie – insgesamt betrachtet – nachweislich sauberer und sicherer geworden. Trotzdem gibt es nie einen Anlaß zur Entwarnung: Denn immer wieder gibt es Schäden an Spielgeräten, Dreck im Sandkasten und sogar ab und an noch Giftpflanzen in Spielplatznähe. Darum müssen Sie den Spielplatz, den Sie mit Ihrem Kind besuchen, immer wieder einmal unter genauen Augenschein nehmen, wenn Sie mit ruhigem Gewissen zuschauen wollen, wie Ihr Kind auf dem Spielplatz spielt.
Das sind die 14 Fragen, die Sie möglichst alle mit „Ja" beantworten sollten:

1. Haben alle Geräte, von denen Kinder aus mehr als zwei Metern Höhe fallen können, weiche Untergründe, also Sand oder elastiche Dämmlatten?
   ja ❏   nein ❏
2. Sind an allen Geräten Ecken und Kanten abgerundet? (Achten Sie auch besonders auf die Enden der Rutschbahnen.)
   ja ❏   nein ❏
3. Haben Sie sich davon überzeugt, daß keine Metallteile angerostet und keine Taue angescheuert sind?
   ja ❏   nein ❏
4. Sind alle Holzteile splitterfrei und frei von Spaltrissen?
   ja ❏   nein ❏
5. Haben Sie sich davon überzeugt, daß nirgendwo Nägel oder Schrauben herausschauen?
   ja ❏   nein ❏
6. Beträgt der Abstand von schwingenden Teilen, also von Schaukeln, zu Mauern, Bäumen oder anderen Spielgeräten mindestens zwei Meter?
   ja ❏   nein ❏

Checkliste

7. Sind die Kettenglieder bei Schaukeln und anderen Geräten höchstens 6 mm breit, so daß keine Gefahr fürs Einquetschen von Kinderfingern besteht?
   ja ❑   nein ❑
8. Sind die Schaukeln sicher und stabil befestigt, so daß z.B. die Ketten nicht reißen können?
   ja ❑   nein ❑
9. Ist das Geländer der Rutsche mindestens 15 cm hoch?
   ja ❑   nein ❑
10. Haben Sie sich davon überzeugt, daß die Rutschbahn keine spitzen Winkel besitzt, in denen kleine Kinder hängenbleiben und von nachrutschenden Kindern verletzt werden können?
    ja ❑   nein ❑
11. Haben alle Wippen dämpfende Aufschläge (etwa Reifenteile)?
    ja ❑   nein ❑
12. Ist dafür gesorgt, daß der Sand im Sandkasten zumindest einmal im Jahr ausgetauscht wird?
    ja ❑   nein ❑
13. Haben Sie sich davon überzeugt, daß keine Giftpflanzen um den Spielplatz herum wachsen?
    ja ❑   nein ❑
14. Ist das Gelände ausreichend vor der Straße geschützt (z.B. durch eine dichte Hecke), so daß die Kinder nicht plötzlich vor ein Auto rennen können?
    ja ❑   nein ❑

Jeder Frage, die Sie heute noch mit „Nein" beantworten müssen, sollten Sie bald nachgehen. Schäden, auch Hundekot im Sandkasten, und andere Verschmutzungen, melden Sie dem Träger des Spielplatzes. Bis der Schaden behoben ist, besuchen Sie lieber einen anderen Spielplatz! Checkliste I und II sollten Sie immer mal wieder lesen. Dann bleibt Ihnen im Bewußtsein, woran Sie eigentlich in jedem Augenblick denken sollten, ganz besonders in der Zeit, in der Ihr Kind seine ersten Erfahrungen mit der selbständigen Fortbewegung macht. Das gilt aber auch noch für die ganze Zeit bis mindestens zur Einschulung.

Register der Spiele nach Nummern
Lieder sind mit ++, Verse mit + gekennzeichnet

A

Ablenkungsmanöver	234
Abschleppen	436
Affenschaukel	118
Alle meine Entchen ++	172
Alle Vögel fliegen hoch	331
Alle Stühle fliegen hoch	516
Angelspiel	310
Apfel angeln	488
Armer schwarzer Kater	485
Astronaut	391
Astschlange	224
Auf einem gelben Butterberg +	375
Augen werfen	543
Autospiel	70

B

Babyzentrum	84
Backe, backe Kuchen ++	44
Bänder auf- und abwickeln	72
Bänderkranz	20
Bäumchen wechsel dich	424
Bäume-Tanz	244
Balance-Akt	146
Balancieren	106
Ball basteln	74
Ballhopser	313
Balljagd	95, 434
Ball-Kunststücke	413
Ballongesicht	19
Ballonhatz	521
Ballonlauf	447
Ballonpfeife	489
Ballspiele	73, 124
Ball-Team	166
Ball-Tunnel	170
Ball-Versteck	114
Bastelkalender	492
Bauchtanz in der Badewanne	305
Bauchwiege	40
Bauen mit Abfall	207
Bauen mit Schaum	15
Bauen mit Systembauteilen	208
Baumhaus	503
Baumspiele	85
Becherrassel	81
Beutezug	520
Bienentanz	245
Bildbaukasten	209
Bilderbuch-Kalender	491
Bilderbücher	200
Bildergalerie	265
Bildhauer-Wettstreit	545
Blätterbilder	438
Blätterdach	24
Blätterspiele	88
Blinde Kuh	298
Blumenbilder	263
Blumenfee	275
Bock-Spiel	236
Bodenakrobatik	30
Bollerwagen	355
Boxbeutel	304
Brücke	156
Brüderchen, komm tanz mit mir ++	318
Budenzauber	397
Bügelfidel	284
Bunte Blätter Bilder	438
Burgball	526
Busfahrt	382

C

Chinesiche Mauer	535
Collagen	260

D

Detektivspiel	353
Da hast nen Taler +	60
Da läuft ein Weglein +	61
Da oben auf dem Berge +	377
Das ist der Daumen +	55
Das Osterei	378
Daumenbilder	251
Daumen, neig Dich +	58
Deckenrolle	160
Deckenschaukel	149
Deckenzug	148
Denkt euch nur, der Frosch +	187
Der ist in den Brunnen gefallen +	56
Der ist in den Busch gegangen +	57
Der Sandmann ist da ++	180
Detektivspiel	353
Domino „Farben und Formen"	480
Domino „Würfel"	481
Dornröschen ++	176
Drachen	443
Draht-Triangel	285
Dreiradfahren	300
Dreiradrennen	444
Dreiradslalom	445
Dritten abschlagen	534
Du bist ein kleiner Nackedei +	185
Dunkler Angriff	36
Durch die Brücken	121
Durchreiben	473
Dusch-Spiel	315

E

Echo-Spiel	235
Eichelmännchen	227
Eierköpfe	404
Eierlaufen	418
Eiertanz	507
Eigene Fingerverse	59
Einbuddeln	126
Ein Männlein steht im Walde ++	179
Ein- und Ausgießen	66
Einsammeln-Ausschütten	79
Eisenbahn	384
Eisfiguren	270
Eisradtreiben	454
Eisrutschbahn	455
Eis-Vulkane	465
Elefanten basteln	221
Erste Lichtspiele	6
Erste Hörspiele	8
Erster Blickpunkt	7
Erster Zielwurf	171
Erstes Erzählen	203
Erste Ziele	152
Erwachsene Schauspieler	348
Es geht eine Zipfelmütze ++	319
Es ging ein Frosch spazieren +	379
Es regnet, es regnet ++	181
Es tanzt ein Bi-Ba-Butzemann ++	323

F

Fähren-Wettfahrt	314
Fährverkehr	151
Fäusteturm	63
Fahrrad-Slalom	512
Faltbecher	477
Faltboot	476
Faltboot-Rennen	131
Fangen	94/408
Fangen-hocken	409
Farbiges Kneten	215
Faschingszug	361

Register

Fassadenkletterer	119	Händedruck	252	Kaufmann	381
Ferien-Denkmal	276	Händeklatschen	43	Kellenspiel	339
Fernsehgeschichten	395	Hängematte	117	Kettenkarussell	357
Feuerwehr	389, 523	Hänschen klein ++	174	Kibbel-Kabbel	513
Feuerwerk	90	Hänsel und Gretel ++	175	Kinderreihe	478
Figuren bauen	211	Häschen in der Grube ++	178	Kinne wippe, rote Lippe +	62
Fingerspiele	54	Hahn und Hühner	68	Kissenauto	144
Fingerpuppen	400	Hahnenkampf	515	Kissenberg	147
Fischers Glück	329	Hampelmann	222	Kissenschlacht	141
Fische fangen	484	Handpuppen	398	Kissenschlepper	145
Fischreise	13	Handspieltiere	399	Kissensprünge	143
Flaschentrompete	197	Handtheater	346	Kissenstrecke	142
Flatterbänder	442	Handtrommel	191	Kistenzither	283
Fledermaus	464	Hasenjagd	525	Kitzeln	3
Fliegende Untertassen	295	Herbstkostüm	272	Klatschball	291
Fliegerspiele	76	Hindernislauf	102, 446	Kleiderständer	551
Fließbild	256	Hinkepaar	510	Kleiner Springer	165
Floßfahrt	158	Himpelchen und		Kleisterbilder	262
Flottenparade	16	Pimpelchen +	182	Kleister machen	261
Flugreise	390	Hochschleudern	290	Klettermax	101
Flugzeug	92	Hochsprung	105	Kneten und Formen	278
Frage und Antwort	205	Holzbausteine	206	Knetteig machen	277
Frau von Hagen +	376	Hoppe, hoppe, Reiter ++	51	Knittern	42
Freie Wahl-Spiele	231	Hopp, hopp, hopp,		Körperkunst	271
Froschhüpfen	163	Pferdchen ++	53	Körperumriß	253
Froschkonzert	322	Hüpfmännchen	529	Koffer packen	553
Fruchteis	422	Hüpfpüppchen	25	Kommandant	296
Früchteketten	439	Hundespiel	67	Kommt ein Vogel	
Frühlingsblumen		**I**		geflogen ++	177
entdecken	402	Ich geh mit meiner		Kopffüßler	257
Fußkran	301	Laterne +	364	Korkenbilder	264
Fußlift	169	Ich - Puzzle	479	Korkenfloß	229
		Ich schenk dir ein		Kranz winden	327
G		Osterei +	378	Kreidebilder	255
Gänseblümchenkette	406	Im Zoo	112	Kreiselball	168
Gegensätze raten	552	Indische Babymassage	10	Kreislauf	97
Geländefahrt	103	In meine Arme!	91	Kreisspiele	
Gemeinschaftsbau	343	Inselsprünge	297	Kreisseilspringen	533
Genuß	4			Kuckuck-Spiel	37
Geschichten vorlesen	204	**J**		Kugelmobile	21
Geräusche raten	546	Jacke an, Jacke aus	340	Kurzzeitwecker	499
Gerüche raten	549	Jakob, der Wächter	249	Kutscher und Pferd	109
Geschiebe	531	Jetzt steigt der			
Gesichter-Mobile	22	Hampelmann ++	321	**L**	
Gespenster	392	Jonglieren	294	Lampentanz	368
Gläserorgel	282			Laternen basteln	452, 453
Glücks-Eins	335	**K**		Laterne, Laterne ++	363
Glücks-Käfer	373	Kann-ich-alleine-Spiele	230	Laternenumzug	362
Goldene Brücke ++	325	Karneval	470	Laufspiel mit Musik	356
Goldfisch	12	Kartoffeln lesen	338	Leiterspiel	104
Gruppenbild	336	Karussell	120	Leuchtgespenster	367
Guck-Kim	548	Katze basteln	220	Leuchtmaske	33
Guten Tag, Guten Tag +	374	Katzenkonzert	69	Lichtkegel	34
		Katzen können Mäuse		Luftball	425
H		fangen +	184	Luftballon-Körbe	487
Händeberg	332	Katze versteckt sich	411	Luftballon-Treten	426

Register

Lumpensammler	448	Preisverleih (Kostüme)	471	Schaukelspiele		49
Lustiger Anfang ++	328	Prusten	65	Schicke, Schacke,		
Lustige Gestalten aus Herbst-		Puppenmutter	241	Reiterpferd ++		52
früchten	440	Puppenschrank	370	Schieber		164
M		Puppentheater	345	Schiefe Ebene		167
Märchenbaum	366	Puppen-Tragetuch	369	Schlangen fangen	107,	410
Märchenspiele	394	Pusteball	312	Schlangenlauf		96
Malen mit Fingerfarben	213	Pustebilder	475	Schlauchpüppchen		218
Malen mit Wachsfarben	214	Pusteblumen-Spaß	420	Schleudersitz		288
Marionetten	401	Purzelbaum	123	Schlittenfahrt		133
Marmorsand	266	Purzelbaum-Rennen	511	Schlittenrennen		461
Masken basteln	23, 469	Puzzeln	210	Schlittenslalom		462
Mein dein sein +	186	**Q**		Schmollwinkel		239
Modellieren	482	Quietschtiere	39	Schneeeball kegeln		537
Modenschau	388			Schneeballschlacht		536
Monster	393	**R**		Schneeball werfen		456
Mückenjagd	108	Raketenstart	333	Schneeball-Zielwurf		457
Mützen greifen	359	Rasselspiele	35	Schneeburg		544
Mumienspiel	341, 486	Rasselmarsch	192	Schneefall		132
Murmelball	82	Ratschen	47	Schneegemälde		139
Muschelbild	268	Rattenfänger	518	Schneemann und -frau		
Musikalische		Raupenrennen	532	bauen		458
Handschuhe	196	Regenbogen	432	Schneemann und -frau		
Musikalische		Regenspiel	308	konservieren		459
Hausschuhe	195	Regentropfen	87	Schneeschmelze		137
Musikcorps	360	Reissäckchen	80	Schneesturm		140
Musikspiel	2	Reiterspiel	50	Schneewunder		86
Muster bauen	212	Rhythmen klatschen	190	Schoß-Spaß		27
Mutsprung	311	Rinden-Drachen	226	Schubkarre	77,	122
		Riesen Glockenspiel	193	Schubkarrenlauf		449
N		Ringboot	162	Schuh-Haufen		412
Nachtgespenst	306	Ringel, Ringel, Reihe ++	316	Schwapp-Staffel		517
Nachzügler	99	Ringel, Ringel, Rose ++	317	Schwarz-weiß Bilder		258
Nadelkissen	467	Ringe werfen	427	Schweige Spiele		494
Nasenkette	550	Ringkarussell	160	Schwimmbad Spiele		45
Neckball	450	Ringlein, Ringlein,		Seeschlange		435
O		du mußt wandern ++	326	Seewind		154
Ohrringe aus		Ring-Rodeln	539	Seilspringen	293,	414
Gänseblümchen	405	Ring-Tor	161	Seitenwende		41
Ostereier-Dotzen	508	Rirarutsch ++	324	Siegerkranz aus		
Ostereier-Spiel	417	Rodeln	134	Eichenblättern		437
Ostereier-Werfen	506	Rodelrennen	463	Sitz-Fußball		524
		Rückzug	238	Slalom-Rodeln		538
P		Rundlauf	352	Sommerblumen		
Pack zu!	5	Rutschvergnügen	349	entdecken		419
Paddelboot	130	Rutschversuche	136	Sommerwiese		116
Paradieshupfen	530			Sonnenuhr	421,	500
Pfänder einlösen	555	**S**		Sonnenzirkus		89
Pferderennen	110	Sack hüpfen	428	Spiegel-Spiele		75
Pflöckeln	514	Sandbauen	127	Spielhaus		223
Phantasiefreund	250	Sandlaufen	125	Spielzeug heranziehen		71
Picknick	505	Sandmännchen	267	Spiel-Uhr		498
Pinselstriche	254	Schatten fangen	423	Springbrunnen		14
Planschbecken	307	Schattenspiele	347	Spritzbilder		474
Poltern	48	Schatzsuche	354	Spritzvergnügen		157
Post	383	Schaukeln	351			

254

Register

Spurhalten	299	
Spurenjagd	542	
Spuren-Raten	541	
Spuren-Spiel	138	
St. Martin ist ein frommer Mann ++	365	
Städtebau	502	
Stehaufmännchen	371	
Steinhausen errichten	407	
Steinmännchen	225	
Stelzenrennen	509	
Strampelwonne	11	
Straßenverkehr	358	
Straßenwalze	302	
Strohhalmschalmei	281	
Stuhlbahn	248	
Summ, summ, summ ++	173	

T

Tanzen nach Musik	198
Taschentuch Fallschirm	372
Tast-Kim	547
Taubenhaus	330
Tauziehen	415
Teilen spielen	232
Telefonieren	243
Telefon-Untersuchung	83
Theater spielen	501
Tiefschnee fangen	460
Tiefschneerennen	135
Tierarzt	386
Tierkonzert	334, 554
Tierverse	189
Tintenfische	280
Tobespaß	28
Topfschlagen	416
Torwerfen	303
Trage-Ulk	29
Treibjagd	153
Treppauf-Treppab	98
Trommeln	46
Trostverse	188
Trudelspaß	430
Tuchbälle	292
Tuchpüppchen	216
Tüten-Clown	219
Tüten-Rodeln	540
Tunneljagd	429
Turmgeläut	194

U

Uhren-Domino	497
Uhren-Puzzle	496
Uhren-Suchen	337
Umweltschutz	519
Unsere Katz hat Junge +	380

V

Vater- oder Mutterrolle	289
Vergleichsspiel	202
Verstecken	113
Verkehrspolizist	385
Verkehrte Welt	490
Versteckspiele	38
Versöhnungs-Spiele	240
Vorläufer	100

W

Wachsbild	259
Wäsche waschen	242
Wagenkette	26
Waldschrat	274
Walnußmaus	228
Wasserbahn	155
Wasserballett	199
Wassermann	273
Wasser-Rennen	129
Wasser-Rutsche	431
Wasser-Schaukel	159
Wasser schöpfen	17
Wassertanz	433
Wasserwerk	128
Wasserzoo	309
Wattepusten	483
Wechselspiel	233
Wegwerfen- wieder holen	78
Weihnachtsbaum für Vögel	468
Weihnachtsbaumschmuck formen	279
Weihnachtskarten-Kette	466
Western-Spiele	396
Wetterkalender	493
Wett-Hüpfen	111
Wett-Sammeln	527
Wickelspiele	31
Wie das Fähnchen auf dem Turme ++	64
Wiegen	9
Wiese anlegen	403
Wilde Jagd	93
Wilder Westen	344
Windmühle	441
Windrad-Rennen	528
Wippen	350
Wir treten auf die Kette ++	320
Wörter sammeln	201
Wolf	246
Wollpüppchen	217
Wurfpyramide	451

X

Xanthippe	237
Xylophon	286

Z

Zauberbilder	472
Zauberei	342
Zauberschnee	269
Zapfenstreich	522
Zeig Deine Hand!	115
Zeit stoppen	495
Zehn kleine Zappelmänner +	183
Zelten	504
Ziegenreiten	287
Zirkus	387
Zoogeschichten	247
Zwiegespräch	1

Adresse

Elterninitiative Restrisiko
Käthe-Kollwitz-Schule
Kastelstr. 11
6200 Wiesbaden
Tel. 06121/51912
Sprechstunde:
Do. von 18-19 Uhr

Jeder weiß, wie schwer es ist - aber es ist lernbar: zusammen leben

Hartmut Joost
Zusammen leben
Ein Test- und Trainingsbuch für Familien und Paare
192 Seiten mit 30 Abbildungen, gebunden
ISBN 3-589-20869-4

In 20 Kapiteln behandelt Hartmut Joost, ein erfahrener Familientherapeut, die wichtigen Dimensionen des Zusammenlebens in Familie und Partnerschaft. Grundlage der meisten Kapitel bilden Tests, mit denen sich der Leser eigene Stärken und Schwächen vor Augen führen kann. Ein Buch für kreative Eltern und Paare.

Zur ungesunden Nascherei gibt's jetzt Alternativen

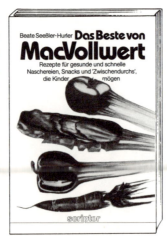

Beate Seeßlen-Hurler
Das Beste von MacVollwert
Rezepte für gesunde und schnelle Naschereien, Snacks und "Zwischendurchs", die Kinder mögen
224 Seiten mit 12 Farbtafeln, gebunden
ISBN 3-589-20871-6

Die Autorin zeigt, wie man auch ohne großen Aufwand schnelle und gesunde Zwischenmahlzeiten zubereiten kann, die Kindern schmecken. Das Buch orientiert sich in seiner Gliederung am Familienalltag und gibt Hinweise für saisonale Besonderheiten, für schnelle und kinderleichte Zubereitung sowie Tips für die Herstellung auf Vorrat. Mit Küchentips und Kniffen zur Erleichterung der Arbeit.

scriptor